Helmut Gollwitzer · Befreiung zur Solidarität

Helmut Gollwitzer

Befreiung zur Solidarität

Einführung in die Evangelische Theologie

2. Auflage

Chr. Kaiser

Fritz Bissinger
in Freundschaft gewidmet

CIP-Kurztitelaufnahme der Deutschen Bibliothek

Gollwitzer, Helmut:
Befreiung zur Solidarität: Einf. in d. evang. Theologie / Helmut Gollwitzer.
– München: Kaiser 1984.
(Kaiser extra)
ISBN 3-459-01554-3

2. Aufl. 1984
© 1978 Chr. Kaiser Verlag München.
Printed in Germany
Umschlag: Christa Manner.
Satz und Druck: Georg Wagner, Nördlingen.

Inhalt

Vorwort 9

I. Freiheit und Bindung der Theologie 13

*Evangelische Theologie ist auch Universitätswissenschaft. Kann
sie das überhaupt sein? Kann sie freie, kritische, nur der Frage
nach der Wahrheit verpflichtete Wissenschaft sein und zugleich
eine dem Glauben und der Verkündigung der Kirche dienende
Wissenschaft? Diese Frage wird geprüft zuerst durch die Prüfung
der Stellung der Theologie zur Philosophie und zu den Einzelwissenschaften, dann durch die Prüfung des Verhältnisses der
Theologie zur Kirche und zu deren Aufgabe. Dabei ergibt sich:
Theologie ist eine exemplarisch fragende Wissenschaft, und nur
als solche kann sie der Kirche recht dienen. Darin zeigt sich die
Dialektik von Freiheit und Bindung im theologischen Denken.*

II. Theorie und Praxis als Problem der gegenwärtigen
Theologie 38

*Die Etablierung der Theologie als Universitätswissenschaft ist
eine Erscheinung der immer arbeitsteiliger werdenden Gesellschaft. Arbeitsteilung aber ist in dieser Gesellschaft mit sozialen
Privilegien verbunden. Gehören die Theologen zu einer privilegierten Gruppe in der Gesellschaft, so kann sich das schädlich auf
ihre Arbeit auswirken. Deshalb sind für uns wichtig andere
Formen von Theologie, wie sie besonders in den notleidenden
Gegenden unserer heutigen Welt entstehen. Sie regen an, auch
bei uns Theologie so zu treiben, daß sie eine Gegenwirkung
gegen die Herrschaft von Experten und gegen die soziale Privilegierung ausübt.*

III. Bibel 49

*Was macht die Bedeutung und die Unentbehrlichkeit der Bibel
für den christlichen Glauben und damit auch für die Theologie
aus? Die neuzeitliche Wissenschaft hat frühere Vorstellungen von
der historischen Zuverlässigkeit und von der Einheit der Bibel
unhaltbar gemacht. Gleichzeitig hat sich gezeigt, daß damit die
Bedeutung der Bibel nicht abgenommen hat. Daraus ergeben
sich Gesichtspunkte für den heutigen Umgang der Theologie mit
der Bibel.*

IV. Jesus Christus 64

Im Mittelpunkt des christlichen Glaubens und darum auch des theologischen Nachdenkens stehen das Ereignis Jesus Christus und die außerordentlichen Aussagen, die die neutestamentlichen Schriften von seiner universalen Bedeutung gemacht haben. Die Menschlichkeit Jesu, und zwar seine spezifische Menschlichkeit als Jude, ist ebenso ernst zu nehmen wie die Unüberbietbarkeit jener Bedeutungsaussagen. Diese haben ihr Zentrum im neutestamentlichen »Für uns«. Es besagt die Selbstidentifizierung des ewigen Gottes mit diesem konkreten Menschen zur Rettung seiner Menschheit, zur Verwirklichung des Reiches Gottes.

V. Gott 82

»Gott« ist ein Allerweltswort. Der, dem die Bibel den Titel Gott gibt, ist unterschieden von den Göttern der Religionen und vom Gott der Metaphysik. Die biblische Rede von diesem Gott geschieht aber in der Nachbarschaft zu diesen beiden Verwendungen des Wortes Gott. Die Unterscheidung muß die Verwechslung verhindern und zweierlei klarmachen: Dieser Gott gewährt den Menschen Umgang mit sich selbst. Und: Dieser Gott kann die Menschen brauchen.

VI. Die Geschichte der Kirche als Frage nach der Kirche 99

Die Kirche ist die Gemeinschaft derer, die durch das Evangelium zu Subjekten eines neuen Lebens werden. Sie sind zugleich alte und neue Menschen. Darum sind sie als einzelne und als Gemeinschaft Kampfplatz für den Angriff des neuen Lebens auf das alte Leben. Die Kirchengeschichte ist die Geschichte der Siege und der Niederlagen im Kampfe der beiden Lebensweisen. Der Herr des neuen Lebens, Jesus Christus, ist Trost und Hoffnung angesichts aller Niederlagen.

VII. Christentum und Judentum 121

Judentum und Christentum scheinen zwei verschiedene Religionen zu sein. Nimmt man aber das Neue Testament ernst, so gehören Kirche und Israel zusammen als zwei verschiedenartige Gottesgemeinden, zusammengeschlossen durch den Juden Jesus von Nazareth. Entgegen der antijudaistischen Tradition in den christlichen Kirchen ist heute die Erkenntnis dieser Zusammengehörigkeit und ihrer Bedeutung eine zentrale theologische Aufgabe.

VIII. Reich Gottes 141

Das Kernstück des Evangeliums und damit des christlichen Glaubens ist die Botschaft vom Reiche Gottes. Der Ausdruck »Reich Gottes« meint die Durchsetzung des gnädigen Willens Gottes gegen alle Widerstände. Gottes Wille geht auf das gute Leben der Menschen, und zwar jetzt schon in der Vorläufigkeit des gegenwärtigen Lebens, vorausblickend auf die künftige Vollendung.

IX. Gnade und Dank 155

»Reich Gottes« meint Gegenwart der Gnade und Verheißung des Sieges der Gnade. Gnade Gottes scheint im Gegensatz zur menschlichen Freiheit zu stehen. Recht verstanden ist die Gnade aber Einsetzung in die Freiheit zur Aktivität. Die Freiheit, in die die Gnade einsetzt, ist die Freiheit des Dankes. Dank für Gnade ist Mitarbeit am Ziel des göttlichen Rettungsunternehmens.

X. Die Jüngerschaft in den Kämpfen dieser Welt 175

Vergebung ist neue Sendung in die Welt. Diese Welt aber ist eine Welt der Kämpfe von Ideen und Interessen. Der Verantwortung für die Mitwirkung bei ihrer Ordnung unter ihren Bedingungen darf sich die Jüngerschaft Jesu nicht entziehen. Dabei wird sie aber in diese Kämpfe verwickelt. In ihnen geht es vor allem auch um politische Macht. Wie soll das gut gehen? Wie ist das zu vereinbaren mit ihrem neuen Leben?

XI. Recht und Friede als Aufgabe der Jüngerschaft in den Kämpfen dieser Welt. Zur V. Barmer These . . 195

Die Jüngerschaft Jesu setzt sich unter den Bedingungen der jetzigen, »alten« Welt für Regelungen des Rechtes ein, die »Jedem das Seine« zuteilen, damit auch für das Recht jedes Einzelnen, seine Freiheit in den Grenzen der Gemeinschaft zu gebrauchen. Die Zielsetzung der Mitbestimmung und Mitwirkung aller führt zu kritischen Fragen an unsere gegenwärtige Gesellschaftsordnung zugunsten einer besseren, sozialistischen Ordnung.

XII. Glauben und Beten 207

Glauben ist Lebenshilfe, weil unerschöpfliche Sinngebung, und Lebenserschwerung, weil Sendung und Nachfolge. Die Gewißheit erfährt der Glaubende im immer neuen Greifen nach dem Wort dessen, der ihn ruft. Dieses Greifen geschieht in den drei Formen von Bittgebet, Dankgebet und Anbetung.

Nachwort 222
Namenregister 226
Bibelstellenregister 228

Corrigenda

S.			
71	9. v. o.	Licenziatenthese
74	6. v. u.	Gottes Israels
81	7. v. o.	End-
114	7. v. o.	ins Abseits
120	2. v. u.	Kirche in der Kraft des Geistes
124	15. v. u.	Kirche; zu ihr
131	2. v. o.	Khasaren-Volkes
150	12. v. o.	grundsätzlich ist Gottes Wille
163	5. v. o.	»jedes Wort, das aus
176	7. v. o.	nannten wir oben (s. S. 165)
179	14. v. u.	jetzt und hier
203	8. v. u.	Aufgaben-stellung
215	7. v. u.	P. Althaus, Grundriß der Dogmatik I, 1936, 53.

Vorwort

Die Imitation ist nicht zu bestreiten. Karl Barth beendete seine Lehrtätigkeit in Basel im Wintersemester 1961/62 mit einer Vorlesung »Einführung in die evangelische Theologie«, und ich hielt es in meinem letzten ordentlichen Semester, dem Sommersemester 1975, ebenso, und ebenso wie die Barthsche Vorlesung ist diese hier nicht als eine der zahlreich vorhandenen Einführungen ins Theologiestudium gedacht, sondern als eine zusammenfassende Rechenschaft über den eigenen Erkenntnisweg und Erkenntnisstand, eine Art Bilanz also, freilich ohne den Anspruch, für mich selbst endgültig und für andere allgemeingültig zu sein. Gerade ein solcher Abschluß einer Lebensperiode legt Bescheidenheit nahe und Einsicht in die Vorläufigkeit und Unabgeschlossenheit all unseres Tuns und Erkennens. In die Hoffnung, das bisher Getane könnte anderen nützlich gewesen sein, ist auch die Hoffnung der Nützlichkeit einer solchen Rechenschaft für andere eingeschlossen.

Inhaltlich unterscheidet sich die hier vorgelegte Vorlesung natürlich weit von der Barthschen – so, wie sich eben zwei Menschen unterscheiden, auch wenn sie in einem engen Lehrer-Schüler-Verhältnis gestanden haben. Dem Schüler wird es, der Dankbarkeit und Liebe wegen, erfreulich sein, Übereinstimmung auch seines weiteren Weges mit dem Vermächtnis des Lehrers feststellen zu können; aber diese Freude darf ihn nicht hindern, seinen eigenen Weg zu gehen, auch wenn dann Nicht-Übereinstimmungen eintreten werden. Ob diese nur in Verschiedenheiten der Akzentuierung und der Ausziehung von Linien, begründet durch die Verschiedenheit der Zeit und der Situationen, bestehen oder in substantiellen Verschiedenheiten, das muß sich je und je herausstellen, und auch das Urteil darüber wird zwischen dem Schüler und seinen Kritikern oft verschieden sein.

Daß Karl Barth und Martin Luther meine wichtigsten theologischen Lehrer gewesen sind, dazu bekenne ich mich durch ihre häufige Zitierung, ohne daß die Nicht-Nennung vieler anderer, denen ich mich ebenfalls verpflichtet weiß, eine Undankbarkeit ausdrücken soll. Daß Kunst nach Max Liebermann Weglassen bedeutet, dessen mußte ich angesichts der Kürze des Semesters ebenso eingedenk sein wie wegen des Sinnes dieser Vorlesung. Darum die spärlichen Literaturangaben, die nicht entfernt kundtun, welche Stimmen aus dem theologischen Gespräch der Vergangenheit und Gegenwart mir jeweils im Sinne waren. Darum auch die Auswahl der Themen, die sich nur teilweise nach dem Kanon der wichtigsten theologischen Lehrstücke richtete und teilweise subjektiv begründet ist in der Interessenrichtung, die sich mir aufgedrängt hat, nicht zuletzt durch meinen Platz in einem Fachbereich für Philosophie und Sozialwissenschaft, durch meine Teilnahme an den gesellschaftlichen Bewegungen und Konflikten unserer Zeit und durch die Zusammensetzung meiner Hörerschaft, unter der sich neben einem Teil von Studenten mit voller oder halber theologischer Matrikel immer auch ein großer Teil von Studenten aus sehr verschiedenen anderen Fachgebieten befand. Der letztere Umstand war nicht nur sehr anregend für mich, sondern verpflichtete mich auch stets zur Übersetzung aus der theologischen Fachsprache ins Allgemeinverständliche, und ich hoffe, daß dadurch diese Vorlesung auch Lesern, die nicht über theologische Vorbildung verfügen, zugänglich und nützlich ist, wenn nur ihr Interesse stark genug ist, sich in die hier vorgeführten Probleme zu vertiefen.

Wegen der Notwendigkeit des Weglassens kann ich alle Leser nur bitten, sich bei kritischen Gegenfragen an das zu halten, was hier behandelt ist, und wie es behandelt ist, und nicht sich zu beschweren, daß sie manches nicht behandelt finden, was sie suchten. Auf enzyklopädische Darstellung auch nur des einzelnen Problems, geschweige des ganzen Stoffes der Theologie konnte ich nicht bedacht sein. Und ebenso wird verständlich sein, daß es mir um Herausarbeitung meiner eige-

nen Position ging, wohl wissend, wie kontrovers diese bei
vielen der angeschnittenen Themen ist.

Die Kapitel dieses Buches wurden in jener Vorlesung in einer
Urform vorgetragen, die danach überarbeitet und ergänzt wor-
den ist. Das 2. Kapitel ist schon in den »Evangelischen Kom-
mentaren«, Sept. 1977, erschienen; das 6. Kapitel ist als mein
Beitrag in der Festschrift für Martin Fischer, Theologie und
Kirchenleitung, München 1976, 119–134, enthalten.

Den Kapiteln sind jeweils Literaturangaben angefügt, einige
Titel von Büchern anderer, meist heutiger Autoren, die mir bei
der Entwicklung meiner Gedanken in den letzten Jahren anre-
gend gewesen sind. Es sind freilich nur wenige Titel, dem
Leser, der über das Thema noch weiteres lesen möchte, zur
Anregung mitgeteilt.

Gewidmet ist dieses Buch meinem Freunde Fritz Bissinger,
dem langjährigen Leiter des Chr. Kaiser Verlags, mit dessen
Ausscheiden aus seiner Berufstätigkeit (1977) das Erscheinen
dieser meiner letzten akademischen Vorlesung zeitlich fast
zusammenfällt. Wir sind uns das erste Mal im Kaiser Verlag
begegnet, als er dort als Lehrling eintrat, und als der Verlag von
meinem Freunde Otto Bruder-Salomon wegen seiner »nichta-
rischen« Herkunft aus einem verborgenen Hinterzimmer gelei-
tet werden mußte. Dann sahen wir uns wieder in den letzten
Vorkriegsjahren in Berlin, wo er im Paul Neff Verlag arbeitete
und ich den verhafteten Martin Niemöller in seiner Dahlemer
Gemeinde vertrat. Als ich Neujahr 1950 aus sowjetischer
Kriegsgefangenschaft nach Hause kam, waren wir schon am
nächsten Tage im Kreise bayerische Freunde zusammen, und
seither sind wir in enger Freundschaft unseren Weg gegangen,
verbunden durch viel Übereinstimmung in kirchlichen und
politischen Fragen. Durch ihn vor allem ist der Kaiser Verlag
mein Verlag geblieben, und von ihm wurde ich immer wieder
zu vertrauensvoller Beratung herangezogen. Die Widmung soll
dafür danken und Gesundheit und weitere Tätigkeit für die
jetzige Wegstrecke wünschen.

Die druckbare Niederschrift dieser Vorlesung danke ich dem Freundschaftsdienst von P. i. R. Hannelotte Reiffen und Hertha v. Klewitz-Niemöller, ohne den meine jetzige literarische Produktion nicht möglich wäre.

Berlin, April 1978   *Helmut Gollwitzer*

I.   Freiheit und Bindung der Theologie

Evangelische Theologie ist auch Universitätswissenschaft. Kann sie das überhaupt sein? Kann sie freie, kritische, nur der Frage nach der Wahrheit verpflichtete Wissenschaft sein und zugleich eine dem Glauben und der Verkündigung der Kirche dienende Wissenschaft? Diese Frage wird geprüft zuerst durch die Prüfung der Stellung der Theologie zur Philosophie und zu den Einzelwissenschaften, dann durch die Prüfung des Verhältnisses der Theologie zur Kirche und zu deren Aufgabe. Dabei ergibt sich: Theologie ist eine exemplarisch fragende Wissenschaft, und nur als solche kann sie der Kirche recht dienen. Darin zeigt sich die Dialektik von Freiheit und Bindung im theologischen Denken.

a) Theologie und Philosophie

Wenn man aufhört, Inhaber eines Lehrstuhls für Evangelische (systematische) Theologie zu sein, ziemt sich die Frage, was man als ein solcher Inhaber denn eigentlich gewesen sei. Der Ausdruck Lehrstuhl ist durch einige von mir sehr begrüßte Änderungen an den Hochschulen inzwischen schon antiquiert, aber immerhin, für mich galt er 25 Jahre lang; so ist eine Bilanz fällig, auf die auch diejenigen Anspruch haben, die als Schüler einem solchen Lehrstuhlinhaber ausgesetzt waren oder als Mitarbeiter und Freunde seine Tätigkeit begleitet haben.

Er hatte also einen Stuhl inne, von dem aus er zu lehren hatte. Was? Theologie – näher bestimmt: evangelische – noch näher: systematische. Entscheiden wir uns gleich dafür, daß »evangelisch« die alles bestimmende Vokabel von diesen dreien ist – wie sich bei allem Folgenden hoffentlich zeigen wird. Dann hängt also, was hier gelehrt werden soll, mit einem euangelion, mit einer erfreulichen Botschaft zusammen. Lehre ist ein sehr verschieden klingendes Wort: es kann die Lehre des

Weisen sein, der lange gereifte Erfahrungen und Erkenntnisse
den Jüngeren mitteilt; die Lehrgespräche Buddhas und der
großen Chassidim sind Beispiele dafür. Lehre vermittelt aber
auch der Handwerksmeister seinen Lehrlingen und der Che-
mieprofessor im Labor seinen Studenten. Das Lehren der
Weisheit auf der einen Seite und das Lehren der handwerkli-
chen Fertigkeiten und des wissenschaftlichen Forschens auf der
andern Seite sind sehr verschiedene Lehrweisen, und entsprechend verschieden sind auch die Lernweisen. Wie schwierig es
ist zu bestimmen, was Theologie eigentlich ist, sieht man daran,
daß man sie zu verschiedenen Zeiten entweder mehr auf die
Seite der Weisheit (sapientia) oder mehr auf die Seite der
Wissenschaft (scientia) gestellt hat. Geht es bei diesem Lehrstuhl um evangelische Theologie, dann wird die Schwierigkeit
besonders deutlich: Was vom Evangelium ist lehr- und lernbar
im Sinne der Weisheit wie auch im Sinne der Wissenschaft?

Als sei diese Schwierigkeit so leicht lösbar, hat man das
Lehren und Lernen von Theologie institutionalisiert durch
akademische Lehrstühle und in eine sehr verfestigte Institutionalisierung an unseren Hochschulen eingeordnet, als wäre es
das Gleiche wie die Institutionalisierung anderer geistiger Tätigkeiten, etwa die Erforschung der Pflanzenwelt, der kleinsten
Teilchen, der Lokalgeschichte und des Zeitungswesens.

Es gibt noch einen anderen Lehrstuhl, bei dem diese Einordnung gleichermaßen problematisch ist, den Lehrstuhl für systematische Philosophie. Denn

1. was eigentlich Philosophie und was Theologie sei, ist – anders als bei den genannten Einzelwissenschaften – immer wieder ganz offen. Ja, die Beantwortung dieser Frage ist eine der
Hauptaufgaben von Philosophie und Theologie, und ihre verschiedenen Richtungen unterscheiden sich gerade auch durch
diese Beantwortung.

2. Damit hängt zusammen: Das subjektive Moment ist bei Philosophie und Theologie ungleich größer als bei den Einzelwissenschaften, so daß eben ihr Charakter als Wissenschaft noch mehr umstritten ist als der Begriff der Wissenschaft selber. Oder genauer: der Begriff der Wissenschaft wird selber um so fragwürdiger, je mehr er über den Bereich der Einzelwissenschaften hinausgreift und nach dem fragt, was Wissen – und also auch Lehren und Lernen – eigentlich sei. Lehren ist eine intersubjektive Tätigkeit, menschliches Wissen nicht weniger. Es vereinigt Menschen; darum streben wir nach von uns allen vollziehbaren Kriterien für wahres Wissen. Denn eine ungeheure Suggestion hat – vor allem in der Neuzeit – die Vorstellung, Intersubjektivität von Denken und Wissen sei um so mehr gesichert, je »objektiver« es sich vollzöge, je ablösbarer von der Person des Denkers und Forschers, je nachprüfbarer von jedem, der über gesunden Menschenverstand verfügt. Wir haben hier nicht die Berechtigung dieser Vorstellung zu untersuchen; das geschieht in der heutigen wissenschaftstheoretischen Diskussion. Es läßt sich aber sagen: objektives Wissen, wie es in der modernen Naturwissenschaft angestrebt wird, schafft ein Maximum von quantitativer und ein Minimum von qualitativer intersubjektiver Vereinigung, und das gibt ihm für bescheidene Vereinigungsansprüche, unter die wir nicht heruntergehen dürfen, einen hohen Wert. Es ist schon viel geschehen, wenn wir wenigstens über die Fakten einig geworden sind, über deren Deutung, Einordnung und Konsequenz dann freilich sofort und unvermeidlich der Streit sich erheben wird; aber erst, wo aus diesem Streit eine gemeinsame Überzeugung hervorgeht, ist eine intersubjektive Einigung von höherer Qualität erfolgt, tauglich für die Bildung einer sozialen Gruppe, die mit diesen Überzeugungen lebt und sie in der Gesellschaft vertritt.

Es betrifft also im Falle der Theologie die für die Kirche vitale Frage nach ihrer Einheit, wenn wir feststellen müssen, daß für die Theologie ebenso wie für die Philosophie das subjektive Moment viel größer ist als in den Einzelwissenschaften. Diese letzteren können – wie gesagt – nur ein Minimum von qualitativer intersubjektiver Vereinigung geben, viel weniger, als zur Einheit der Kirche nötig ist. Der Theologie eine Objektivität zu geben, die der der Einzelwissenschaften gleichkommt – sagen wir: eine positivistische Objektivität –, um dadurch die Einheit der Kirche zu sichern, ist der Versuch des Fundamentalismus, für den die Theologie nur wiederzugeben hat, was in der Bibel – und zwar in Gestalt ihrer letzten Redaktion, des Textus receptus – geschrieben steht, und ähnlich doch auch der Versuch jeder traditionalistischen Theologie, die sich beschränkt auf die traditionskonforme Auslegung bestimmter grundlegender Texte, die in einer Kirche in Geltung stehen.

Nun gilt aber *Fichtes* Wort: »Was für eine Philosophie man wähle, hängt davon ab, was man für ein Mensch ist«[1], nach allen Erfahrungen der Theologiegeschichte auch für die Theologie. Bedeutet dies, daß Theologie hoffnungslos dem Subjektivismus ausgeliefert ist und also nichts zur Einheit der Kirche, um so mehr aber zu ihrer Auflösung beitragen kann? Sind die Aufstellungen der Theologen wie der Philosophen nicht mehr als höchst subjektive Autoconfessionen[2], mehr gehörig in den Bereich der Belletristik und noch dazu in deren subjektivsten, den der Lyrik, als in den Bereich strenger, objektiver, disziplinierter Wissenschaft, und darum mehr poetisch als wissenschaftlich zu werten? Es gibt da tatsächlich Affinitäten, die uns stutzig machen müssen, wenn wir allzu rasch die Wissenschaftlichkeit der Theologie zum Postulat erheben. Aber trotz jener Affinität muß es dabei doch etwas Überindividuelles geben, und das aufzusuchen und geltend zu machen, gehört zur philosophischen Aufgabe und nicht weniger zur theologischen – erst recht, wenn Theologie etwas mit der Einheit der Kirche

---

[1] Erste Einleitung in die Wissenschaftslehre (1797). Sämtl. Werke, 1845, I, 434.
[2] Dafür lehrreich zu lesen: Paul Feyerabend, Wider den Methodenzwang – Entwurf einer anarchistischen Erkenntnistheorie, Frankfurt 1976.

zu tun haben sollte (wonach wir noch zu fragen haben). Philosophie und Theologie sind, wenn auch in sehr verschiedener Weise, Gemeinschaftsunternehmungen, insofern – hegelisch gesprochen – dem »objektiven Geist« zugehörig, und zugleich höchst individuelle Unternehmungen, vom je einzelnen Denker zu verantworten. Daß gemeinschaftlich sie zu betreiben möglich ist, spricht für ein übersubjektives Wesen von Philosophie und Theologie; daß dieses Übersubjektive aufzusuchen immer neu nötig ist, zeigt die unaufhebbare Subjektivität, die hier am Werke ist.

Bei so ähnlicher Problematik von Philosophie und Theologie verliert die Abgrenzung zwischen beiden ihre häufig vermeinte Selbstverständlichkeit. Womit habe ich mich eigentlich befaßt, seit ich mich im Sommer 1928 in München für Philosophie und im darauffolgenden Winter in Erlangen für Philosophie und Theologie immatrikulieren ließ und erst im Sommer 1932 – nach der mißtrauischen Frage Karl *Barths,* ob ich mich denn scheue, die philosophischen Brücken hinter mir zu verbrennen! – die philosophische Einschreibung, aber natürlich nicht die philosophische Beschäftigung unterließ? Nach der akademischen Arbeitsteilung läßt sich das leicht sagen, auch nach gewohnter weltanschaulicher Differenzierung. Aber es ist noch jeder Versuch mißlungen, eine eindeutige Abgrenzung zu schaffen, etwa durch die Verschiedenheit der Methoden, der Voraussetzungen und der Wahrheitskriterien[3]. Solche Abgren-

---

[3] Vgl. das gemeinsame und gegensätzliche Ringen in dem Gespräch zwischen Wilhelm Weischedel und mir in: Denken und Glauben, Stuttgart 1965, und meine Stellungnahme zu Weischedels Werk, Der Gott der Philosophen. Grundlegung einer Philosophischen Theologie im Zeitalter des Nihilismus, Zwei Bände, Darmstadt 1971, München 1972²: unter dem Titel: ›Der Gott der Philosophen‹ und die Theologie, in: Denken im Schatten des Nihilismus. Festschrift für W. Weischedel zum 70. Geburtstag, hg. von A. Schwan, Berlin 1975, 375–401. – Karl Barth hat seinen Abgrenzungsversuch in seinem Aufsatz: Philosophie und Theologie, in: Philosophie und christliche Existenz. Festschrift für Heinrich Barth. Zum 70. Geburtstag am 3. 2. 1960. Basel/Stuttgart 1960, 93–106, selbst nicht als befriedigend empfunden.

zungen liegen quer zu so großen christlichen Denkern wie Augustin und Thomas von Aquin – Denkern einer Zeit, in der es unsere akademische Arbeitsteilung noch nicht gab –, aber auch zu neuzeitlichen Denkern wie Pascal, die großen Vertreter des deutschen Idealismus und Kierkegaard.

Könnte man sagen: Indem christliche Theologie sich selbst versteht als die richtige Philosophie, nämlich unter Voraussetzung der Offenbarung, grenzt sie sich ab nicht gegen *die* Philosophie als solche, sondern gegen eine sich selbst auf methodischen Atheismus beschränkende oder durch dogmatischen Atheismus in die Irre gehende Philosophie[4]? Damit würde einerseits Philosophie festgelegt auf obligatorischen Atheismus und ihr die Frage nach Gott verboten – und andererseits Theologie auf eine ganz andere Weise des Denkens, nenne man es nun autoritätsgebunden, existentiell oder pneumatisch. Das ist nach beiden Seiten unbefriedigend.

Oder könnte man sagen: Philosophie ist eine bestimmte Form von Theologie? Dahin tendiert Wilhelm *Weischedels* Bemühung um eine heutige Philosophische Theologie. »Theologie« würde hier bedeuten das Nachdenken über letzte Fragen, und so verstandene Philosophie ließe sich begreifen entweder als die säkularisierte Gestalt früherer religiöser Theologie oder als die vorläufige, aufs Natürlich-Mögliche beschränkte Gestalt von Theologie *(Thomas von Aquin)* oder als das Denken, mit dem das Theologische endgültig auf den Begriff gebracht wird *(Hegel)*. Vertreter einer der beiden Seiten sehen sich dabei jeweils zu kurz kommen, und so haben auch solche Vorschläge das Problem nicht erledigt.

Förderlicher als die Verwicklung in diesem Streit erscheint mir die Bemühung um die genauere Feststellung: Womit beschäftigt sich christliche Theologie? Die Antwort scheint zu-

---

4 Für die Unterscheidung dieser beiden Formen von Atheismus vgl. meine Berliner Antrittsrede: Die Theologie im Hause der Wissenschaften, in: Evangelische Theologie, 18, 1958, 14–37.

nächst einfach: mit der christlichen Religion. Daß sie gar nicht
einfach ist, zeigen sofort drei Fragen:
1. Ist jeder, der sich mit christlicher Religion beschäftigt,
   darum auch Theologe? Und beschäftigt sich christliche
   Theologie nur mit christlicher Religion?
2. Welches ist die spezifische Weise, in der sich christliche
   Theologie mit christlicher Religion – und außerdem vielleicht noch mit allem möglichen anderen – beschäftigt?
3. Was ist überhaupt christliche Religion? Worin besteht sie
   wesentlich? Wie ist sie zu bestimmen, damit theologische
   Beschäftigung mit ihr möglich sei?

Die Fragen deuten schon an, daß das Wort »theologisch«
selbst nicht geringe Probleme enthält. Es ist nicht einmal
spezifisch christlich, sondern vorchristlich. Das Wort theologia
kommt zum erstenmal bei *Platon* vor (Politeia II,379 a 5), der
von typoi peri theologias spricht, womit er »Gesichtspunkte
zur Darstellung des Göttlichen« meint, die für ihn »das eigentliche Ziel und Zentrum seines Denkens« sind[5]. Bei *Aristoteles*
bekommt das Wort einen Doppelaspekt, der bis heute bestim-
mend ist: Theologie ist für ihn einerseits die prima philosophia,
das Wissen der höchsten Prinzipien, Kern und Ziel der Metaphysik (so heute auch in W. *Weischedels* Philosophischer Theologie), andererseits Götterlehre, wie sie sich etwa bei *Hesiod*
findet, also mythisch-dichterische Rede von Gott, die dann in
der Metaphysik problematisiert und begrifflich geklärt wird, so
daß »die Philosophie dort beginnt, wo die Theologie aufhört«[6]
(vgl. bei *Hegel:* Schritt vom vorstellenden Denken der Theologie zum Begriffsdenken der Philosophie).

Damit ist schon ein die ganze Geschichte der christlichen

---

[5] Werner Jaeger, Die Theologie der frühen griechischen Denker, 1953, 12ff.
– Vgl. auch Karl Kerényi in: Kerygma und Mythos, VI/1, Hamburg 1963,
29f., und Ferdinand Kattenbusch, Die Entstehung einer christlichen Theologie, in: Zeitschrift für Theologie und Kirche, 11, 1930, 161–205; Neudruck:
Wissenschaftliche Buchgesellschaft, Darmstadt 1962.
[6] W. Jaeger, aaO., 13.

Theologie begleitendes Problem vorgebildet: das Problem der Universalität und der Partikularität der christlichen Theologie. Theologie im ersten Sinn des aristotelischen Sprachgebrauchs ist die Frage nach »Gott«, d. h. nicht nach den Göttern, auch nicht nach vielerlei miteinander konkurrierenden Glaubens-, d. h. Vorstellungsweisen von Gott, sondern die Frage nach der letzten, alles bestimmenden Wirklichkeit, nach dem ersten Grund, dem letzten Ziel und dem höchsten Sein, nach dem, was die Welt im Innersten zusammenhält. Als solche ist sie identisch mit der Philosophie. Daraus ergibt sich heute der Vorschlag von Wolfhart *Pannenberg*[7], Theologie zu verstehen als eine alle Religionen und Philosophien umgreifende Denkbemühung, die deren Fragen und Antworten zum Gegenstand ihrer Untersuchung hat. Ihre Aufgabe ist allererst das Verstehen dieser Fragen und Antworten und dann die kritische Frage, wieweit die jeweiligen Aussagen im Horizont und auf dem Problemniveau unserer Zeit sich als wahr bewähren.

Demgegenüber erscheint eine als christlich sich verstehende und an die christliche Kirche sich bindende Theologie als allzu partikular und beschränkt. Sie verliert den universalen Horizont, wie sehr sie ihn auch mit einem Absolutheitsanspruch, der nun als künstlich aufgebläht und als autoritär oktroyiert erscheint, behaupten mag. Sie verliert damit auch die Nachbarschaft zur Philosophie als einer aufs Letzte und Ganze gehenden Denkbemühung und gerät statt dessen in die Nachbarschaft der Einzelwissenschaften, der positiven Wissenschaften, sofern nun auch ihr Gegenstand ein positiv vorgegebener Einzelgegenstand ist, eben die christliche Religion oder gar nur eine von deren konfessionellen Ausprägungen.

Damit könnte sie aber sogar in die Gefahr geraten, den Charakter der Wissenschaft zu verlieren. Denn nun hängt alles von der Beantwortung unserer zweiten Frage ab: In welcher Weise beschäftigt sich die christliche Theologie mit ihrem

---

[7] W. Pannenberg, Wissenschaftstheorie und Theologie, Frankfurt 1973.

Gegenstand, nämlich dem so begrenzten Gegenstand Christentum?

Sie kann das entweder, wie Adolf *von Harnack*[8] vorgeschlagen hat, historisch tun: Durch Erforschung der Entstehung und des geschichtlichen Werdegangs der christlichen Religion samt ihren verschiedenen Ausformungen gewinnt sie einen Wesensbegriff des Christentums und kann diesen dann wieder kritisch für die Beurteilung seiner verschiedenen Erscheinungsformen verwenden. Bei solch historisch-phänomenologischer und morphologischer Vorgehensweise hätte sie aber die Verbindung zur Philosophie, die sie mit der Philosophie verbindende Frage nach Gott, nach der letzten Wahrheit und Wirklichkeit als ihre eigene, sie selbst und nicht nur die von ihr erforschten Menschen und Gruppen bewegende Frage ganz aufgegeben.

Oder sie hält diese Frage fest und findet sie beantwortet in der christlichen Religion, bzw. in derjenigen christlichen Konfession, zu der der Theologe sich jeweils bekennt, und begründet damit ihre Selbstbeschränkung als christliche Theologie. Dann erklärt sie damit die hier zu findende Antwort als mit der letzten Wahrheit identisch und jede Hinterfragung von einem außerhalb gelegenen oder überlegenen Standort aus für prinzipiell unmöglich. Die Identität des Partikularen mit dem Universalen ist die These einer solchen Offenbarungstheologie. Sie hat damit zwar ihre Universalität gerettet, aber – wie es uns doch scheinen muß – mit dem Gewaltstreich einer autoritären Behauptung, die nur noch blinde Unterwerfung verlangen kann. Das aber trennt sie sowohl von der Philosophie wie auch von der Wissenschaft im neuzeitlichen Sinne. Denn hier geschieht Denken im Suchen, nicht im Haben. Diese Theologie aber – so scheint es – hat – und kann darum nur noch apologetisch sein, nicht aber mehr kritisch. Unter dem Ein-

---

[8] Adolf von Harnack, Das Wesen des Christentums, 1900. Neuauflage mit Geleitwort von R. Bultmann, 1950.

druck solch »offenbarungspositivistischer«[9] Theologie hat
Ludwig *Feuerbach* geschrieben:

»Die Wissenschaft befreit den Geist, erweitert Herz und Sinn, die Theologie beengt und beschränkt sie«. Und: »Der Theolog auf diesem Standpunkt
hat keine Ahnung von wissenschaftlichem Geiste, von theoretischer Freiheit,
er ist durch und durch für die Wissenschaft verdorben und verloren; denn er
zieht das Theoretische stets in das Gebiet des Religiösen und Moralischen
herein: der Zweifel ist ihm Frevel, Sünde; die Wissenschaft hat bei ihm nur
eine formelle Bedeutung, es ist ihm, so sehr er sie im Munde führen mag,
nicht Ernst mit ihr – weil nur Ernst mit seinem Glauben, den Lehren seiner
Kirche – sie bleibt bei ihm ein im Grunde wesenloses Spiel, wenn auch
äußerlich eine noch so mühevolle Beschäftigung; seine Gelehrsamkeit ist ein
übertünchtes Grab. Er hat eigentlich gar kein theoretisches Interesse – der
Glaube hat schon das theoretische Interesse in Beschlag genommen – sondern
nur ein praktisches: die Wissenschaft ist ihm ein bloßes Mittel zum Zweck
des Glaubens. Er betreibt die Wissenschaft mit unreinem, mit servilem, mit
dem Geiste der Wissenschaft widersprechendem Sinne«.[10]

Gäbe es nur diese beiden Möglichkeiten, so stünde es
schlimm für eine Theologie, die ausgesprochenermaßen eine
christliche sein will. Sie wäre dann ein unfreies Denken und
damit ein weiterer Beweis für die im Bereich der neuzeitlichen
Aufklärung so oft vertretene These, daß Glaube und Freiheit,
Gott und Freiheit sich ausschließen. Es hat immer wieder
Theologen gegeben, die in diesem Dilemma trotzig auf die Seite
der Unfreiheit sich geschlagen und das Streben nach Freiheit
und Autonomie des Menschen als ein religiös – und dann

---

[9] Als »Offenbarungspositivismus« hat bekanntlich Dietrich Bonhoeffer in
seinen Gefängnisbriefen (Widerstand und Ergebung, Neuausgabe, hg. von
Eberhard Bethge, München 1970, 306) Barths Offenbarungstheologie bezeichnet – sicher ein Mißverständnis. Das Mißverständnis ist aber – und das
ist wichtig für eine verstehende Lektüre der Barthschen Schriften – ebenso
naheliegend wie folgenschwer, und nur bei seiner Vermeidung wird ein
authentisches Verstehen Barths gelingen. Daß Bonhoeffer ihn damals so
mißverstehen konnte, hängt m. E. damit zusammen, daß er mit dieser Kritik
an Barth sich von einer eigenen früheren Periode und damit seiner früheren
Art, Barth zu lesen, kritisch distanzierte (vgl. meinen Beitrag in: Begegnungen mit Dietrich Bonhoeffer, hg. von Wolf-Dieter Zimmermann, München,
4. erw. Auflage 1969, 109–116).
[10] L. Feuerbach, Pierre Bayle. Ein Beitrag zur Geschichte der Philosophie
und Menschheit, (Kröner-Ausgabe), 21.19f.

natürlich auch politisch – gefährliches, dem Menschen nicht zukommendes, also rebellisch-verderbliches denunziert haben. Es wird sich später zeigen müssen, daß nicht heimliche Verfallenheit an modernen Zeitgeist, sondern das Evangelium selbst uns diese Option für die Unfreiheit verbietet und Ja dazu sagt, wenn uns Heutigen eine solche Option spontan unerträglich ist. Das neuzeitliche Autonomiebedürfnis, das (wegen der Zeitumstände, wegen der Verbindung der Kirche mit der Repression der herrschenden Gesellschaftskräfte und eben wegen dieser durchaus damit zusammenhängenden Denunzierung aller Emanzipationsbestrebungen als un- und widerchristlich,) sich oft genug antikirchlich und antireligiös ausdrückte, ist vielmehr eine Frage an Kirche und Theologie: Können sie nicht aus dem Zusammenhang von Evangelium und menschlicher Freiheit, der im Neuen Testament doch immerhin sehr klar ausgesprochen ist (Joh 8,31–36; Gal 5,1.13), ein Verständnis für diese Bestrebungen entwickeln, das ihnen in ihren unleugbaren Gefahren und Problemen hilfreich ist, statt sie nur zu negieren?

Dann aber muß auch eine christliche Theologie möglich sein, die diesem Dilemma – entweder freies Fragen nach den letzten Dingen oder unfreies, vorausgesetzten Autoritätsinstanzen unterworfenes Denken – nicht verfällt. Bei diesem Dilemma ist aber als selbstverständlich vorausgesetzt: Theologie ist jedenfalls ein Denken, das sich auf die Suche nach den letzten Dingen begeben hat, *entweder* so, daß es sich dabei »niemandem als sich selbst in der Freiheit seines Fragens verpflichtet weiß«[11], *oder* so, daß es sich einer autoritär gegebenen Antwort unterwirft, die es als sein Fragen befriedigende nur noch zu verteidigen hat. Auch das letztere ist dann aber doch nur ein – wenn auch besonders fragwürdiger – Sonderfall folgender Voraussetzung: In beiden Fällen handelt es sich um Äußerungen des dem menschlichen Geiste eingeborenen metaphysischen Bedürfnisses, die aber miteinander konkurrieren, eben

---

[11] W. Weischedel, Der Gott der Philosophen, aaO., I, 1.

als freies und als unfreies Denken, und zwischen denen wir zu
wählen haben je nachdem, ob wir noch optimistisch die Freiheit wagen oder resignierend meinen, uns begrenzten Menschen stehe nur die Unfreiheit zu.

b) Theologie und Kirche

Fragen wir, um zu einer befriedigenderen Antwort zu kommen, nach dem Verhältnis der Theologie gerade zu derjenigen
Größe, die bisher als die Ursache ihrer Unfreiheit erschien, der
Kirche. Biographisch wird bei dem Wege, auf dem man eines
Tages als Theologe, sogar als berufsmäßiger und Universitäts-
theologe sich vorfindet, jenes metaphysische Bedürfnis vermut-
lich eine erhebliche Rolle gespielt haben. Aber es gibt da noch
einen anderen Faktor von mindestens ebenso großer Bedeutung: Eines Tages finden wir uns vor als bewußte Glieder der
christlichen Kirche. Wir waren entweder schon in sie hineinge-
boren und – wie bei uns üblich – schon als Säuglinge in sie
hineingetauft worden und sind in ihr aufgewachsen und in ihr
geblieben, ohne daß tiefere Brüche uns von ihr getrennt haben,
oder wir sind durch persönliche Entwicklung auf mancherlei
Wegen zu ihr gekommen. Was hat uns so angezogen, daß wir
uns – trotz aller Krisen und trotz aller Kirchenkritik – bewußt
zu ihr rechnen? Verschiedenes mag zu nennen sein: ein ein-
drückliches Vernehmen ihrer Botschaft, ein Hereingezogen-
werden in christliches Gemeinschaftsleben, das Erleben von
Kultus und Gottesdienst, Begegnung mit eindrucksvollen
christlichen Persönlichkeiten usw. Das Ergebnis ist jedenfalls:
Jetzt rechnen wir uns dazu und sind infolgedessen an den
Aktivitäten, Problemen und Bedürfnissen dieser Gemeinschaft
beteiligt und für sie mitverantwortlich. Bald entdecken wir
dann: Zu den Lebensbedürfnissen dieser Gemeinschaft gehört
die Theologie. Wieso?

An sich ist das nichts Besonderes. Jede menschliche Gemeinschaft ist ein Verständigungszusammenhang; über jede Interak-

tion muß sprachlich kommuniziert werden, und schon dies ergibt das Bedürfnis nach einem Minimum von Theorie. Ein Fußballklub konstituiert sich durch Verständnis von Spiel im allgemeinen und von Fußballspiel im besonderen; es müssen Statuten aufgestellt, Spieltechniken studiert und neu entwickelt werden: eine Menge von theoretischer Arbeit, die sich in kanonischen Festlegungen niederschlägt, die dann ihrerseits wieder interpretiert und jeweils kritisch überprüft werden müssen. Bei einer politischen Partei geschieht das in ungleich größerem Maße, sofern hier mehr mit verbaler Interaktion, mit Gedankenzusammenhängen, Ideologien, Analysen, Aktionsvorschlägen und Propaganda gearbeitet wird.

Jede menschliche Gemeinschaft bedarf der sprachlichen Kommunikation, der Verständigung über Ziel und Mittel, der Festlegung dieser Verständigung in kanonischen Texten, einer Hermeneutik zur Wahrung ihrer Identität im Wandel der Geschichte, der Selbstkritik zur Übereinstimmung ihrer Empirie mit ihrem vorgesetzten Sollen, der Polemik gegen Entstellungen ihres Wesens, der Apologetik gegen Infragestellungen von außen.

Nicht anders steht es mit der christlichen Kirche. Die Theologie entsteht primär aus dem Theoriebedürfnis dieser Gruppe als einer menschlichen. Konzentration auf Fragen des Christentums muß also nicht ohne weiteres Indiz eines imperialistischen Absolutheitsanspruches sein, sondern entsteht schlicht durch den Dienst, den Theologie dieser ihrer Gruppe zu leisten hat. Ob Theologie sinnvoll ist, hängt dann ganz davon ab, ob man die Existenz dieser Gruppe für sinnvoll, für begrüßenswert hält oder nicht.

Klar ist dann auch: Theologie ist nur sekundär die Aufgabe bestimmter Gruppenmitglieder, primär die Aufgabe aller. Denn alle sind am Leben ihrer Gruppe interessiert, also auch an aller nötigen theoretischen Klärung, und jeder muß sich bei strittigen Fragen selbst entscheiden. Wie Theologie getrieben wird, hängt dann davon ab, wie diese Gruppe – oder eine

Gruppe dieser Gruppe – sich selbst versteht – und dies ist freilich wieder abhängig von dem Selbstverständnis, das die Theologie erarbeitet. Zwischen Theologie und Kirche besteht also ein hermeneutischer Zirkel, sofern die Theologie aus der Praxis der Kirche und deren praktischen Bedürfnissen entsteht und als Theorie der Praxis wiederum auf diese zurückwirkt.

Die Kirche ist aber eine sehr besondere Gruppe. Denn sie ist nicht wie etwa ein Verein oder eine politische Partei zusammengetreten zur Verwirklichung eines partikularen Zweckes und zur Wahrung partikularer menschlicher Interessen, sondern sie ist eine durch eine Botschaft – und zwar eine universale Botschaft! – hervorgerufene, zusammengerufene und zusammengefügte Gruppe. Dies macht Theologie in viel höherem Maße notwendig für die Kirche, als eine noch so rudimentäre Theorie für einen Fußballklub nötig ist. Denn Entstehung aus solcher Botschaft erfordert

a) Verstehen dieser Botschaft und also gemeinschaftliche Verständigung über sie,

b) botschaftsgemäßes Gemeinschaftsleben,

c) Weitertragen dieser Botschaft, die nicht eine esoterische ist, sondern allen Menschen gilt, zu den anderen Menschen und damit Übersetzen in die verschiedensten menschlichen Sprachen und Situationen.

1. So ist von hier aus schon ausgeschlossen, daß der Intellekt ausgeschlossen werden könnte. Der Gehalt, der hier ausgedrückt werden muß, ist nicht nur der Gehalt eines irrationalen Erlebnisses, das in der Musik seinen adäquatesten Ausdruck finden könnte, wie der junge *Schleiermacher* gemeint hat. Es ist der Gehalt einer Botschaft, die sprachlich ergangen ist und sprachlich weitergegeben werden will. Zugunsten des Glaubens das Denken, den Verstand, die Vernunft zu diffamieren und zu eliminieren, ist in der Christenheit zwar immer wieder versucht worden, konnte sich aber aus guten Gründen nie durchsetzen. Es gibt keinen christlichen Glauben, der sich in einem ver-

nunftlosen Dunkel, in der Nacht der Romantiker wohlfühlen kann. Es gibt zwar sehr viel unvernünftiges, die Helle der Vernunft scheuendes Christentum, aber kein legitim unvernünftiges. Christlicher Glaube liebt das Licht, auch das lumen rationis; er ist aufklärend und hat von da aus eine Affinität zu den Aufklärungsbewegungen in der menschlichen Geschichte[12]. Die Frage, die durch den christlichen Glauben entsteht, ist höchstens die, ob *unsere* Vernunft wirklich vernünftig sei, ob unser Verstand wirklich so bereit zum Verstehen, so frei, offen, vorurteilsfrei sei, wie es zu seinem Begriff gehört. So gibt es also keine christliche Existenz unter Ausklammerung oder gar Verteufelung von Intellekt und Reflexion.

2. Ebenso gibt es keine christliche Existenz unter Ausklammerung von Kommunikation. Ginge es nur um die metaphysische Frage, so könnte diese auch – und vielleicht am besten – bedacht werden in der Isolation des Eremiten oder erlebt und beantwortet werden in den einsamen und unaussagbaren Erlebnissen des Mystikers. Gegen beides ist nichts zu sagen, wie denn Zeiten der Einsamkeit für jeden von uns besonders fruchtbar sein können. Aber christliche Theologie entsteht aus den unabweisbaren Bedürfnissen einer »Kirche« genannten Gruppe, die durch eine Botschaft zu einem besonderen Gemeinschaftsleben zusammengeführt und mit einem nach außen gerichteten besonderen Auftrag versehen worden ist. Die Einzelnen werden in dieses Gruppenleben hineinverflochten durch Kommunikation und existieren botschaftsgemäß nur durch Kommunikation. Christliche Theologie kann also nur eine gemeinschaftliche, nie eine einsame Angelegenheit sein – so sehr wir freilich je und je in unserer Teilnahme an dieser gemeinschaftlichen Angelegenheit auch einsam, d. h. unverstanden, abgelehnt und in der Kirche isoliert werden können.

---

[12] Vgl. Walter Dirks, Alte Wörter. Vier Kapitel zur Sprache der Frömmigkeit, München 1976.

3. Daß es dem Theologen je und je auch so ergehen kann, hängt damit zusammen, daß das Gebrauchen des Intellekts in gemeinschaftlicher Bemühung unvermeidlich auch eine kritische Funktion hat. Der Dienst der Theologie in der Kirche heißt nicht nur, aber unvermeidlich auch: Kritik. Theologie ist – recht getrieben – Selbstkritik der Kirche. Damit ist vor konformistischem Mißverständnis gesichert die u. a. von Karl *Barth* und Paul *Tillich* gleichermaßen vertretene Formel: Die Theologie ist eine Funktion der Kirche.

Diese Formel könnte auf der vorhin skizzierten Linie eines Offenbarungspositivismus folgendermaßen verstanden werden: Die Botschaft beschreibt einen Soll-Zustand der Kirche; durch die Rückkoppelung der Theologie wird der Ist-Zustand mit dem Soll-Zustand verglichen und nach diesem korrigiert. So klingt das zunächst in kybernetischem Jargon ganz einfach. Die Kirchengeschichte zeigt aber die darin verborgenen Schwierigkeiten. Es liegt nahe, den Soll-Zustand irgendwo aufzusuchen, wo er greifbar und jederzeit abrufbar vorhanden ist, etwa in einem geoffenbarten Grundbestand von Festlegungen, in Sätzen formuliert, in denen bestimmt ist, wie die Kirche leben soll (Ordnung, Hierarchie, Kultus), und was sie als Lehre weitergeben soll. Die Aufgabe der Theologie ist dann, die von der Offenbarung festgesetzten Autoritäten zu stützen durch den Beweis, daß sie selbst und ihre Entscheidungen in den Festlegungen der Offenbarung gegründet und mit diesen konform sind, zugleich aber auch Unkorrektheiten, die sich einschleichen können, am Kanon der verbindlichen Offenbarungstexte dingfest und korrigierbar zu machen.

Diese Auffassung von Theologie hängt mit einer entsprechenden Auffassung von Offenbarung zusammen: Unter dieser wird die von Gott verfügte und der Kirche geschenkte Eröffnung einer Reihe sonst dem menschlichen Verstand unzugänglicher Wahrheiten (veritates revelatae) verstanden. Diese Wahrheiten sind in der Bibel und der mündlichen Glaubenstradition enthalten, aber freilich in ziemlich verschlüsselter Weise, so daß es einer Autorität mit hermeneutischer Vollmacht, eines »lebendigen Lehramtes« bedarf, um das in dieser doppelten Tradition vorliegende Material von Wahrheiten greifbar zu machen. Die Theologie ist eine diesem Lehramt zuarbeitende und seine Entscheidungen interpretierende und verteidigende Hilfswissenschaft.

Deutlich ist: Offenbarung und Lehramt sind hier in gleicher Autoritätsstruktur gedacht. Sie sprechen in Sätzen, und wenn sie gesprochen haben, gibt es nur noch Unterwerfung. Roma locuta, causa finita (Rom hat gesprochen, die Sache ist entschieden). Wenn nun die altprotestantische Theologie anstelle des Papsttums, um von solcher Menschenherrschaft zu befreien, die verbalinspirierte Bibel setzte (ebenso der heutige Fundamentalismus) und das konfessionelle Luthertum des 19. Jahrhunderts die Confessio Augustana als Normierung der Bibelauslegung ansah, dann bleibt trotz solcher Veränderung die gleiche Autoritätsstruktur erhalten.

Das mit dem (im biblischen Sprachgebrauch nicht zentralen) Wort »Offenbarung« bezeichnete Gott-Mensch-Geschehen, von dem die biblische Botschaft spricht, kann aber noch sehr anders verstanden werden, und dadurch ändert sich auch das Verständnis von Theologie. Für die Reformatoren, besonders für Martin *Luther,* geht es dabei nicht um die Eröffnung von veritates, sondern von *einer* veritas: die zwischen Gott und Mensch und zugleich zwischen Mensch und Mensch Gemeinschaft stiftende, Zugang zueinander eröffnende Begegnung Gottes mit den Menschen durch eine (darauf liegt bei Luther der Ton) den Menschen im Gewissen treffende Anrede, die zwar durch Menschen (durch das Weitergeben der Kirche) erfolgt, aber so unbedingt ist, daß der Mensch dadurch seine Wahrheit erkennt: Er sieht sich selbst gestellt von Gott, aufgedeckt durch Gott und ganz angewiesen auf Gott. Karl *Barth* verwendet für die hierdurch – schon in der Schöpfung und nach dem Bruch durch die Sünde, der hier aufgedeckt wird, neu durch die vom Kreuz Jesu Christi ausgehende Vergebung

– eröffnete Gemeinschaft das biblische Grundwort »Bund«, das über *Luthers* Zentralbegriff »Rechtfertigung« hinaus anzeigt: es geht hier um Gottes Gemeinschaft mit jedem einzelnen Menschen und zugleich mit der ganzen Menschheit[13].

Daß solche Gemeinschaft sich ereigne, dazu kann die Kirche beitragen und hat sie beizutragen auf eine dienende Weise, indem sie, selbst von der Erfahrung dieses Ereignisses herkommend, das biblische Zeugnis von dieser Begegnungssituation zwischen Gott und Mensch wiederholt und es jeweils neu aktualisiert in jeder neuen Zeitsituation. »Dienend« heißt: weder die Kirche noch die Theologie haben dieses Ereignis in der Hand. Sie können es nicht selbst bewerkstelligen, nicht als ein ihnen übereignetes Kapital verwalten, investieren und damit produzieren; sie können sich auch kein Monopol zuschreiben, als könne es allein durch ihre Vermittlung zu diesem Ereignis kommen; sie können mit ihrem Zeugendienst nur darauf hinweisen und diesen Hinweis als Werkzeug (medium ac instrumentum) zur Verfügung stellen dem, der allein dieses Ereignis bewerkstelligen kann. Das meint in der Lehre von der Trinität die Rede vom heiligen Geist als dem, der das im Offenbarungswort Versprochene selbst und allein zur wirkenden Wirklichkeit unter uns Menschen macht.

Kirche und Theologie stehen damit, wie Karl *Barth* zu sagen pflegte, zwischen Erinnerung und Erwartung: durch die in bisherigen Zeugnissen festgehaltene Erinnerung an das, was

---

[13] Vgl. Martin Kähler, Die Wissenschaft der christlichen Lehre, 1883, Neuausgabe 1966, 33: »Die Offenbarung Gottes zielt . . . nicht auf ein Wissen, sondern auf lebendige Gemeinschaft mit Gott ab; darum wird sie nur wirklich verstanden, wo sie als gegenwärtig wirksam erfaßt wird«. – Karl Barth, Offenbarung, Kirche, Theologie, Theologische Existenz heute Heft 9: »Erkenntnis von Offenbarung heißt nicht Erkenntnis eines abstrakten Gottes gegenüber einem abstrakten Menschen, sondern Erkenntnis des konkreten Gottes, der den Menschen gesucht hat, gegenüber dem konkreten Menschen, der von Gott gefunden ist. Sie ist Erkenntnis Gottes und des Menschen konkret in dem Ereignis der überlegenen Initiative Gottes« (19). »Offenbarung heißt: Gott selbst ist da, wo wir sind. Er ist bei uns so, wie wir sind, ja, er ist selbst das, was wir sind« (22).

diese Wirklichkeit schon bewirkt hat, mobilisiert zur Erwartung künftiger Wirkung und durch ihr Hinweisen andere Menschen in diese Erwartung hereinziehend. Die Theologie hat zur Hilfe für den Dienst der Kirche darüber nachzudenken, was mit dem durch das biblische Grundzeugnis erinnerten und verheißenen Ereignis gemeint ist, wie sein Wirken zusammenhängt mit demjenigen Ereignis, das Jesus Christus heißt, welche Konsequenzen das hat für unsere Sicht des Menschen, der Geschichte, des zeitlichen Lebens zwischen Geburt und Tod, der Natur, der Gesellschaftsprobleme, unserer Lebensaufgaben und unserer Lebensgefahren.

Wenn aber die Theologie dieses komplexe Ereignis nicht in der Hand hat, und wenn das Ereignis der Offenbarung, wie es je und je in konkreter Zeit und an konkreten Menschen seine Wirkung haben will, zusammenhängt mit dem einen Ereignis der geschichtlichen Person Jesus Christus, das die Theologie trotz aller wegen seiner Geschichtlichkeit möglichen und notwendigen Forschung auch nicht in der Hand hat, dann ist das eine sehr merkwürdige Lage für ein menschliches Denken, wie es die Theologie versuchen soll.

Diese Lage hat eine Voraussetzung. Das ist die in der überlieferten Erinnerung gegebene und Erwartung hervorrufende Bundes-Verheißung, die den Namen Jesus Christus trägt. Im Unterschied zur Voraussetzung einer Einzelwissenschaft, die im greifbaren Gegebensein ihres Gegenstandes, also in dessen Erkennbarkeit für Menschen besteht (worüber die philosophische Erkenntnistheorie reflektiert), ist von diesem Ereignis greifbar nur der erinnernde Bericht derer, die es erfahren haben. Dieser aber – darum sprechen wir vom »Zeugnis« – weist über sich hinaus auf das nicht greifbare Bezeugte. Auf dieses über ihm Hinausliegende ist das Zeugnis immer neu zu befragen: immer neu – denn der Hinweis soll ja immer neu, in jeder Zeit und für jede Zeit neu geschehen. Alle menschlichen Vokabeln und Sätze sind immer neu dem immer neuen Hinweis dienstbar zu machen.

Theologie ist also nicht weniger, sondern mehr eine fragende Wissenschaft und erfüllt, wenn sie recht geschieht, die an jede Wissenschaft gestellte Forderung, sich selbst, ihre Methoden wie ihre bisherigen Ergebnisse und Formeln immer neu in Frage zu stellen, in einer ausgezeichneten Weise. Was ihr Bisheriges, d. h. ihre bisherige Rede von Gott und Mensch, von jenem Begegnungsereignis, von Jesus Christus, eigentlich meint, worauf die bisher dafür gebrauchten Worte und Sätze eigentlich zielen – Gott, Offenbarung, Jesus Christus, Wort Gottes, Sünde, Vergebung, Rechtfertigung, Bund, Erlösung, Reich Gottes, Glauben, Liebe, Kirche usw. –, das ist immer wieder offen. Wie davon recht, mit Aussicht auf Übereinstimmung mit dem Bezeugten, zu fragen ist, welches die Bedingungen und die Methode des Fragens sind, nach dem allen muß immer neu gefragt werden. Freilich kann das – wie auch sonst in keiner Wissenschaft – nicht geschichtslos geschehen, als finge das Fragen erst heute an, als stünden sich heutiges Fragen und alte »Dogmen« gegensätzlich gegenüber, als sei nicht von jeher der von der Offenbarung betroffene Mensch in ein intensives Fragen versetzt worden, in ein – allerdings kritisches – Gespräch mit denen, die bisher, von dem Ereignis in Erinnerung herkommend und es in hoffender Erwartung ausrufend, ins Fragen nach dem ihm entsprechenden menschlichen Echo versetzt worden sind, also in ein Gespräch mit der bisherigen Kirche, mit den »Vätern« und mit den christlichen Zeitgenossen.

Gebunden ist die Theologie dabei an das Grundzeugnis, ohne das es dieses spezifische Fragen gar nicht gäbe, an die Bibel. Darüber wird später zu handeln sein, auch darüber, daß durch die Eigenart dieses Grundzeugnisses und der aus ihr folgenden Gebundenheit das Fragen sich nicht in das Wissen eines zitierbaren Besitzes verwandeln und nur in den Schranken festgesetzter und vorweg zu leistender dogmatischer Vorgaben verlaufen darf. Denn die Intention der in den Texten enthaltenen Botschaft muß ja erst erfragt und der hermeneutische Schlüssel dafür immer neu gesucht werden[14].

Als Beispiel für ein solches Verständnis von Theologie sei – für manche vielleicht überraschend – die »Kirchliche Dogmatik« von Karl *Barth* genannt. Daß Theologie eine Funktion der Kirche sei – Barth unterläßt meist nicht, das Wort »kritisch« hinzuzufügen –, heißt hier gerade nicht, daß sie »offenbarungspositivistisch« einen Grundbestand kirchlicher Dogmen zu verwalten und mit einem barschen »Vogel friß oder stirb!« (wie Dietrich *Bonhoeffer* mißverstand) den Menschen vorzusetzen habe. Dieses Werk ist mit seinen immer neuen Ansätzen, auch mit seinen ausgesprochenen und unausgesprochenen Selbst-Retraktionen, eine einzige große Anleitung zum rechten Fragen, eine Methodologie des rechten, offenen theologischen Fragens; es macht dieses Fragen zugleich selbst vor und ist darin eine Umformung dessen, was man gewöhnlich unter Dogmatik und Dogmenlehre versteht; es steht also im Gegensatz zu jedem Dogmatismus. Das gilt auch für diejenigen Partien, die in affirmativer und assertorischer Sprache geschrieben sind, und bei denen die Reflexion in Predigtsprache übergeht. Sie führen vor Augen, was unserem Fragen als sein Gegenstand vorgestellt ist, und wie das ihm entsprechende menschliche Echo lauten könnte. So verstanden ist die Barthsche Dogmatik gerade das Exempel für ein Verständnis der Theologie als einer »hypothetischen« Wissenschaft, wie W. *Pannenberg* es für die Theologie fordert[15].

---

[14] Vgl. Karl Barth, Der Christ als Zeuge, Theologische Existenz heute, Heft 12, 1934, und: Die Grundformen des theologischen Denkens, in: Evangelische Theologie, 1936, III, 462ff, wieder abgedruckt in: Theologische Fragen und Antworten. Gesammelte Vorträge, 3. Band, 1957, 282–290.

[15] W. Pannenberg, aaO., 336 u. ö. Pannenberg sieht sich damit selbst freilich im Gegensatz zu Barth. Seine Polemik gegen Barth ist fixiert auf Barths schroffe Ablehnung der von Heinrich Scholz aufgestellten Postulate für eine als Wissenschaft auftretende Theologie (Wie ist evangelische Theologie als Wissenschaft möglich? in: Zwischen den Zeiten, 1931, 8–53; wieder abgedruckt in: Theologie als Wissenschaft, hg. von Gerhard Sauter, Theologische

Der *Gehorsam* der Theologie besteht also nicht im Nachsagen, im Rezitieren, in der Heteronomie des Denkens, sondern
im durchaus selbständigen Nachfragen, dies aber gezielt auf
Vorgesagtes, auf das erinnernde und verheißende Zeugnis, und
nicht in der Entwicklung eigener oder von der Philosophie
gelieferter Axiome und Prämissen, wie das freilich in der
Theologiegeschichte immer wieder geschehen ist. So ist *Calvins*
Wort zu verstehen: »Alle rechte Gotteserkenntnis wird aus
dem Gehorsam geboren«[16].

Gehorsam ist die Theologie wie jede andere Wissenschaft in
Erfüllung ihres Auftrags, in der sie sich von keiner anderen
Instanz – weder von einer kirchlichen noch von einer außerkirchlichen – beirren läßt. Ihren Auftrag erhält sie vermittelt
durch die Kirche, die ihrer bedarf. Er besteht aber nicht darin,
das empirische Sein der Kirche zu rechtfertigen, weder ihre
Personen und deren Verhalten noch ihre Ordnungen und
Lehren, sondern diese kritisch zu prüfen an der Botschaft, der
die Kirche ihr Dasein verdankt. Die besondere Dialektik von
Gebundenheit und Freiheit, die die Eigenart der Theologie
ausmacht und die sie – recht verstanden – zu einem sehr auf-

Bücherei 43, München 1970, 221–264; vgl. KD I/1, 7). Pannenberg hört nur
Barths Nein und liest von daher die Barthschen Sätze, als würde mit ihnen ein
Denken angekündigt, das sich um keinerlei Regeln der Logik, der Verständ-
lichkeit und der Beweisführung kümmert, und besteht deshalb, als sei das
Barth gegenüber nötig, darauf, daß auch ein theologisches Buch vernünftig
und verständlich sein müsse (Pannenberg, aaO., 277). Durch jene eine Seite
am Anfang der KD ins Bockshorn gejagt, hat Pannenberg nicht gesehen, daß
Barth in den Bänden dieses großen Werkes, wie sich m. E. zeigen läßt, die
Scholzschen Postulate zumeist durchaus erfüllt und, wo dies nicht der Fall
ist, über die Gründe dafür Rechenschaft gibt. Nicht als faktisch relevant für
ein ordentliches Denken hat er sie abgelehnt, sondern nur als apriorische
Bindung, die der Theologie nicht mehr die Freiheit ließe, vom übergeordne-
ten Postulat der Sachgebundenheit her, das Barth als das einzig verbindliche
proklamiert (KD I/1, 291f), diesen anderen Postulaten zu genügen oder (dann
aber wissend und begründend, was sie tut!) je und je auch nicht.
[16] Institutio Religionis Christianae, I 6, c. 2: Omnis recta cognitio Dei ab
oboedientia nascitur.

und anregenden Partner im Hause der menschlichen Wissenschaften machen kann, entsteht dadurch, daß diese Botschaft nicht umstandslos als Maßstab zu handhaben ist, weil sie selbst ebenso wie ihr Gegenstand, die Offenbarung, immer neu erfragt werden muß. Geschieht das nicht, so operiert man mit allerlei von der Überlieferung auferlegten mirakulösen Vokabeln und Sätzen, deren Sinn dunkel bleibt und für die eben deshalb blinde Unterwerfung verlangt werden muß – ein alles anderer als evangelischer, nämlich vom euangelion zeugender Betrieb, der außer seiner Freudlosigkeit auch von Langeweile gestraft ist. Woher aber kommt das Fragen, und wohin muß es sich richten? Diese Frage wird uns die schon erwähnte einzigartige Bedeutung der Bibel für Kirche und Theologie erkennen lassen, von der ein künftiges Kapitel handeln soll.

Es dürfte nun aber deutlich sein: Gerade darin, daß wir nach der Botschaft, ihrem eigentlichen Gehalt und Sinn, immer neu fragen müssen, infolgedessen darüber auch untereinander in Streit kommen können, und gerade darin, daß wir hier nichts von vornherein in der Hand haben, ist die Freiheit der Theologie begründet, deren sie wie jedes wissenschaftliche Denken bedarf. Da gibt es keine kirchliche Instanz, die aus irgendeinem Grunde mehr davon in der Hand hätte und deshalb der Theologie ihre Ergebnisse vorschreiben könnte. Andere Menschen, auch andere Kirchenmenschen können die in der Kirche in besonderer Weise zu theologischer Arbeit beauftragten Menschen auch nur fragen, ob und inwieweit sie sich wirklich diesem eigenartigen Auftrag widmen, und dann – da *alle* in der Kirche an der Theologie beteiligt sind – selber prüfen, ob bei diesem Bemühen hilfreiche Klärungen herauskommen.

So ist die theologische Konzentration auf die Frage nach der die Kirche begründenden christlichen Botschaft und die Dienstverpflichtung gegenüber der Kirche keineswegs, wie es früher schien, in einem vorausgesetzten *Absolutheitsanspruch* des Christentums begründet – so, als besäßen diese Menschen schon das Wissen, daß die Gottesoffenbarung in Jesus Christus

die alleinige, universale Wahrheit ist. Nicht einmal das weiß ein
Theologe von vornherein und ein für allemal. Er hört zwar die
Zeugen der Bibel und die Glaubenszeugen der Kirche hindeu-
ten auf Jesus Christus als auf das alleinige und vollkommene
Heil der Menschen. Aber er muß immer neu anfangen zu
fragen, was wohl diese Worte anderer Menschen bedeuten, wie
sie zu so außerordentlichen Behauptungen kommen und sie
begründen, und wie es ihnen gegenüber dann mit anderen
Wahrheitsbehauptungen (in Religionen und Philosophien)
steht. Daß darüber von den heutigen Theologen keine einhelli-
ge Auskunft zu erhalten ist, sondern der vorerwähnte Streit
besteht, ist gerade ein Indiz dafür, daß hier nicht, wie Ludwig
Feuerbach denunzierte, Wissenschaft unter vorgegebenen Vorschriften getrieben wird, sondern daß das hier Vorgegebene
– die von der Kirche weitergegebenen Behauptungen der biblischen Zeugen – zur Aufgabe für das Denken geworden ist, die
das Denken nicht einmauert und abschließt, sondern in Gang
setzt.

Natürlich droht überall, wo wir mit Denken beauftragt
werden, Intellektualisierung, also Verselbständigung der Theorie gegenüber der Praxis. Sie wird sich zeigen a) an einer
Vermessenheit des Denkens durch den Anspruch, lebendige
Wirklichkeit so in Begriffe zu fassen, daß das Fragen, das sich
auf die je noch unbegriffene, ja sich der Einfassung in ein
Begriffssystem immer wieder entziehende Wirklichkeit richtet,
zu seinem Ende kommt, so daß es sich nur noch endlos
rekapitulieren kann. Wir haben dann rationale Formeln, in
denen das Geheimnis der Wirklichkeit, ja – Höhepunkt der
Vermessenheit! – das Geheimnis *dieser* Wirklichkeit enträtselt
ist, gewußt und bekannt, so daß die Wirklichkeit – und erst
recht *diese* Wirklichkeit – uns keinen Widerstand mehr leistet
und wir vor Überraschungen geschützt sind (dies das Bedenken
gegen das religionsphilosophische Programm *Hegels*).

Daraus folgt b) das Überwuchertwerden des Lebens durch
die Theologie: die Theologen-Kirche, in der die Theologen den

anderen vorsagen, was sie zu glauben haben, und in der der Glaube verkehrt wird zum Nachsagen richtiger Sätze. Der Wichtigkeit der Theologie für die Kirche entspricht also ihre Bescheidenheit. Bescheidenheit der Theologie besagt: Sie darf niemanden an sich selbst binden. Es ist ihre dienende Aufgabe für alle Menschen, die von ihr Kenntnis nehmen, ihnen zu eigenem Hören der Botschaft und zu eigenem Fragen zu helfen, aber eben zu diesem auf die Botschaft gerichteten, konzentrierten Hören und Fragen, so ist etwas Richtiges an dem Satz, mit dem der liberale Basler Kirchenhistoriker Eberhard *Vischer* vor fünfzig Jahren einen Vortrag über »Die Aufgabe der theologischen Wissenschaft« (1927) beschloß: »Die Aufgabe der theologischen Wissenschaft ist, immer wieder von der Theologie zu erlösen«.

Literaturhinweise:

Helmut *Gollwitzer* / Wilhelm *Weischedel*, Denken und Glauben. 1964.
Georg *Picht*, Der Gott der Philosophen und die Wissenschaft der Neuzeit. 1966.
Gerhard *Sauter* (Hg.), Theologie als Wissenschaft (Theologische Bücherei Nr. 43). 1970.
Wolfhart *Pannenberg*, Wissenschaftstheorie und Theologie. 1973.
Fritz *Buri* / Jan Milic *Lochman* / Heinrich *Ott*, Dogmatik im Dialog. 2. Band: Theologie – Offenbarung – Gotteserkenntnis. 1974.
Georg *Picht* / Enno *Rudolph* (Hg.), Theologie – was ist das? 1977.
Hans Norbert *Janowski* / Eberhard *Stammler* (Hg.), Was ist los mit der deutschen Theologie? 1978.

II. Theorie und Praxis als Problem der gegenwärtigen Theologie

Die Etablierung der Theologie als Universitätswissenschaft ist eine Erscheinung der immer arbeitsteiliger werdenden Gesellschaft. Arbeitsteilung aber ist in dieser Gesellschaft mit sozialen Privilegien verbunden. Gehören die Theologen zu einer privilegierten Gruppe in der Gesellschaft, so kann sich das schädlich auf ihre Arbeit auswirken. Deshalb sind für uns wichtig andere Formen von Theologie, wie sie besonders in den notleidenden Gegenden unserer heutigen Welt entstehen. Sie regen an, auch bei uns Theologie so zu treiben, daß sie eine Gegenwirkung gegen die Herrschaft von Experten und gegen die soziale Privilegierung ausübt.

Die Theologie ist nicht Mutter und nicht Beherrscherin, sondern Dienerin des christlichen Glaubens und Lebens, gerade als kritisches Denken und Fragen. Die Kirche lebt nicht aus der Theologie, sondern aus dem Ausgerufenwerden der Botschaft durch von dieser ergriffene Menschen. Theologie ist ein nachträgliches Geschäft. Sie steht als Theorie zwischen Praxis und Praxis.

Kirche beginnt historisch und immer neu als Praxis eines neuen Lebens, hervorgerufen durch die Botschaft. Weil die Kirche in Kommunikation nach innen und (als weitergebende) nach außen lebt, weil der Glaube den ganzen Menschen meint und ihn mündig, also verstehend machen will (fides quaerens intellectum, Glaube, der Verstehen sucht). Weil die Praxis des Glaubens im individuellen wie im gesellschaftlichen Leben auf viele Probleme stößt, die wir in eigener Verantwortung beantworten sollen, darum bedarf die Kirche immer neuer Theoriebildung. Deshalb ist es für sie und ihre Glieder verhängnisvoll, wenn sie nur mit früherer Theorie ausgerüstet ist, die zum heutigen praktischen Echo auf die Botschaft nicht oder nur unzulänglich oder vielleicht gar reaktionär anleiten kann.

Diese Stellung zwischen Praxis und Praxis läßt die überkommene Organisierung der kirchlichen Theologie als einer akademischen, wie sie in unserem Lande üblich ist, als fragwürdig erscheinen. Sie wird aber als so selbstverständlich hingenommen, daß über ihre Problematik, über die Problematik ihrer Bedingungen und ihrer Wirkungen, kaum reflektiert wird. Der Ruf nach dem Praktischwerden und dem Praxisbezug der Theologie ist den Hochschullehrern in den Jahren der Studentenbewegung um die Ohren geklungen, und heute sind viele froh, ihn unnachgiebig überstanden zu haben. Es waren natürlich allerlei Kurzschlüsse in ihm enthalten, Theorieverachtung, Aktionismus, auch Desinteresse an Glaubensfragen, und das machte es leicht, ihn abzuwehren, ohne die tiefere Anfrage in ihm ernst zu nehmen.

Diese aber entsteht doch schon durch die kanonischen Texte, dem wichtigsten Arbeitsmaterial der Theologie als einer hermeneutischen Wissenschaft. Diese Texte sind zum großen Teil – z. B. das ganze Neue Testament – aus ganz anderen Situationen erwachsen als unsere akademischen Produktionen. Ihre Autoren leben nicht in einer von ihren Gruppen abgehobenen Sonderexistenz. Was sie schreiben, entsteht aus dem Leben der Gruppe selber; worauf sie antworten, sind Lebensfragen aus der Gruppenpraxis. Die Mühsale, Versuchungen und Freuden der Gruppe sind unmittelbar auch diejenigen dieser Autoren, die sie, – als Wanderprediger, als ihre Sprecher, als zuerst von den Angriffen der Umwelt Getroffene – unmittelbar teilen. Die formgeschichtliche Forschung, mit der soziologischen Kategorie der »Gemeindetheologie« arbeitend, hat zuerst darauf aufmerksam gemacht, wie hier ganze Gemeinden an der Hervorbringung von Theologie beteiligt sind; es gibt in ihnen zwar Aufteilung von Funktionen, Theologie aber entsteht in ihnen noch in einer vor-arbeitsteiligen Weise.

Mit dem Eindringen hellenistischer Intellektueller ändert

sich das. Am ersten Bande von *Harnacks* Dogmengeschichte
kann der aufmerksame Leser beobachten, wie sehr deren Bedürfnisse nun die Theologiebildung bestimmen. Zugleich beginnt die Kirche sich hierarchisch zu organisieren und zur
Ausscheidung heterodoxer Gruppen Theologie als Werkzeug
der Abgrenzung und der Legitimierung hierarchischer Macht
– eben durch Schulen dieser Intellektuellen – zu entwickeln.
Damit war der Weg bereitet für eine Gestalt von Theologie, wie
sie die seit Konstantin mit den herrschenden Gesellschaftsmächten verbundene Kirche nötig hatte, parallel zur gesellschaftlichen Arbeitsteilung, in der intellektuelle Kader mit dem
Theorie-Geschäft betraut wurden. Eine Schicht von Wissenden
dominiert über die Unwissenden, eine ecclesia activa über eine
ecclesia passiva, der Klerus über die von der theologischen
Verantwortung entlasteten und in Unmündigkeit gehaltenen
Laien. Die Theologie erscheint damit als eine Theoriebildung,
die sich vom Leben der Laienwelt verselbständigt, die vor und
außerhalb der Praxis vorgenommen werden kann, mit in sich
verselbständigt kreisenden Problemen, deren Bearbeitung der
Denkfreude der theologischen Spezialisten genügt, oft aber
weit entfernt ist von denjenigen Problemen, die in der realen
Praxis der Kirche und dem Kirchenvolk auf den Nägeln
brennen.

In den reformatorischen Kirchen hat sich daran trotz *Luthers*
Proklamation der Gemeinde als der Hauptinstanz für die Beurteilung von Lehre nichts Wesentliches geändert. Adolf *Schlatter* hat dazu in seiner Abhandlung »Der Dienst des Christen in
der älteren Dogmatik«, mit der er 1897 seine Reihe »Beiträge
zur Förderung christlicher Theologie« eröffnete, mit großer
Schärfe bemerkt: »Aus der Stellung der Alten folgte, daß für sie
kein wesentliches Interesse an die Gemeinde haftete. Unentbehrlich ist das Pastorat, weil das Wort verkündigt sein muß,
entbehrlich die Gemeinde, weil man auch ohne sie glauben und
lieben kann.« »Aus der Teilnahme an der Kirche ergab sich für
den Glaubenden bei ihnen noch keine Berufung zum Dienst.«

Denn der Kirche gegenüber »verhält sich der Glaubende nur empfangend, nicht gebend«. »Dem, der weder Pastor noch Obrigkeit ist, hat Gott in der Kirche keinen Dienst zugeteilt.« Wenn in der Neuzeit dann »die gläubige Schätzung der Kirche« als »Dienerin der göttlichen Gnade« erlischt, so geschieht das »nicht einzig darum, doch auch darum, weil sie den Dienst, der ihr übertragen ist, nicht ganz verstand und nicht ganz vollführte, als sie ihn ausschließlich den Pastoren überband.«[1]

Die Worte Schlatters weisen darauf hin, daß die Akademisierung der Theologie eng mit der Stellung des Pfarramts und der Monopolisierung der Verkündigung für die pfarrerliche Predigt zusammenhängt. Die theologischen Fakultäten sind Anstalten für die Ausbildung von Inhabern des Verkündigungsmonopols gewesen, – eines Monopols, das seine Funktion in der Kontrollierbarkeit dieser Inhaber seitens der kirchlichen und staatlichen Obrigkeit hatte und verhindern sollte, daß eigenes theologisches Denken der »Laien« die Gemeinden zu Unruhezellen in der gesellschaftlichen Ordnung machte. Zugleich nahmen die Fakultäten teil an dem Weg der Universitätswissenschaft, die sich ebenfalls der Weiterentwicklung der gesellschaftlichen Arbeitsteilung verdankt. So ist die Abgehobenheit der Theologie von der gemeindlichen und alltäglichen Lebenspraxis sowohl durch die Stellung des Pfarramts wie auch durch die Teilnahme am universitären Wissenschaftsbetrieb begründet. Ihr entspricht das Minderwertigkeitsgefühl des »Laien« in theologicis ebenso wie das Minderwertigkeitsgefühl der Theologen in non-theologicis. Beide scheuen sich, als »Dilettant« und »Amateur« zu erscheinen. Die Folge davon ist die von beiden Seiten geschehende Inkompetenz-Erklärung der »Kirche« (d. h. der theologischen und der Leitungs-Instanzen) für Lebensgebiete außerhalb des theologischen Bereichs und die Preisgabe dieser Gebiete an ihre »Eigengesetzlichkeit«.

---

[1] A. Schlatter, Der Dienst des Christen in der älteren Dogmatik, 1897, 18–22, Kap.: Die passive Gemeinde.

Das soll nicht zu dem Schlusse führen, die gesellschaftliche Arbeitsteilung sei ohne weiteres aufhebbar, und wir könnten in die Periode vor der neuzeitlichen Spezialisierung der Arbeit und des Wissens umstandslos zurückkehren. Entscheidend aber ist, ob die Bedingungen und Wirkungen der Spezialisierung überhaupt erkannt und selbstkritisch reflektiert werden, und ob daraus eine Bewegung erfolgt, die diese Wirkungen zu neutralisieren, die die von ihnen verursachten Verengungen aufzubrechen sucht. Soll Kirche sich als Gemeinde begreifen, d. h. als eine Gruppe, in der die Subordinationsverhältnisse von »Jude und Grieche, Herr und Knecht, männlich und weiblich« aufgehoben sind (Gal 3,28), in der es also auch keine Herrschaft der Experten über die Unwissenden geben darf, dann bedeutet dies den Auftrag, in einer immer stärker sich spezialisierenden, sich zur Expertokratie entdemokratisierenden Gesellschaft eine Gegengruppe zu bilden, in der alle Glieder am gemeinsamen Leben mitbestimmend teilhaben, durch diese Teilhabe ihre Fähigkeiten entwickeln und dadurch mit dem uns von der Schule an heute einsuggerierten Mythos brechen, »daß es für alle Tätigkeiten Spezialisten gibt, die man nie einholen kann, und daß man, wenn man etwas gut machen will, sich spezialisieren muß«[2].

Die Theologen waren und sind auf dem Boden des katholischen Priester- und des protestantischen Predigermonopols den Wirkungen der Arbeitsteilung besonders wehrlos ausgesetzt. Diese ist aber zugleich immer auch (wenigstens in jeder Privilegiengesellschaft) Zuteilung oder Verweigerung von Privilegien, und zwar auch sehr materiellen Privilegien. Elitär gegenüber den nichtakademischen Massen und materiell abgesichert werden Theologen und Theologie exterritorial gegenüber den Daseinskämpfen um sie her und zugleich Teil der privilegierten Schicht, mit deren Denkweisen und Interessen

---

[2] André Gorz, Ökologie und Politik, Reinbek 1977, ro-ro-ro-aktuell Nr. 4120, 125f.

viel tiefer verflochten, als sie es zumeist erkennen und eingestehen können. Von dieser Zugehörigkeit zu einer privilegierten Schicht und von der elitären Verselbständigung gegenüber den breiten Unterschichten sind wir Theologen tief geprägt, von unserer Sprache angefangen bis in unsere Arbeitsweise. Die Überwindung dieser schichtgeprägten Weise des Denkens, Fühlens und Arbeitens und dieser elitären Verselbständigung ist aber ein unabweisbares Erfordernis, wenn der Satz von der Theologie als Funktion der Kirche praktischen Gehalt haben soll, und wenn Gal 3,28 nicht nur die Beschreibung einer illusionären Kirchenideologie sein soll. Deshalb ist die Überwindung des Dualismus von Laien und Experten für die Theologie genauso wichtig wie für die Laien, und deshalb geschieht sie keineswegs schon dann, wenn Theologen theologische Laienschulungen unternehmen.

»Dank ihrer privilegierten Produktionsbedingungen ist Theologie heutigen Entfremdungserfahrungen also weniger ausgesetzt als die meisten andern Tätigkeiten, die ökonomisch härteren Gesetzen und Zwängen unterworfen sind. Darum unterhält Theologie hierzulande kein zwingendes, höchstens ein einfühlendes Verhältnis zu den Entfremdungserfahrungen, wie sie die Mehrheit der Zeitgenossen heute macht, und wie Literatur sie auf vielfältige Weise artikuliert.«[3] Im gleichen Sinne Paolo *Freire:* »Man bedenke nur einmal diesen Widerspruch: Ich spreche über Brüderlichkeit, und dennoch bin ich ein Intellektueller, ausgestattet mit einigen Rechten, die der Arbeiter nicht hat. Gut, könnte jemand sagen, Paolo, du bist doch ein Bruder, aber auf einer anderen Ebene. Aber das ist nur ein sehr akademischer Weg, diese Differenz beiseite zu schieben. Und das gleiche trifft wieder zu im Hinblick auf Lehren und Lernen; denn der Lehrer, der sich als Herr Professor versteht, wie kann der etwa ein Bruder seiner Studenten sein?

---

[3] K. Marti, Entfremdung und Erfahrung in Theologie und Literatur, in: Grenzverkehr, Neukirchen 1976, 95.

Er ist so weit von seinen Studenten weg: Er hat ›Wissen‹, und weil er Wissen besitzt, meint er, daß er das Wissen an die Studenten vermitteln müsse. So sind eben diese Lehrer nicht Brüder, sondern als ›Besitzende‹ sind sie Unter-Richtende. Um diese Rolle aufzugeben, um wirklich Bruder zu werden, muß ich die gesamte Gesellschaft verändern«[4].

Tatsächlich, damit kommt eine umfassende Gesellschaftsveränderung in Blick, und vielleicht ist die Befürchtung einer solchen Veränderung, die ja auch unsere Privilegien beseitigen würde, der Grund, weshalb ich diesen beiden Zitaten keines aus dem Bereich der akademischen Theologie an die Seite stellen kann. Wenn es sie gibt, so sind sie mir jedenfalls nicht bekannt geworden, und das spräche für ihre Vereinzelung. Dies erklärt auch, weshalb in der Herausforderung der Studentenbewegung die Haltung des Lehrkörpers der theologischen Fakultäten sich in nichts von dem der übrigen Fakultäten unterschieden hat. Die hier erhobene Frage, ob ein theologischer Lehrbetrieb sich nicht grundlegend unterscheiden müsse von dem der anderen Wissenschaften, die der bürgerlichen Gesellschaft die für deren Produktion und Reproduktion nötigen Experten liefern, wurde sowenig erkannt und diskutiert wie die eigene Befangenheit in und die eigene Dienstbarkeit für diese Privilegiengesellschaft.

Dies erklärt auch, weshalb in zunehmendem Maße von den Teilen der Christenheit außerhalb dieser bürgerlichen Gesellschaft, also aus den Kirchen der Dritten Welt, uns die Unverwendbarkeit unserer früher so erfolgreich dorthin exportierten theologischen Arbeit attestiert wird. Sie sei viel zu abstrakt und habe keine Verbindung zu den realen Lebensproblemen – so klingt es uns seit Jahren von dorther in den Ohren. Man kann das abwehren mit den gleichen richtigen Argumenten, mit denen wir die Notwendigkeit von gründlicher historischer

---

[4] In: Brüderlichkeit – die vergessene Parole, hg. von H. J. Schulz, Stuttgart 1976, 105.

Forschung und von Reflexion auf hoher Abstraktionsebene gegen den Praktizismus von Studenten in den Anfangssemestern verteidigen. Es bleibt dann immer noch ein Rest übrig, der uns unbehaglich sein sollte: Es ist zu vermuten, daß diese Äußerungen der Unzufriedenheit nicht nur Ausdruck des zunehmenden Selbstbewußtseins, der zunehmenden Besinnung auf die eigenen kulturellen Traditionen und damit des Empfindens für die *kulturelle* Bedingtheit unserer scheinbar universalgültigen Weise des Theologisierens sind, sondern daß sie auch das Empfinden für die *soziale* Bedingtheit unseres Theologisierens durch unsere Privilegiensituation ausdrücken. Diese Situation ermöglicht eine Bibelexegese, die allein auf ideengeschichtliche Ableitungen achtet, die die Wiederspiegelung sozialer Konflikte in den Texten ignoriert und darum deren Analogisierbarkeit zu heutigen Situationen, die etwa den Fischern von Solentiname – man vergleiche Ernesto *Cardenals* Buch[5] – in die Augen springt, nicht einmal ahnt. Sie ermöglicht eine Ablösung der Glaubensfragen und der durch den christlichen Glauben gestellten Denkprobleme von den bedrängenden materiellen Problemen, die die ursprüngliche Verbindung beider Ebenen miteinander kaum mehr erkennen läßt, so daß es nicht nur in den Ländern mit großer materieller Not, sondern auch bei uns dem auf diese Weise ausgebildeten Pfarrer schwerfällt, in seiner täglichen Beschäftigung mit Mietproblemen, Arbeitslosigkeit, Schülerselbstmorden, Alkoholismus usw. diese Verbindung nachträglich wiederherzustellen. Sie ermöglicht ein Bedenken der Botschaft von dem Gott, der die Liebe ist, ohne daß dabei unser Komplizentum mit der eisernen Gewalt, die unser Wirtschaftssystem zu unserem Nutzen über andere Völker ausübt, auch nur mit einem Gedanken gestreift werden muß. Daß der kleine Mann auf der Straße, der manchem theologischen Autor unbestreitbar ebenso im Blicke ist wie der Fachkollege, zu-

---

[5] E. Cardenal, Das Evangelium der Bauern von Solentiname, Wuppertal 1976.

gleich als VW-Aktionär tätiges und mitprofitierendes Subjekt
der mörderischen Ausbeutung der Campesinos und Indios im
Amazonasgebiet ist, davon pflegt der theologische Autor kaum
etwas zu wissen, und hier hat deshalb sein Bedenken der
Bedeutung der Botschaft von der Liebe Gottes für unser Leben
seine Grenze. Diese Grenze spüren jene Christen in der Dritten
Welt, die früher dankbare Empfänger unserer Theologie gewesen waren und heute die Annahme verweigern.

Sie stellen in ihrer kirchlichen Umgebung fest, wie der
Import unserer Theologie ihren eigenen Gefahren, nämlich der
Apathie gegen die umgebende Not, der Flucht ins religiöse
Abseits und der Versuchung zur Anpassung an die bestehenden
Mächte nicht entgegenwirkt, sondern sie eher noch steigert,
und sie erleben in ihren noch nicht so spezialisierten Verhältnissen eine andersartige Entstehung und Ausbildung von Theologie, sehr viel weniger individualistisch, gar nicht elitär und in
deutlicher Analogie zur oben erwähnten urchristlichen Situation. Dort, wo christliche Praxis unmittelbar mit den menschlichen Nöten, Kämpfen und Hoffnungen konfrontiert ist, in
Slums und im Zusammenhang antikolonialer und sozialer Be-
freiungsbewegungen, entstehen – ähnliches haben wir immerhin auch im Widerstand gegen den Nazismus erlebt – für
beteiligte christliche Gruppen theoretische Fragen verschieden-
ster Art, deren Beantwortung unmittelbar für ihre weitere
Praxis dringend ist. An dieser Beantwortung ist die ganze
Gruppe beteiligt; professionelle Theologen als Glieder solcher
Gruppen haben keine dominierende Funktion mehr, sondern
nur noch eine beratende, und ihr theologisches Denken geschieht in Hautnähe zu den aus der Praxis entstehenden Fragen
ihrer Gruppe. So ist die lateinamerikanische »Theologie der
Befreiung« und die amerikanische und afrikanische »Schwarze
Theologie« entstanden.

Es handelt sich nicht darum, uns romantisch und künstlich in
solche Verhältnisse zu transferieren, was unmöglich wäre.
Wohl aber können und sollen daraus – wenn denn Ökumene

bedeutet, daß alles alle angeht – einige Schlüsse gezogen werden. Der erste wäre, dadurch bescheiden zu werden und die eigene Relativität zu erkennen. Die bei uns dominierende Form von Theologie ist weder die einzige noch die beste Art, Theologie zu treiben. Wir akademischen Theologen sollten deshalb interessiert sein, zu entdecken und zu fördern, was an theologischem Fragen und Nachdenken in anderen Formen geschieht, in den evangelischen Akademien, in den Kreisen und Gruppen und Kommunitäten aller Art.

Wie sieht Theologie aus, die sich in einer Obdachlosensiedlung bildet, in einer Wohngemeinschaft von Gastarbeitern und Deutschen, unter Behinderten, im Zusammenhang gewerkschaftlicher Arbeitskämpfe? Es ist m. E. schade, daß sich die kirchlichen Hochschulen – freilich auch durch unser hochproblematisches Prüfungswesen dazu gedrängt – so sehr den Universitätsfakultäten angleichen, statt eigenständige Formen von Theologie zu entwickeln.

Ein weiterer Schluß: Anders als interdisziplinär kann wissenschaftliche Theologie heute nicht mehr getrieben werden. Theologische Arbeit stand immer schon in interdisziplinärem Bezug, die historischen Disziplinen mit den entsprechenden historischen Wissenschaften, die systematische Theologie mit der Philosophie und die praktische Theologie wenigstens neuerdings mit den Humanwissenschaften. Diese aber müssen nun in ganz anderem Maße die Partner auch des systematischen und der historischen Disziplinen werden, und zwar nicht nur durch literarische Kenntnisnahme, sondern durch die lebendige Interaktion in Forschung und Lehre. Nach den immer noch viel zu geringen Anfängen, die ich als systematischer Theologe in einem philosophisch-sozialwissenschaftlichen Fachbereich, der dies als seine Aufgabe erkannt hatte, erlebt habe, kann ich mir von theologischer Arbeit außerhalb solcher Interdisziplinarität nicht mehr viel versprechen.

Und schließlich für die Arbeit innerhalb der theologischen Fakultät: Versteht sich Theologie nach alter Definition als

scientia practica, also aus Praxis für Praxis, so stellt das heute
die Praktische Theologie in die Mitte eines theologischen Ar-
beitskollektivs. Sie ist nicht nur, wie für *Schleiermacher,* die
»Krone des theologischen Studiums«, was ja immer noch nur
eine dekorative Funktion andeuten könnte, sondern sie müßte
das Herz der Theologie sein. Unter der Suggestion des neuzeitlichen Wissenschaftsbegriffes, dem sich die theologischen Fakultäten gefügt haben, kam sie in die Aschenbrödelrolle, aus
der sie immer noch nicht befreit ist. Versteht sich christliche
Theologie recht, dann ist sie in ihrem Kern praktische Theologie; darum ist die Praktische Theologie der Kern eines theologischen Gremiums, dem die anderen theologischen Disziplinen
als Hilfswissenschaften zuarbeiten.

Literaturhinweise:

Bert *Brecht,* Der Tui – Roman (Ges. Werke 12, Prosa 2). 1967.
Gustavo *Gutiérrez,* Theologie der Befreiung. 1973.
Yorick *Spiegel* (Hg.), Kirche und Klassenbindung (Ed. Suhrkamp Nr. 709).
    1974.
Ernesto *Cardenal,* Das Evangelium der Bauern von Solentiname. Zwei
    Bände. 1976/1978.
Georges *Casalis,* Les idées justes ne tombent pas du ciel. 1977. (deutsch: Die
    richtigen Ideen fallen nicht vom Himmel herab, Kohlhammer Verlag,
    1978).
Fernando *Castillo* (Hg.), Theologie aus der Praxis des Volkes. Neuere
    Studien zum lateinamerikanischen Christentum und zur Theologie der
    Befreiung. 1978.

III.   Bibel

Was macht die Bedeutung und die Unentbehrlichkeit der Bibel
für den christlichen Glauben und damit auch für die Theologie
aus? Die neuzeitliche Wissenschaft hat frühere Vorstellungen
von der historischen Zuverlässigkeit und von der Einheit der
Bibel unhaltbar gemacht. Gleichzeitig hat sich gezeigt, daß
damit die Bedeutung der Bibel nicht abgenommen hat. Daraus
ergeben sich Gesichtspunkte für den heutigen Umgang der
Theologie mit der Bibel.

Die letzte Autorität für den christlichen Glauben und also auch
für die christliche Theologie ist die Bibel, das Alte und das
Neue Testament. Sie ist eine Sammlung menschlicher Schriften.
Also wird hier Menschen eine letzte Autorität über Menschen
zugeschrieben, eine extreme Form von Heteronomie, ein Au-
toritätsglaube, der das Christentum für autonome Vernunft
– und ist dies nicht eine Tautologie? Kann Vernunft anders als
autonom sein? – unannehmbar macht. So klingt es seit Beginn
der Neuzeit. Der Theologe spricht »nach statutarischen, in
einem Buche, vorzugsweise Bibel genannt, enthaltenen Glau-
bensvorschriften, d. i. in einem Kodex der Offenbarung eines
vor viel hundert Jahren geschlossenen Alten und Neuen Bundes« – und: »daß ein Gott sei, beweist der biblische Theolog
daraus, daß er in der Bibel geredet hat« – so Immanuel *Kant* in
seiner Schrift: »Der Streit der Fakultäten«[1] – nicht anders heute
z. B. Wilhelm *Weischedel:*

»Der Glaubende unterstellt sich im Ursprung und im Vollzug seines
Glaubens einer Autorität. Er kennt und anerkennt ein letztes Unfragliches,
eine unbedingte Instanz. In sichtbarer Form ist das die Kirche oder das
Schriftwort. In einem tieferen Sinne ist es die durch Jesus Christus vermittelte

---

[1] Dazu K. Barth, Die protestantische Theologie im 19. Jahrhundert, München 1947, 277.

Herrschaft Gottes, der sich der Glaubende rückhaltlos unterwirft. Der Philosophierende dagegen verriete seine Sache, wenn er eine andere Autorität anerkennte als sein eigenes Denken und die Sache, die er denkend erkennt. Das aber besagt: Philosophieren vollzieht sich in Freiheit«[2].

Wir müssen also unsere Überlegungen über die Gebundenheit und Freiheit des theologischen Denkens in bezug auf die Bedeutung der Bibel fortsetzen, sofern wir nicht in dieser Alternative: Theologie = unfreies Denken, Philosophie = freies (und damit überhaupt erst seinen Namen verdienendes) Denken stecken bleiben wollen – was jedenfalls für evangelische Theologie, für eine Theologie der »Freiheit eines Christenmenschen«, unerträglich wäre.

Der Anschein der Gebundenheit an eine heteronome Instanz von letzter Autorität wird für die evangelische Theologie erweckt durch die Gründung der Reformation vor vierhundert Jahren auf die Bibel. *Luther* proklamierte das sola scriptura (allein die Schrift), und die lutherischen Bekenntnisschriften lehrten, daß die Heilige Schrift iudex, norma et regula (Richter, Norm und Regel) in der Kirche und für die Kirche sein solle[3]. Damit ist jedenfalls eine einzigartige Bedeutung der Bibel für den christlichen Glauben ausgesagt. Was macht die Bibel so wichtig?

Zunächst ist daran zu erinnern: Jenes sola scriptura war gerade eine Absage an alle letzte, absolute Autorität von Menschen über Menschen, also ein Akt der *Befreiung*. Gegen die Absolutsetzung einer menschlichen Instanz – des Papstes und sodann der Bischofskonzile – sollte diese Proklamierung dafür sorgen, daß in der Kirche – und damit auch in der Welt – kein Mensch über die anderen eine totale Herrschaft ausüben kann, daß keine Priesterkaste in Geheimwissen das Leben und Denken der anderen Menschen sich unterwerfen kann. Der Platz

---

[2] W. Weischedel, Der Gott der Philosophen. Grundlegung einer Philosophischen Theologie im Zeitalter des Nihilismus, II, München 1972², 58.
[3] Formula Concordiae (1579), Epitome, Von dem summarischen Begriff, Regel und Richtschnur, 8, in: Die Bekenntnisschriften der Evangelisch-lutherischen Kirche, Göttingen 1930, II, 769.

der höchsten, letzten und darum alle menschliche Autorität begründenden, aber auch in Frage stellenden Autorität muß frei bleiben! Keine menschliche Instanz darf sich mit ihr identifizieren. So hatte und hat das sola scriptura zunächst herrschaftskritische und freiheitssichernde Bedeutung.

Darum übersetzt *Luther* die Bibel und gibt sie dem Volk in die Hand, damit jeder selbst mündig wird, urteilen (auch die höchsten menschlichen Autoritäten beurteilen) und mitreden kann. Sola scriptura und »allgemeines Priestertum aller Gläubigen« gehören zusammen. In heutigen Begriffen meint das gegen die Hierarchisierung die Demokratisierung der Kirche.

Luther und die Reformatoren haben damals in der Zeit einer tiefreichenden gesellschaftlichen Autoritätskrise gesellschaftliche – zunächst kirchliche – Autorität wieder neu aufgerichtet, und zwar nicht als in sich selbst stehende Autorität eines höchsten Organs der Kirche über die Kirche, wohl aber durch die Bindung der Kirche an die Heilige Schrift: Soweit die Kirche »schriftgemäß« handelt, nimmt sie an der Autorität der Schrift teil. Der junge Karl *Marx* hat dazu den Verdacht geäußert, dies bedeute nur den Austausch einer äußeren Bindung (an die kirchliche Lehrinstanz) mit einer um so wirksameren inneren Bindung:

»*Luther* hat allerdings die Knechtschaft aus *Devotion* beseitigt, weil er die Knechtschaft aus *Überzeugung* an ihre Stelle gesetzt hat. Er hat den Glauben an die Autorität gebrochen, weil er die Autorität des Glaubens restauriert hat. Er hat die Pfaffen in Laien verwandelt, weil er die Laien in Pfaffen verwandelt hat. Er hat die Menschen von der äußeren Religiosität befreit, weil er die Religiosität zum inneren Menschen gemacht hat. Er hat den Leib von der Kette emanzipiert, weil er das Herz in Ketten gelegt hat.«[4]

Dieser Vorwurf ist nicht nur der Marxschen Religionskritik eigen. Während die Theologie des deutschen Idealismus diese Verinnerlichung der Religiosität als die entscheidende Befreiungsleistung der Reformation feierte, geht zugleich durch die

---

[4] K. Marx, Zur Kritik der Hegelschen Rechtsphilosophie, in: Frühschriften, hg. von S. Landshut, Stuttgart 1958, 217.

Neuzeit der Ruf nach einer zweiten Reformation der Kirche,
die die erste Reformation erst noch vollenden solle, indem sie
auch deren Bindung an den »papierenen Papst« der Bibel löst
und damit die Unabhängigkeit der Menschen von Menschenherrschaft konsequent herstellt.

Heute aber geht es nicht nur um die Frage, ob die Anerkennung der Autorität der Bibel als gut oder als schlecht, als eine
ganze oder nur als eine halbe Emanzipation anzusehen sei.
Hinzugetreten ist die Frage, ob denn die Bibel so, wie sie nun
einmal ist, überhaupt in der Lage sei, für Kirche und Theologie
eine Autorität darzustellen, ob sie tatsächlich als unica norma et
iudex fungieren könne. Denn dies setzt ja voraus, 1) daß die
Bibel eindeutig mit *einer* Stimme spreche, wie es für eine Norm
und einen Richter Bedingung ist, daß sie also in sich einheitlich
sei, und 2) daß diese eine Stimme, wenn sie auch erst durch das
Medium von Menschen (»Aposteln und Propheten«) vernehm-
bar wird, »Gottes Wort« sei, die Stimme des einen, lebendigen
Gottes. Beides wurde in der kirchlichen Tradition versichert
und wurde begründet durch die Lehre von der Inspiration der
biblischen Schriftsteller durch den Heiligen Geist, scheinbar
am konsequentesten durch die Lehre von der Verbalinspira-
tion, d. h. von der Inspiration jedes Wortes, ja jedes Buchsta-
bens der Bibel, wie sie die altprotestantische Theologie vom 16.
bis zum 18. Jahrhundert im Dienste der Sicherung des reformatorischen sola scriptura ausgebildet hat. Hier ist unter »Gottes
Wort« ein von Gott diktiertes Dekret zu verstehen, dem der
Mensch sich bedingungslos zu unterwerfen hat, vergleichbar
dem Einsatzbefehl eines Divisionskommandeurs, buchstäblich
zu verstehen und zu befolgen.

Vom Gesichtspunkt der Freiheit und des Glaubens kommen
dabei aber Katholizismus und Protestantismus gleich schlecht
zu stehen. Denn wenn wir, wie wir später uns noch deutlich
machen müssen, *Glauben* im strengen biblischen Sinne (und
hier läßt sich sehr wohl von einer die biblischen Schriften mit
wenigen Ausnahmen durchziehenden Einheitlichkeit sprechen)

als personales *Vertrauen* zu Gott zu verstehen haben, dann stellt sich jetzt heraus: Solchem Glauben an Gott müßte dann vorausgehen die Erfüllung einer Bedingung, die Erfüllung eines von mir zu vollbringenden Werkes, nämlich der Unterwerfungsakt unter eine menschliche Instanz, entweder des kirchlichen Lehramts (Papst) oder der biblischen Autoren. Zuerst käme dann das Glauben als ein Für-wahr-Halten der Autorität und der Aussagen dieser Instanz und erst dann und dadurch das Glauben als Vertrauen zu den Verheißungen Gottes.

Natürlich wird dabei mit der Behauptung gearbeitet, zu der noch jede menschliche Macht gegriffen hat, wenn sie die totale Unterwerfung von Menschen erreichen wollte: sie sei von Gott eingesetzt und inspiriert, von der Vorsehung gesandt (Hitler) oder das wissende Organ des Gesetzes der geschichtlichen Entwicklung (»Die Partei hat immer Recht«). Dies aber ist genau das im ersten Gebot des Dekalogs Verbotene. »Du sollst keine anderen Götter neben mir haben!« wendet sich gegen die Vergötzung jeder menschlichen Instanz. Wir verwickeln uns also bei solcher Identifizierung der Bibel mit Gottes Wort, bei solcher Bekleidung der Bibel mit göttlicher Autorität, bei solcher Vorgabe des von uns zu leistenden Glaubenswerkes (des »Glaubens an die Bibel«, wie man auch heute noch oft in frommen Kreisen hören kann) *vor* dem Vertrauen auf Gottes Anrede in hoffnungslose Widersprüche zu dem, was die Bibel selbst über das Wesen des Glaubens zu sagen hat.

Deshalb ist es gut – christlich gut! –, daß diese Verbalinspirationslehre durch die neuzeitliche Wissenschaft zerstört worden ist. Das ist ein Beispiel, wie falsch es ist, wissenschaftliches, ja neuzeitliches Denken überhaupt im Namen des Glaubens pauschal zu verwerfen, weil es sich oft so antichristlich-atheistisch geäußert hat und äußert, als könne es deswegen nicht trotzdem seine Wahrheit haben und ein Werkzeug Gottes sein. Eben dies zu denken, muß aber dem christlichen Glauben möglich sein, wenn er sein Bekenntnis zur Weltregierung Gottes ernst nimmt.

Die neuzeitliche Bibelforschung hat die Bibel als menschliches Buch, als historisches Dokument behandelt (historisch-kritische Methode). Das Ergebnis ist: Was die Historizität der biblischen Angaben anlangt, so sind sie eine Mischung von historisch Zutreffendem und Unzutreffendem; die Aussagen sind geprägt vom jeweiligen Weltbild und Wissensstand, ebenso von den jeweiligen gesellschaftlichen Verhältnissen; sie stehen außerdem in vielfachen Beziehungen zur religiösen Umwelt, in Aufnahme mancher ihrer Elemente wie in Polemik gegen sie (religionsgeschichtliche Methode); innerhalb der Bibel – und d. h. innerhalb der tausend Jahre der Entstehung des Alten und innerhalb der ca. achtzig Jahre der Entstehung des Neuen Testamentes – findet eine Entwicklung statt, durch die frühere Auffassungen versinken oder verändert oder durch neuere ersetzt, manchmal auch wiedererweckt werden. Und schließlich: neben den Differenzen, die sich durch diese Entwicklung ergeben, gibt es auch Differenzen zwischen den Auffassungen der einzelnen biblischen Autoren, auch wenn sie gleichzeitig leben, so daß über diejenigen Widersprüche in der Bibel hinaus, die man schon in früherer Zeit bemerkt und mühsam mit der Verbalinspirationslehre ausgeglichen hat, noch viel tiefere Widersprüche in beiden Testamenten und ebenso zwischen beiden Testamenten festzustellen sind. Daraus entsteht die Notwendigkeit einer theologischen Sachkritik, die die einzelnen biblischen Schriften prüft, inwiefern sie in sich selbst kohärent sind, und ob und inwiefern sie zu anderen biblischen Schriften und Aussagen in einem unbehebbaren Widerspruch stehen.

Die Bibel ist also – so scheint es nun – keine Einheit, sondern eine kleine Bibliothek (39 Schriften des Alten, 27 des Neuen Testamentes, dazu 14 Stücke der alttestamentlichen Apokryphen, die im Katholizismus den übrigen biblischen Schriften gleichgestellt sind) mit vielerlei differenten und divergenten Stimmen. Wer noch von *der* Bibel, *der* Heiligen Schrift spricht, scheint hoffnungslos rückständig zu sein, und »Wort Gottes«

kann die Bibel nicht mehr genannt werden, weil ihre Menschlichkeit und historische Bedingtheit am Tage ist, und weil eine Stimme Gottes, die in so viele divergierende menschliche Stimmen auseinanderbricht, uns nichts hilft, sondern uns ratlos macht. Das zeigte sich schon von jeher daran, daß man – scheinbar! – mit der Bibel alles beweisen kann, und daß sich die verschiedensten Glaubensweisen auf die Bibel berufen, die Juden gegen die Christen und umgekehrt und ebenso die christlichen Konfessionen und Gruppen gegeneinander.

Die Bibel ist literarischer Niederschlag einer über tausendjährigen, vielfältigen, geschichtlich sich ständig wandelnden Tradition. Deshalb kann man – so scheint es – nicht mehr mit den Reformatoren gegen Rom die Heilige Schrift als kritisches Prinzip der kirchlichen Tradition gegenüberstellen, und deshalb – so scheint es – kann uns nur ein über der gesamten Tradition, auch über der Bibel als deren Teil, stehendes lebendiges Lehramt zu einer autoritativen, ihres Inhalts gewissen Verkündigung und Glaubensgewißheit und zur Bewahrung der Einheit der Kirche gegen die Zersplitterung durch die divergierenden Bibelinterpretationen helfen – ein Lehramt, das, ausgerüstet mit unmittelbarer göttlicher Inspiration, entscheidet, was in dieser gesamten Tradition göttlich, von Gott kommend und also verbindlich ist.

So ist zu verstehen, daß man sich in den christlichen Kirchen gegen die Zersetzung der biblischen Einheit und Autorität durch die historische Forschung lange Zeit zäh gewehrt hat, und ebenso, daß die traditionsgeschichtliche Sicht der Bibel die katholische Seite zunächst triumphieren ließ, weil sie dank des lebendigen päpstlichen Lehramtes davon weniger betroffen zu sein schien. Um so mehr scheint es mir dem Protestantismus zur Ehre zu gereichen, daß in ihm die freie wissenschaftliche Erforschung der Bibel (bis auf einige fundamentalistische Gruppen) sich eher durchgesetzt hat als im Katholizismus, wo sie – ein bedeutsames ökumenisches Ereignis – erst seit etwa zwanzig Jahren wirklich freigegeben worden ist.

»So scheint es« – habe ich mehrmals gesagt. Wie kann man die Angst vor der historischen Forschung verlieren? Wie kann die Bibel trotz dieser Zersetzung ihrer bisherigen Autoritätsgestalt ihre Wichtigkeit für Kirche und Glauben behalten? Faktisch ist das ja geschehen. Im Gottesdienst, in der gegenseitigen Argumentation bei den Fragen der christlichen Existenz, als Buch der gemeinschaftlichen und persönlichen Erbauung, Stärkung und Weisung, als Grundtext aller christlichen Theologie – nirgends hat die Bibel ausgespielt, immer neu zeigt sich faktisch ihre einzigartige Bedeutung.

Ist das Schizophrenie? Ist das nur zähes Nachwirken früherer Geltung, schon untergraben, aber ohne daß dieses Untergraben-Sein praktisch zur Kenntnis genommen würde? Oder: Worin besteht für jemanden, der sich nicht mehr gegen die historisch-kritische Betrachtungsweise der Bibel wehrt, die trotzdem noch weiterdauernde Wichtigkeit, Unentbehrlichkeit und Autorität der Bibel? Württembergische Vikare haben im Jahre 1970 munter erklärt, die Bibel sei für sie nichts anderes als ein Buch neben anderen, aus dem sie nicht anders als aus anderen Büchern Impulse für ihr heutiges Denken und Handeln bezögen. Man entrüstete sich über sie. Aber soll die Kirchenleitung ihnen sagen: «Zuerst müßt ihr der Bibel einen besonderen Rang zuerkennen, dann erst könnt ihr Pfarrer sein!«? Oder kann sie es wagen, ihnen zu sagen: »Gut, die Hauptsache ist nur, daß ihr *neben* anderen Stimmen die Stimmen, die durch die Bibel zu uns sprechen, wirklich, also mit gesammelter Aufmerksamkeit, hört und nach ihrer möglichen heutigen Bedeutung befragt, dann wird es schon gut werden. Dann wird nämlich die Stimme der Bibel entweder sich unüberhörbar bei euch durchsetzen und sich *vor* die anderen Stimmen setzen und zu deren Maßstab werden – oder, wenn nicht, wenn sie die anderen Stimmen nicht an die zweite Stelle zurückdrängt, dann wird sie selbst zurückgedrängt werden, und das wird freilich für euch einschneidende Folgen haben. Denn dann werdet ihr Diener anderer Botschaften werden und untauglich zum Dienst an der christlichen Verkündigung. Es wird euch faktisch auf die Dauer nicht möglich sein, die Bibel *neben* anderen Büchern zu hören und ernst zu nehmen, gleichrangig mit ihnen; sie schiebt sich von selbst nach vorne und nach oben – oder sie wird nach unten geschoben. Darauf wollen wir es mit Geduld bei uns allen ankommen lassen.«

Tatsächlich ist das der einzige Weg – und er entspricht genau dem Vorgang, durch den die Bibel zu ihrer Bedeutung im Judentum wie im Christentum gekommen ist. Das geschah ja nicht so, daß jemand aufstand und dekretierte: »Hier ist ein vom Himmel gefallenes Buch, dem müßt ihr euch unterwerfen!«, sondern die Bibel hat »sich imponiert«, wie Karl *Barth* es ausdrückte; sie hat sich durch ihr eigenes Gewicht durchgesetzt und zum Kanon, zum Maßstab gemacht für alle, denen es nicht darum ging, sich eine eigene Religion oder ein eigenes Christentum zu erfinden, sondern diese besondere Gottesbotschaft authentisch so weiterzugeben, wie sie zu ihnen gekommen ist.

Wie verhält sich aber die Bibel zu dieser Botschaft? Und: Wieso konnte ich mir einige Male doch erlauben, von *der* Bibel zu sprechen, als sei sie eine in sich einige Stimme und nicht ein Konglomerat divergierender Stimmen? Beide Fragen hängen eng zusammen.

Die historische Forschung hat noch nicht ihr ganzes Werk getan, wenn sie die einzelnen Stimmen, die in dieser Bibliothek zu Worte kommen, in ihrer Unterschiedlichkeit scharf herausprofiliert. Sie muß auch fragen, was diese Stimmen zusammenschließt, *ob* es also möglicherweise eine Einheit gibt, durch die sie vereinigt sind, und in deren Folge sie vereinigt und von anderen gleichzeitigen Stimmen herausgesondert und zusammen gehört werden konnten, wie es ja faktisch geschehen ist. Zusammengeschlossen sind diese Schriften schon dadurch, daß sie aus der gleichen Glaubensgemeinschaft kommen – Israel und der Kirche –, daß sie alle, trotz verschiedener Auffassungen, auf das gleiche Zentrum – den Gott Israels und das Christusereignis – hinweisen, und daß sie von ihrer Glaubensgemeinschaft als zutreffende Wiedergabe ihres Glaubens gehört und daraufhin zum Maßstab für die übrigen in ihrer Mitte lautwerdenden Stimmen gemacht worden sind.

Nicht mehr vorentschieden durch Tabuisierung und formales Einheitspostulat, muß sich nun herausstellen, ob hier eine inhaltliche Einheit zu finden ist, ein gemeinsamer Duktus, ein Geeinigt-Sein im Gegenstande und eine gemeinsame Exemplarität und Authentizität in der Rede von ihm und dies über viele Unterschiede hinweg. Selbstverständlich war das nie, Antilegomena (d. h. Schriften, deren legitime Zugehörigkeit zum Kanon umstritten war) hat es immer gegeben. Aber im wesentlichen ergaben sich genug positive Argumente, wo immer Menschen sich zusammentaten zur Gemeinsamkeit des Hörens und Ernst-Nehmens der Bibel, wie sie nun einmal von Geschlecht zu Geschlecht weitergereicht wurde.

Auch heute stellt sich dies heraus, seitdem katholische und protestantische Exegeten und Christen verschiedener christlicher Denominationen und schließlich auch Christen und Juden gemeinsam in der Bibel forschen, und seitdem die katholischen Exegeten nicht mehr den exegetischen Vorentscheidungen ihres Lehramtes unterworfen sind, sondern frei nach dem Wortsinn fragen, also die Bibel lesen und erforschen wie jedes andere Buch auch. Eben dies macht die Bibel frei, und eben dies läßt sie mit zusammenführender Kraft wirken, macht sie zur wichtigsten ökumenischen Einigungskraft.

Zusammenführend wirkt sie freilich nur und gerade dann, wenn wir von ihr *nicht,* wie oft geschehen, eine einheitliche Stimme von der Art einer Grunddogmatik – der eines Gesetzbuches oder einer Axiomenliste – als Fundament für ein mit mathematischer Logik widerspruchsfrei aufgebautes System oder für ein weltanschauliches Parteiprogramm erwarten. Wer das verlangt und nur solche Einheit kennt, der versteht auch die Kirche wie eine Partei und die Lehre der Kirche wie ein philosophisches oder mathematisches System. Die Einheit der Kirche ist aber von anderer Art und ebenso die Einheit der

Bibel. Wir müssen sie uns so vorstellen, wie wir es in der Kirche selbst erleben:

Wir erleben *Kirche,* wenn wir uns in einem Kreise von Menschen befinden, die mobilisiert und zusammengeführt sind durch die Christus-Botschaft und nun sich austauschen über das, was sie da gehört haben, und über das, was nun zu tun ist. Starkes Gemeinschaftsgefühl wird da nicht fehlen, ebensowenig aber die Verschiedenheit der Individualitäten – die Vermischung mit Außerchristlichem, das noch unbereinigt mitspricht und der Korrektur bedarf – Verschiedenheit der Akzente – Widersprüche der Charaktere und der Interessen – Ungleichzeitigkeiten – und alle aus alledem resultierenden Spannungen. Nicht anders geht es zu, wenn wir in den Kreis der biblischen Autoren eintreten, und wie jene Vielfältigkeit und Widersprüchlichkeit des lebendigen Kreises der Jünger Jesu nicht hindert, daß ein in ihn geratender und durch ihn die Christus-Botschaft hörender Mensch durch dieses Hören zum Glauben und zur Nachfolge kommt, ebensowenig hindert bei dem Kreis der biblischen Gotteszeugen – bei der »Wolke der Zeugen« (Hebr 12,1) – deren Vielfalt und Widersprüchlichkeit und Individualität das Durchschlagen ihrer gemeinsamen Botschaft.

Wir fassen diese Überlegungen in einigen Thesen zusammen:

1. Die Unentbehrlichkeit der Bibel ist in der Geschichtlichkeit ihrer Botschaft begründet. Diese Botschaft bringt uns heute mit dem, den sie bezeugt, in Verbindung durch Erzählung seiner schon vollbrachten Taten und seiner schon gegebenen Versprechungen und Weisungen.

2. Die Glaubensgemeinschaft, die durch die Erfahrung jener Taten und durch das Hören der von ihnen ausgehenden Anrede begründet worden ist, hat unter den in ihrer Mitte lautwerdenden Stimmen, die diese Erfahrungen aussprachen, diejenigen ausgewählt, die ihr am authentischsten erschienen, damit sie zum Maßstab für die Beurteilung aller übrigen Stimmen und Erfahrungszeugnisse, wie sie in dieser Gemeinschaft und um sie her laut werden, dienen.

3. Diese Auswahl ist eine von einer menschlichen Gemein-schaft vollzogene. Das bedeutet: a) Für sie spricht, daß sich *diese* Stimmen dieser Gemeinschaft so imponiert haben, und daß sie die Weitergabe der Botschaft und die kritische Reini-gung dieser Weitergabe bis heute immer wieder ermöglicht haben. b) Die Auswahl enthält Stücke, die dank ihres konzen-trierten Zeugnisses in ihrer Bedeutung evident sind, und ande-re, die umstritten sind, manche auch, die immer umstritten bleiben werden.

4. Das Bezeugte – besser: der Bezeugte ist mit keinem dieser Zeugnisse direkt identisch. Sein Wort, d. h. was er uns zu sagen hat, ist nicht über oder hinter diesen Zeugnissen, wohl aber in ihnen und durch sie hindurch zu hören. In diesem Hören vollzieht sich (nicht: wird von uns vollzogen, sondern vollzieht sich – genau so wie beim Hören einer heutigen Predigt oder bei irgendeiner heutigen Bezeugung Jesu Christi und des Gottes Abrahams, Isaaks und Jakobs) eine Scheidung des menschli-chen Werkzeugs und des göttlichen Wortes: das letztere geht uns unbedingt an und bindet uns unbedingt an sich, das erstere unterliegt als menschlich unserer Kritik.

5. Für die ganze Bibel gilt, was *Luther* von den Psalmen sagt (in seiner Vorrede zum Psalter, 1531): »Da siehest du allen Heiligen ins Herz«. Die Menschlichkeit der biblischen Autoren wird in ihrem Zeugnis nicht ausgelöscht oder verdeckt, son-dern gerade aufgedeckt. Das hat tiefgreifende Folgen für unser Verhältnis zur Bibel:

a) Ihr Ansehen, ihre kanonische Geltung hat sie durch ihre Konzentration auf die Sache, auf die der Gemeinschaft, deren Stimmen hier zu uns sprechen, zuteil gewordene Botschaft *und* durch die zeitliche Nähe ihrer Autoren (insbesondere der neutestamentlichen) zu den von ihnen bezeugten göttlichen Taten; dadurch werden sie abgehoben von allen späteren Auto-ren. Karl *Barth*[5] nennt das ihre »direkte Konfrontierung« mit

---

[5] K. Barth, Einführung in die evangelische Theologie, Zürich 1962, 40.

ihrem Gegenstande und meint damit sowohl ihre zeitliche Nähe wie auch die Direktheit, in der Propheten und Apostel ihrem göttlichen Auftraggeber und dem Menschen Jesus ausgesetzt waren. Hinzu kommt, wie gesagt, die Erfahrung der Kirche gerade mit diesen Schriften, die auf dieser direkten Konfrontierung beruht und sie bestätigt in der Aussonderung zum Kanon. Deshalb haben sie, wie *Barth*[6] sagt, als die »Zeugen erster Ordnung« einen von uns, den »Zeugen zweiter Ordnung«, »nicht aufzuholenden Vorsprung« und sind von uns als die für die Sache, um die es geht, als erste zuständige Sachverständige zuerst und immer neu zu befragen.

b) Die Geschichtlichkeit dieser »Zeugen erster Ordnung« macht *Über-Setzung* ihres Zeugnisses in die Gegenwart nötig. Sie kann nur geschehen im Ernstnehmen ihrer Geschichtlichkeit, d. h. durch eine Interpretation, die zuerst in historischer Distanz zu verstehen sucht, was sie damals, zu ihrer Zeit und an ihrem Ort, ihren Hörern und nicht uns zu sagen hatten. Weil in der bisherigen historischen Arbeit, die vornehmlich ideengeschichtlich orientiert war, weithin vernachlässigt, wird heute mit Recht deren Ergänzung durch eine historisch-materialistische Exegese gefordert, d. h. eine Exegese, die die historisch-materialistische Methode der Befragung der Geschichte heranzieht. Mit ihr wird die Geschichtlichkeit der Autoren profilierter: sie sprechen unter den Bedingungen der gesellschaftlichen Zustände und Interessenkonflikte ihrer Zeit, sind von ihnen geprägt, begrenzt – und herausgefordert, und sie beziehen die Botschaft kritisch oder auch anpassend auf ihre Zeitverhältnisse. Die individualisierende Tendenz einer Auslegung, die das übersieht oder am Rande läßt, entspricht einem individualistischen Verständnis des Evangeliums, an dem die feudale und bürgerliche Klassengesellschaft interessiert ist, und läßt die gesellschaftskritische Dimension der biblischen Botschaft nicht zum Zuge kommen. Dies aber ist von Bedeutung

---

[6] Ebd.

für den zweiten Gang der Über-Setzung: Was kann das damals
Gesagte heute für uns und bezogen auf unsere Zeit bedeuten,
also in unserer sehr anderen Lage? Deshalb darf man bei
Rezitation und historischem Verstehen nicht stehen bleiben;
Aktualisierung ist nötig, und sie kann nur geschehen, wenn
wir nun, aufmerksam gehört habend, in eigener Verantwortung »nicht das Gleiche, sondern Dasselbe« heute sagen. Ich
möchte dies die prophetische Dimension der Bibelauslegung
nennen.

c) Sowohl die geschichtliche Differenz wie auch die Menschlichkeit, also die menschliche Begrenztheit und Irrtumsfähig-
keit der »Zeugen erster Ordnung«, läßt uns in der Bindung an
sie auch *frei* sein ihnen gegenüber. Wir glauben nicht an die
Bibel, und sie ist für uns nicht Gottes Wort, zwischen zwei
Buchdeckel eingefaßt. Sie so anzusehen, ergäbe ein gesetzliches
Verhältnis zu ihr, das der in ihr bezeugten evangelischen Freiheit, die auch in der individuellen Eigenart ihrer Stimmen zum
Ausdruck kommt, widerspräche. *Luther* hat dafür die berühm-
te Formel geprägt, nicht alles und jedes in der Bibel sei für uns
gleich wichtig und verbindlich, sondern wir sollten nach dem
fragen, »was Christum treibet«, d. h. nach dem, was als »frohe
Botschaft« von Gottes Wirklichkeit und Reich in den einzelnen
biblischen Aussagen intendiert ist. Luther meint nicht ein
lexikographisches Feststellen, wo Jesus Christus erwähnt wird,
sondern ein Abfragen jedes biblischen Abschnittes (auch im
Alten Testament!), ob und inwieweit er eine Beziehung erkennen läßt auf das hin, was im Christus-Ereignis offenbar wird.
Diese Frage darf auch bei trockensten, höchst irrelevant oder
Christus-fern erscheinenden Seiten der Bibel nicht unterlassen
werden. Die Unterscheidungen und Entscheidungen, zu denen
sie führt (d. h. ihre positiven oder negativen Ergebnisse), sind
zunächst unsere eigenen, von uns zu verantwortenden, vielleicht auch durch unsere individuellen Blickbegrenzungen verursachten. Die Kirche muß uns die Freiheit geben, auch die
negativen auszusprechen, also z. B. mit »detektivischer Bibel-

kritik«[7] auch bei biblischen Texten Anpassung an Klasseninteressen festzustellen, die der Entradikalisierung der ursprünglichen Botschaft dient und deshalb bei der Auslegung aufgedeckt und korrigiert werden muß. Zugleich müssen wir der Kirche die Freiheit geben, unsere Ergebnisse nicht ohne weiteres zu übernehmen und obligatorisch zu machen, vielmehr die von uns kritisierten Texte im Kanon zu belassen. Damit wird ihnen die Chance gegeben, uns zu sagen, inwiefern sie zu ihrer Zeit doch meinen konnten, mit ihrer Modifizierung die Botschaft recht weiterzugeben. Also: alle unsere Fragezeichen an einem biblischen Text sind kein letztes Gericht über ihn. Sie lassen ihm die Freiheit, zu anderen anders als zu uns zu sprechen, und den anderen die Freiheit, in ihm noch anderes zu finden, als uns gelungen ist. So ist gerade durch die Nicht-Identität von Bibel und Gottes Wort die Freiheit Gottes und die Freiheit von uns Menschen gewahrt.

Die erste These der Barmer Erklärung der Bekennenden Kirche von 1934 bringt deshalb Bibel und Gottes Wort in einen positiven Zusammenhang, aber ohne Identifizierung. Nicht die Bibel ist Gottes Wort, sondern »Jesus Christus, wie er uns in der Heiligen Schrift bezeugt ist, ist das eine Wort Gottes, das wir zu hören, dem wir im Leben und im Sterben zu vertrauen und zu gehorchen haben«[8].

Literaturhinweise:

Markus *Barth*, Vom Geheimnis der Bibel (ThExh 100). 1962.
Kornelis Heiko *Miskotte*, Wenn die Götter schweigen. Vom Sinn des Alten Testaments. 1963.
Martin *Kähler*, Aufsätze zur Bibelfrage. Hg. Ernst Kähler (Theologische Bücherei Nr. 37). 1967.
Ernst *Käsemann*, Der Ruf der Freiheit. 1968.
Ernst *Käsemann* (Hg.), Das Neue Testament als Kanon. 1970.

---

[7] So programmiert sie E. Bloch in: Atheismus im Christentum. Zur Religion des Exodus und des Reichs, Frankfurt 1973.
[8] Zitiert u. a. in: G. Heidtmann (Hg.), Glaube im Ansturm der Zeit. Zeugnisse und Manifeste der evangelischen Kirche aus den Jahren 1933–1967, Stundenbücher 78, Hamburg 1968, 31ff.

IV.   Jesus Christus

Im Mittelpunkt des christlichen Glaubens und darum auch des theologischen Nachdenkens stehen das Ereignis Jesus Christus und die außerordentlichen Aussagen, die die neutestamentlichen Schriften von seiner universalen Bedeutung gemacht haben. Die Menschlichkeit Jesu, und zwar seine spezifische Menschlichkeit als Jude, ist ebenso ernst zu nehmen wie die Unüberbietbarkeit jener Bedeutungsaussagen. Diese haben ihr Zentrum im neutestamentlichen »Für uns«. Es besagt die Selbstidentifizierung des ewigen Gottes mit diesem konkreten Menschen zur Rettung seiner Menschheit, zur Verwirklichung des Reiches Gottes.

Christliche Theologie dient der christlichen Kirche.

Das Eigenschaftswort »christlich« kommt von Jesus Christus. Nicht genug können wir uns das bewußt machen – wir, die wir dieses Eigenschaftswort so leichthin und mißbräuchlich vergeben: an Kultur, Abendland, Parteien, Ehevermittlungen usw.

Christliche Theologie bedenkt die biblische Botschaft, und zwar die Botschaft der zusammen gehörten, zusammengehörigen und von der christlichen Kirche zusammen überlieferten beiden Teile der Bibel, der Hebräischen Bibel (= des Alten Testamentes) und ihrer urchristlichen Fortsetzung, des Neuen Testamentes. Das Gesamt dieser Bibel ist das Grundzeugnis von denjenigen Erfahrungen und demjenigen Ereignis, durch das die Kirche entstanden ist, und von dem sie die Botschaft weiterzugeben hat. Das die beiden Teile der Bibel, die beiden »Testamente« zusammenbindende Ereignis trägt den Namen eines Menschen, Jesus von Nazareth, und die für diesen Menschen reservierte und ihn von allen anderen Menschen nun unterscheidende Bezeichnung: dieser Jesus ist *der* Christus, *der*

Messias = *der* Gesalbte des Gottes Abrahams, Isaaks und Jakobs, des Gottes Israels. Mit diesem Ereignis wird zentral beschäftigt, wer sich mit christlicher Theologie beschäftigt. Nil nisi Christum praedicare (Nichts als Christus verkündigen), hat *Luther* als *die* Aufgabe der christlichen Kirche bezeichnet[1]. Allein von daher kommt ihr das Eigenschaftswort »christlich« zu.

Nicht der Entwurf einer Christologie kann hier unsere Absicht sein. Nur einige Grundfragen sollen behandelt werden, die für jeden entstehen, der sich dem Phänomen der Zentralstellung Jesu als des Christus im christlichen Glauben und für die christliche Kirche zuwendet, ob er nun in ihr steht oder von außen fragt.

1. Wer ist es, der diese Zentralstellung innehat?
2. Worin besteht diese Zentralstellung?

1. Wer ist es, der diese Zentralstellung innehat?

a) Es ist ein Mensch. Vere homo, wahrhaftig ein Mensch, sagt das christliche Glaubensbekenntnis. Das will sofort unseren Blick auf einen konkreten historischen Menschen richten und uns warnen vor der Versuchung des Doketismus, d. h. eines Denkens, das ausgeht von einer Christusidee, einer aus dogmatischen Begriffen gebildeten Gestalt, um dann erst nachträglich auf diesen Menschen zu sprechen zu kommen, als wäre er nur die historische Exemplifizierung oder Veranschaulichung einer solchen Idee.

Im Zentrum steht ein einzelner, wirklicher Mensch mit einem menschlichen Schicksal: »geboren von einem Weibe« (Gal 4,4), historisch bedingt und begrenzt wie jeder Mensch, einem bestimmten Volk, Zeitalter, Kulturzusammenhang angehörig, sterblich, irrtumsfähig wie wir alle. Dabei wird voraus-

---

[1] D. Martin Luthers Werke. Kritische Gesamtausgabe. Weimar 1883ff. (im folgenden zitiert WA) – WA 16, 111, 7.

gesetzt, daß die historische Frage, ob es diesen Menschen je gegeben habe, die im 19. Jahrhundert bis in den Beginn des 20. Jahrhunderts hinein heftig diskutiert worden ist, heute erledigt, d. h. historisch positiv beantwortet ist. Es ist aber für den christlichen Glauben bezeichnend, daß in seiner Mitte ein Mensch steht, dessen historische Existenz wie die eines jeden Menschen historisch angezweifelt werden kann; diese Achillesferse, diese Anzweifelbarkeit ist dem christlichen Glauben in seinem Wesen mitgegeben. Er darf sie nicht leugnen, er muß sie bejahen: Er steht und fällt mit der doch anzweifelbaren historischen Existenz dieses Menschen, und gerade sie rühmt er als die reale, geschichtliche Tat Gottes, durch die der ewige, unsichtbare Gott not-wendend in die Geschichte der Menschheit eingegriffen hat.

Damit stehen wir sofort vor unserer 1. Grundfrage: Wie kann ein so partikulares Ereignis universale Bedeutung haben, Bedeutung also für alle Menschen, für die ganze Menschengeschichte – oder gar vielleicht über diese hinaus für das ganze Universum, für den ganzen Kosmos? Liegt das etwa an Jesu einzigartiger Lehre? Jede Lehre ist einzigartig, weil jedes Individuum einzigartig ist. Aber jede Lehre ist auch verbesserungsfähig und -bedürftig und trägt die Merkmale ihrer Zeitgebundenheit. Keiner Lehre können und dürfen wir uns blind unterwerfen.

Die Auskunft der christlichen Kirche lautet: Auch was Jesus in seinem Leben gelehrt hat, ist hörenswert für alle Zeiten. Dies aber deshalb, weil er selbst in seiner *Person* ein Besonderer ist, weil er mit seinem Leben und seinem Geschick ein Ereignis von universaler Bedeutung ist.

b) Jesus ist ein *jüdischer* Mensch. »Jesus Christus wäre nicht, was er ist, wenn er nicht der Christus wäre, der Amtsträger, der aus *Israel* kommt, der der *Jude* Jesus ist«[2]. Die Jüdischkeit Jesu meint nicht nur eine zufällige historische Angabe: er gehörte

---

[2] K. Barth, Dogmatik im Grundriß. Stuttgart, 1947, 93/94.

wie jeder von uns einem bestimmten Volke an, zufällig nun
aber dem jüdischen in einer bestimmten Zeit. Gemeint ist
vielmehr: Jesus steht mit seiner Lehre *und* mit dem, was an ihm
und durch ihn geschehen ist, in einem unlöslichen und für ihn
als Zentralereignis wesentlichen Zusammenhang mit dem Besonderen gerade *dieses* Volkes, mit dem, was dieses Volk
gehört, erfahren, geglaubt, gelebt und gehofft hat, und zwar
von seinen Anfängen an bis heute. Nur scheinbar widerspricht
der universalen Bedeutung Jesu dies, daß gerade bei ihm die
Bindung an dieses sein Volk enger, die Zugehörigkeit gerade zu
diesem Volke wichtiger ist als bei den anderen großen Gestalten der Menschheit mit übernationaler Bedeutung. Gewiß ist
auch bei diesen die Volkszugehörigkeit nicht unwichtig; sie
gehört zu den Bedingungen ihrer Individualität. Aber wie
unverwechselbar auch ihrem Volk und ihrer Zeit zugehörig,
reichen sie doch weit darüber hinaus, so daß man, um ihre
Bedeutung zu würdigen, von ihrer Nationalität auch absehen
kann. Wenn *Luther* gesagt hat:»Meinen Deutschen bin ich
geboren, ihnen will ich dienen«[3], so ist das ein ehrenwerter
moralischer Vorsatz; aber er hätte nicht verhindern können,
daß Luther, hätte er emigrieren müssen, eben ein anderes Volk
als Bezugskollektiv für seinen Dienst bekommen hätte. Von
ganz anderer Qualität ist Jesu Wort:»Ich bin nur gesandt zu
den verlorenen Schafen des Hauses Israel« (Mt 15,24). Jesus
gehört zuerst *nicht* der ganzen Menschheit, sondern zuerst
diesem seinem Volke (Röm 1,16). Er ist zuerst ein innerjüdisches Ereignis und steht in einem nicht nur zufälligen, sondern
wesenhaften Zusammenhange mit der jüdischen Geschichte
und den wichtigsten Elementen ihrer Besonderheit: Bund,
Erwählung, Gesetz, Prophetie, Land, Einzigkeit des Gottes
Israels, messianische Erwartung. Auf jeder Seite des Neuen
Testamentes wird diese Zusammengehörigkeit Jesu mit der

---

[3] M. Luther, WA, Briefe 2, 397 (Brief vom 1. 11. 1521): Germanis meis natus
sum, quibus et serviam.

jüdischen Volksgeschichte auf irgendeine Weise erwähnt, und dahinter steht die Behauptung von der zentralen Bedeutung dieses einen Juden für alle Juden, für das ganze jüdische Volk. Die Zentralstellung Jesu für die ganze Menschheit, die das Neue Testament behauptet, erwächst aus der Zentralstellung Jesu für Israel. Darum ist das Neue Testament nicht ablösbar von der Hebräischen Bibel. Darum aber kann christlich nicht von der Zentralstellung Jesu gesprochen werden, ohne damit auch von einer Zentralfunktion des jüdischen Volkes für die ganze Menschheit zu sprechen. Das ist das zweite Auffallende am Bekenntnis des christlichen Glaubens zu Jesus als dem Christus.

c) Diese Bedeutung des wirklichen, geschichtlichen jüdischen Menschen Jesus von Nazareth macht etwas Drittes noch auffallender: Unser historisch gesichertes Wissen gerade von diesem Menschen ist gering – so gering, daß man, wie gesagt, sogar seine historische Existenz hat anzweifeln können. David Friedrich *Strauß* hat einmal bemerkt, unser Wissen vom historischen Sokrates, der ja auch nichts Schriftliches aus seiner Hand hinterlassen hat, sei größer als unser Wissen vom historischen Jesus. Dies kommt nicht etwa daher, daß Athen kulturell entwickelter gewesen wäre als Jerusalem; gerade das Judentum war ja von jeher außerordentlich tradierungsfähig. Es kommt auch nicht daher, daß Sokrates so hochgebildete Schüler und Traditoren gehabt hat wie Platon und Xenophon, wogegen in der Jüngerschaft Jesu gerade der intellektuelle Sektor des damaligen Judentums fehlt und erst nachösterlich durch Paulus und die Evangelisten vertreten sein wird. Dieses Fehlen aber samt dem Fehlen historischer Zeugnisse außerhalb des Jüngerkreises ist um so auffallender, als Jesu Leben weder unauffällig war noch sich in abgelegener Stille abgespielt hat. Seine letzte Lebenszeit jedenfalls, die so auffallend kurze Zeit seiner Tätigkeit als Redner und Heiler, geschah in großer Öffentlichkeit, hat sein Volk tief erregt und eine starke Bewegung um ihn gesammelt.

Es ist verständlich, daß angesichts dieses Tatbestandes die Frage aufkommen konnte, ob das irdische Leben Jesu überhaupt Bedeutung für den christlichen Glauben hat, ob nicht vielmehr nur das von Bedeutung für uns ist, was nach Ostern – gleich wird darüber zu sprechen sein – von der neuen Gemeinde an Hoffnungen mit seiner Person verbunden worden ist, so daß die Bedeutung dieses Lebens sich beschränkt auf das bloße *Daß* seiner Existenz und seines tödlichen Ausgangs (Rudolf *Bultmann*[4]). Ebenso konnte dann die Frage aufkommen, ob nicht derjenige, der nach Ostern die Bedeutung dieses Daß am ausführlichsten und eindringendsten durchgedacht und dargelegt hat, und der über dieses Daß des Kreuzes hinaus fast nichts von Jesu Leben mitteilt, nämlich *Paulus,* nicht der eigentliche Begründer des Christentums gewesen sei; im Verhältnis zu Paulus seien deshalb die Berichte über das Leben Jesu in den Evangelien für den christlichen Glauben entbehrlich.

Dem steht aber entgegen, daß die nachösterliche Gemeinde keineswegs dieser Meinung gewesen ist, sondern viel Inhaltliches über Jesu Worte und Taten tradiert hat. Sie hat ihren Glauben mit allen seinen Christus-Aussagen keineswegs nur an Jesus wie an einer inhaltlich leeren Instanz aufgehängt oder ihm eine Bedeutung ohne Anhalt in seinem Leben untergeschoben, sondern sie hat ausgedrückt, daß sie diese Bedeutung von seinem Leben her erhalten hat. Ihr Christus-Glauben ist nicht denkbar ohne das, was ihr durch Jesu Leben vorgegeben war.

Sie hat dies alles durch Ostern und durch neue Ereignisse, die als pneumatische Gotteseröffnungen bei ihr wirkten, dann neu gesehen. Ihre Berichte von Jesus wurden dadurch neu gefärbt und immer wieder neu gestaltet. Aber allein schon die Tatsache, daß in den Evangelien auch Jesus-Worte aufbewahrt werden, die von den Späteren offenbar nicht mehr recht verstanden

---

[4] R. Bultmann, Das Verhältnis der urchristlichen Christusbotschaft zum historischen Jesus (Sitzungsberichte der Heidelberger Akademie der Wissenschaften, Phil.-hist. Klasse, 1960/3), 1960, 9.

wurden oder in ihrem ursprünglichen Sinne nicht mehr akzeptiert werden konnten und deshalb umgedeutet wurden (wie es übrigens dann auch weiter in der Geschichte der Exegese solcher Worte im Laufe der Kirchengeschichte geschah!), weist darauf hin, daß die Jesus-Überlieferung der Gemeinde nicht Neuschöpfung, sondern Überlieferung von vorgegebenem Bestand war, einem Bestand, der zum Inhalt hat das, was Zeitgenossen Jesu von Jesus gesehen und erfahren hatten.

Auch dieser Bestand an vorösterlichen Erfahrungen mit Jesus wurde aber an die nachösterliche Gemeinde nur weitergegeben von solchen, die sich Jesus angeschlossen hatten, und man hatte nicht das Bedürfnis, dies zu ergänzen und zu erhärten durch neutrale Berichte anderer Augenzeugen außerhalb der Anhängerschaft Jesu. Und das nicht nur, weil in jener Zeit unser heutiger historischer Sinn noch nicht entwickelt war, der auf möglichste Objektivität und Beweisbarkeit eines Berichtes drängt. Das ist der Fall, gilt aber doch nur teilweise. Es gab ja schon eine antike Geschichtsschreibung, die sich – wenn auch noch nicht in unserer streng prüfenden Weise – bemühte zu erzählen, »wie es wirklich gewesen war« (L. *v. Ranke*). Auch *Lukas* spricht in seinem Prooemium die Absicht aus, das Geschehene »zusammenhängend aufzuzeichnen, damit du die Zuverlässigkeit der Worte erkennest, in denen du unterwiesen bist« (1, 3 f). Aber auch sein Evangelium hebt sich ebenso wie die anderen von der antiken Historiographie ab. Die Evangelien sind etwas Einzigartiges in der antiken Literatur, wirklich eine literarische Neuschöpfung, und damit ebenso wie die in der antiken Briefliteratur einzigartigen Paulus-Briefe ein Zeichen für die Neuartigkeit dessen, was hier inmitten der Antike und auch des Judentums entstanden war. Sie tradieren einen vorgegebenen Erzählungsbestand, der auf wirklich Geschehenem beruht, und dies doch so, daß aus dieser Art von Tradierung, wegen der Neudeutung des Vorgegebenen, dieses Vorgegebene nicht mehr so herausdestilliert werden kann, daß sich daraus ein historisch zuverlässiges Bild des »historischen Jesus«

ergäbe. Dieser Versuch der Leben-Jesu-Forschung ist, wie Albert *Schweitzer* gezeigt hat, gescheitert; er ergab eine Menge von Jesus-Romanen im Gewande historischer Jesusbiographien, und auch unsere neueren Jesus-Bücher bis zu dem von David *Flusser,* mit kritischerem Bewußtsein entworfen, mal mehr, mal weniger der historischen Zuverlässigkeit der Synoptiker vertrauend, haben zwar das Verdienst, uns näher an den historischen Jesus heranzuführen, heben aber Adolf *v. Harnacks* Licenziathenthese nicht auf: Vita Christi scribi nequit (ein Leben Jesu kann nicht geschrieben werden).

Was kann aus diesem so auffallenden Tatbestande geschlossen werden? Wie gesagt, weder die Bedeutungslosigkeit des irdischen Lebens Jesu noch die Hoffnung, mit noch raffinierteren Mitteln und neuen Funden schließlich doch noch zu einem objektiven historischen Jesusbild zu kommen, sondern:

Es soll nicht anders sein, als es ist! Jesus selbst verobjektiviert sich auf keine Weise, nicht durch Hinterlassung von schriftlichen Aufzeichnungen, die die authentische Verkündigung seiner Jünger sichern soll, nicht durch Formulierungen einer Lehre, eines Katechismus, nicht durch Institutionalisierungen, etwas durch Riten (Taufe und Abendmahl), durch Autoritäts- und Organisationsinstitutionen; auch der Jüngerkreis, den er sammelt, ist nicht scharf abgegrenzt, und die Zwölf, falls dieser Kreis von ihm selbst gebildet wurde, sind nur Andeutung seines Anspruchs auf ganz Israel, nicht eine auf Dauer bestimmte Einrichtung. Nur ein Gebet, das Vaterunser, wird von ihm als festzuhaltende Formel gelehrt, auch dies zusammengesetzt aus jüdischer Gebetsüberlieferung. Wie er es in seinem Leben gehalten hat, so entzieht er sich auch weiterhin jeder Objektivierung.

Jeder? Als irdischer Mensch ist er objektivierbar wie jeder von uns; deshalb ist er ein legitimer Gegenstand historischer Forschung. Aber als der eschatologische Sprecher und Spruch Gottes ist er nicht objektivierbar, nicht neutral betrachtbar; er trifft, wen er trifft; ihm begegnen ist Entscheidung, durch die

offenbar wird, wer einer ist (Joh 3,18–21): Gericht und zugleich Lebenswende. Zu ihm kann keiner neutral stehen; der
Versuch dazu ist schon Sich-Verschließen gegen ihn. Ihn erkennen und anerkennen geschieht darum nicht aufgrund objektiver Prüfung, sondern innerer Eröffnung, »nicht durch Fleisch
und Blut« (Mt 16, 18). »Keiner erkennt den Sohn als nur der
Vater, und keiner erkennt den Vater als nur der Sohn und der,
dem der Sohn es offenbaren will« (Mt 11, 27). Die Paradoxie ist
genau in Joh 1,14 ausgedrückt: Als »ins Fleisch« Gekommener
ist er objektivierbar, Gegenstand historischer Forschung,
– aber gerade, *wer* er wirklich ist, *was* mit seinem Auftreten
geschieht, ist nicht objektiv konstatierbar. Was er sagt und tut,
kann gesehen und gehört werden, ist aber insgesamt ein Zeichen, dessen Sache nur in nicht-objektiver Weise dem Glauben
in der Nachfolge erkennbar ist. Ein Zeichen, das ein Rätsel
bleibt mit seinem Widerspruch von höchstem Anspruch und
tiefster Demut, von Ansichselbstbinden und Vonsichselbst-
wegweisen, von außerordentlicher Kraft und elendem Ende,
ein Rätsel, das Rätsel bleibt, solange es nicht von *der* Erkenntnis her gesehen wird, die im christologischen Glaubensbekenntnis ausgesprochen ist. In ihm fügen sich die Widersprüche zusammen, werden »stimmig«. Dem, der die Nachfolge auf
sich nimmt, wird die Wahrheit durch das Paradox hindurch
sichtbar. Nachfolge heißt aber: diese Erkenntnis ist nicht ohne
ihre Konsequenzen zu haben. Wer sich in die Konsequenzen
hineinziehen läßt, dem wird Jesus zur Zentralgestalt der Welt,
zu dem, *neben* dem es keinen anderen gibt – und das heißt: zu
dem, der mit dem Gott Israels so vereinigt ist, daß es bei ihm
wie bei diesem Gott kein Neben mehr gibt. So nimmt Jesus teil
an dem ihn sendenden Gott Israels, der ebenfalls nicht objektivierbar und konstatierbar und darum auch nicht besitzbar und
verfügbar ist, von dem vielmehr Martin *Bubers* Wort gilt: »Das
ewige Du kann seinem Wesen nach nicht zum Es werden«[5].

---

[5] M. Buber, Ich und Du. Heidelberg 1974[8], 132.

2. Worin besteht diese Zentralstellung?

Die Zentralstellung Jesu hängt also eng mit der Zentralstellung des Gottes Israels für Israel zusammen, die aber auch für Israel schon eine Zentralstellung für die ganze Welt gewesen ist. Die Zusammenschau Jesu mit dem Gott Israels ist später im alt-kirchlichen Dogma sehr dialektisch als Einheit von Identität und Nicht-Identität entfaltet und sicher aus der Außerordent-lichkeit, mit der Jesus »im Namen Gottes« auftrat, erwachsen. Sie ist also zuerst vom *innerjüdischen* Standort aus zu ver-stehen.

Hier ist sie einerseits das, was kein Jude beanspruchen oder einem anderen zubilligen darf, wegen des »unendlichen qualita-tiven Unterschieds von Gott und Mensch« *(Kierkegaard)*, – ein Unterschied, der in Israel weit über den griechischen Mono-theismus hinaus als praktische Platzanweisung des Menschen erfaßt wurde und sich mit seiner strengen Grenze zwischen Schöpfer und Geschöpf gegen jede Identitätsphilosophie wen-det. Andererseits bedeutet sie für diejenigen Juden, die Jesus nachfolgen, *nicht* den Übertritt zur heidnischen Kreaturvergöt-terung oder zum Identitätsdenken griechischer oder asiatischer Observanz. Sie wurde von ihnen vielmehr als die überra-schendste, ungeahnt radikale Verwirklichung der Bundestreue des Bundesgottes zu seinem Volke (und damit zu der in dessen Erwählung intendierten ganzen Menschheit) erkannt. In Jesus von Nazareth geschieht die Identifizierung des Gottes Israels mit seinem Volke und mit der Menschheit mit allen Konse-quenzen.

1. Mit allen Konsequenzen *für ihn selbst:*

Nun endgültig kann nicht mehr mit einem Gott jenseits der Menschen gerechnet werden, der in unberührter und unbe-rührbarer Apathie und Majestät über uns thronte, fremd gegen-über den Leiden seines Geschöpfs. Wenn im alttestamentlichen Prophetenwort dieser Gott an seinem Volke leidet, wenn nach

Jes 53 der Knecht dieses Gottes Leiden und Schuld des Volkes
stellvertretend auf sich nimmt, so ist das, wie die neutestamentlichen Autoren nun sehen, eine Ankündigung, die hier Wirklichkeit in massivster Realität wird: In diesem Jesus, mit ihm
sich identifizierend, wird der Erhabene, Ewige, der von Israel
in viel radikalerer Transzendenz als von den griechischen Philosophen gedachte Gott zum leidenden Gott, zum ohnmächtig
Preisgegebenen; ihm ist nichts Menschliches mehr fremd – außer der Schuld, sagt Hebr 4,15. Es gibt kein Menschsein und
kein menschliches Leiden mehr, auch den Tod nicht mehr als
etwas diesem Gott Fremdes, und wer fragt, warum Gott unsere
Leiden zulasse, der muß jetzt zuerst ernstnehmen, daß dieser
Gott das Leiden der Menschheit zuerst an sich selber zuläßt.
Wer ihn in seinem Leiden sucht, findet ihn jetzt als den neben
ihm, mit ihm Leidenden, wird hingewiesen nicht auf den
Himmel, sondern auf einen entsetzlichen Leidensort dieser
Erde. Hier ist Gott wirklich »ganz anders«, als Menschen sich
sonst Gott gedacht haben und zu denken pflegen. Die damit
aber entstehende Frage, was uns das helfe, daß nun sogar Gott
ins Leiden gezogen ist, und ob das nicht gerade das Ende aller
unserer Hoffnung auf einen Gott sei, der dank seiner Überlegenheit über das Leiden, aber auch über alle menschliche
Schuld uns helfen könne – diese Frage wird beantwortet durch
das unerschöpfliche »Für uns«, das das Hauptthema besonders
des *Paulus* ist. Das führt uns zum zweiten Aspekt:

2. Mit allen Konsequenzen für diesen einen Menschen, *für
Jesus*.

Er ist der »erwählte« Mensch, erwählt zu dieser Selbstidentifizierung und Solidarisierung des Gottes Israel mit Israel *und*
dadurch mit der ganzen Menschheit. Dies macht das, was er
lebt und leidet, zu einem Geschehen »Für uns« in ganz anderem, viel universalerem Sinne als alles, was wir für andere tun
und leiden können, nämlich für alle Menschen schlechthin.
Dieses »Für uns« ist der Zentralausdruck für die Sicht des

Geschickes Jesu, die dem Urchristentum gegeben war, und die es in die Welt hinausträgt. Es gibt kaum etwas Überraschenderes im geistigen Leben der Menschheit als das Aufbrechen dieser neuen Sicht unmittelbar nach dem schrecklichen Ende Jesu im Foltertod am Kreuz. Sie ist weder vorhersehbar noch rational ableitbar; sie überbietet auch die Gedanken, die im Judentum schon vorher über den stellvertretenden Sühnetod gerechter Menschen lebendig waren, und die (wie besonders Jes 53) dann zum Begriffsmaterial für diese neue Sicht dienten. Sie ist ableitbar nur aus den Geschehnissen, mit denen die urchristlichen Texte selbst die Frage nach der Herkunft und der Legitimation ihrer neuen Sicht beantworten: aus den Erscheinungen des Auferstandenen und aus der Ausgießung des Heiligen Geistes (d. h. aus der Manifestierung der göttlichen Einsetzung des umgebrachten Jesus zu einem lebendig Wirkenden für alle Menschen und Zeiten) und aus einer gottgegebenen neuen und zugleich belebenden Erkenntnismöglichkeit. Gegenüber allen Fragen nach besserem, also rationalerem Wahrheitsbeweis ist diese neue Sicht wehrlos; die sie vertreten, können nur hoffen, daß bei denen, die sie hören, die gleiche Öffnung der Augen für die Wirklichkeit Jesu sich vollzieht wie bei ihnen selbst.

Was besagt dieses »Für uns«? Die Theologie hat im Laufe der Jahrhunderte verschiedene Theorien ersonnen, um es auszulegen, und zwar deshalb, weil die urchristlichen Texte sich weithin auf die bloße Behauptung des »Für uns« beschränken (wie z. B. in den Einsetzungsworten des Abendmahls), und weil, wo sie mehr bieten, besonders bei *Paulus,* ihre Auslegung nicht zu einer alle Fragen beantwortenden Theorie entfaltet wird. Die theologischen Theorien – etwa die Satisfaktionstheorie des *Anselm von Canterbury,* die Schilderung des Erlösungskampfes bei *Athanasius,* die Rechtfertigungschristologie *Luthers* und die Versöhnungslehre Karl *Barths* – sind Hilfstheorien, um uns die Bedeutung des »Für uns« verständlicher zu machen; nicht an sie sollen wir glauben, sondern wir sollen sie uns dazu dienen lassen, das »Für uns« in einem verstehenden Glauben uns anzueignen.

Es besagt auf alle Fälle das Einstehen dieses Einen für uns alle. Er will und er vermag das: für einen anderen einstehen bis zur letzten Konsequenz für ihn selbst und mit letzter Rettungswirkung für diesen anderen. Und das für jeden, für alle. Und zwar da, wo einer für sich weder von sich selbst noch von anderen Menschen Hilfe erwarten kann. Mit solcher Situation wird gerechnet bei jedem Menschen, und sie wird beschrieben in Kategorien der Rechtsprechung (Todesurteil), der Moral (nicht wieder gutzumachende Schuld), des Kampfes (hoffnungslose Preisgegebenheit an übermächtige Gegner) oder des Schicksals (aussichtslose Versklavung an dämonische Herrschaft).

Also:

a) Das Sterben dieses einen Menschen wird als durchschlagende Hilfe für jeden in extremis, in der äußersten denkbaren Bedrängnis zugesprochen.

b) Die Möglichkeit dafür liegt darin, daß hier nicht nur ein einzelner Mensch für andere stirbt, sondern daß mit diesem einen Menschen Gott sich so identifiziert, daß, was dieser leidet, von Gott selbst gelitten wird; der für uns einstehende Jesus ist der für uns einstehende Gott, und Gott – nicht mehr unberührt in seiner Höhe bleibend – steht für uns ein wie ein Bruder für seine Geschwister, ein Freund für seine Freunde.

c) Von der Größe dieses Eintretens her wird die Größe der Bedrängnis ermessen.

d) Dies geschieht definitiv. Gemeint ist: Es geschieht als eine Tat, zu der wir nichts mehr hinzuzufügen haben, in der Objektivität und Abgeschlossenheit eines Ereignisses mit einem bestimmten hic et nunc (hier und jetzt) in der irdischen Geschichte, so außerhalb von unserem Leben, wie jenes Kreuz auf dem Hinrichtungshügel im Jerusalem der römischen Kaiserzeit weit außerhalb unseres Lebens steht, von uns gerade nur als schon geschehen zur Kenntnis zu nehmen. *Pauli* Aufforderung:

»Laßt euch versöhnen mit Gott!« (2. Kor 5,20) meint keineswegs: erst wenn wir uns (etwa durch gläubige Annahme eines göttlichen Vergebungsangebots) mit Gott versöhnen lassen, sind wir mit ihm versöhnt, sondern: weil Gott, mit Jesus sich identifizierend, mit dem Kosmos (der Menschenwelt) »getauscht« hat (dies der ursprüngliche Sinn des griechischen Wortes für »versöhnen«: katallagein), darum *ist* die Menschenwelt mit ihm versöhnt, und also auch jeder einzelne von uns. Von dieser objektiven Situationsveränderung aus nun subjektiv weiterzuleben, dazu werden wir instandgesetzt, indem uns dies zur Kenntnis gebracht und zugleich damit zugesprochen wird als von uns ergreifbar, damit wir die daraus folgenden Konsequenzen einer veränderten inneren und äußeren Lebensführung ziehen: extra nos pro nobis (außerhalb von uns für uns), eine Wirklichkeit, uns vorgegeben zur Eröffnung neuer Lebensmöglichkeiten.

Als fertige Tatsache (»Heilstatsache«) wird dies bekanntgemacht durch die christliche Verkündigung, aber nicht als eine Tatsache wie etwa ein Erdbeben, in den Akten darüber nachzuschlagen, aber fern von unserem jetzigen Leben, sondern als eine *Tat*-Sache, als Tat, die einen Täter hat und die fortwirkt als Tat-Wort. Mit der Bekanntgabe der Tatsache des Kreuzestodes Jesu als einer Tat dieses Jesus *und* einer Tat des sich mit ihm identifizierenden Gottes werden alle, die es zu hören bekommen, in ein neues Verhältnis zu den beiden, ihnen vereint begegnenden Tätern versetzt, zu Jesus und zu dem, den er seinen »Vater« nennt, und dieses neue Verhältnis ist ihre neue Lebenswirklichkeit, ihre neue Situation, aus der ihre neuen Lebensmöglichkeiten erwachsen.

Daß das Urchristentum diese außerordentliche Sicht dieses einen Sterbens aussprach, ist, wie gesagt, nicht ableitbar, weder aus religionsgeschichtlichen Traditionen noch aus psychologischen Ursachen (Umschlag von Drepressionen der Jünger zu einem gläubigen Dennoch, Bewältigung der Enttäuschung über das Nicht-Eintreten der für bald erwarteten Wiederkunft Jesu usf.). Die Tatsache dieser neuen Sicht ist so außerordentlich wie ihr Inhalt, und daß dies den ersten Zeugen bewußt war, zeigt sich daran, daß sie ihre Sicht auf nichts anderes als auf Offenbarung zurückführen: auf die Erscheinungen des Auferstandenen und auf den Heiligen Geist, der den Zeugen dieser Tat den Inhalt, die wahre Bedeutung der Tatsache des Todes Jesu als Tat Jesu und seines Vaters »für uns« aufgeschlossen hat. Auf ihn kommt es ebenso an, damit uns, den Hörern und Adressaten dieser Bekanntmachung, der Inhalt dieser »guten Nachricht« von diesem schrecklichen Sterben aufgeschlossen wird. So ist das Verstehen dieser Nachricht und das Leben aus ihr jedesmal so außerordentlich wie sie selbst.

Für eine theologische Verstehensbemühung wird es entscheidend sein, daß wir den Inhalt der neutestamentlichen Aussagen über diesen im Kreuze Jesu geschehenden »Austausch« der Welt mit Gott durch »Gott in Christus« (2. Kor 5,19–21) uns nicht so zurechtmachen, daß uns die Sache leichter verständlich und akzeptabel wird. Was hier gesagt wird, steht hoch über unseren Verständnismöglichkeiten und also immer noch als Denkaufgabe vor uns. Das »Für uns« enthält immer noch mehr, als wir davon schon erfaßt haben.

3. Mit allen Konsequenzen für uns Menschen, d. h. zunächst
   a) *für Israel:* Bedeutet diese Identifizierung Untrennbarkeit, dann ist Israel jetzt das von seinem Gott nicht mehr trennbare Volk – auch durch seine Untreue und Schuld nicht mehr trennbar.
   b) Zugleich ist für die Jesus nachfolgenden Juden die Geschichte Jesu die authentische Auslegung der Israel gegebenen Thora. Als deren Grundsinn schält sich für diese Juden die Weisung heraus, in ihrem Verhalten gleichsinnig mit diesem Gott zu leben, d. h. in unerschütterlicher Hoffnung für Israel und die ganze Menschheit und in einer sich selbst ebenfalls nicht schonenden, bedingungslosen Liebe zu den Menschen, und dies im Glauben, d. h. im Vertrauen auf die Gegenwart

und Macht dieses so konsequent sich mit den Menschen identifizierenden, ihre Sache bis zur letzten Konsequenz zu seiner Sache machenden Gottes. Glauben, Hoffnung und Liebe (1. Kor 13,13) sind die Zentralworte für die praktischen Konsequenzen, *neben* denen es von diesem Zentralgeschehen keine anderen, gleichstehenden Werte, Motive oder Ziele geben kann, die also zu Kriterien für alle Verhaltensweisen werden.

c) Endgültig befestigt ist nun die universale Zielsetzung des Gottes Israels, die Malkuth Adonai, das *Reich Gottes*. Diese Verheißung ist durch dieses Geschehen von dem, der sie gegeben hat, jetzt als nicht mehr zurücknehmbar erklärt, ist von ihm selbst für ihn selbst zu einer nicht mehr zurücknehmbaren geworden. Hatte der irdische Jesus dieses Reich als jetzt hereinbrechend angekündigt, so sehen seine Hörer diese Ankündigung durch den Tod Jesu und die Unverändertheit der Welt nicht widerlegt, sondern Ostern setzt sie instand, den Tod Jesu zu erkennen: sowohl als die endgültige Befestigung der Reichsverheißung wie auch als die Belehrung, daß die Verwirklichung des Reiches nicht in plötzlicher Weltwende, die dem Leiden und der Schuld ein plötzliches Ende macht, hereinbrechen werde. Ostern läßt vielmehr erkennen, daß die Verwirklichung des Reiches Gottes auf einem *Weg* geschieht, der Gott ins Leiden führt und weiterhin durch Leiden gehen läßt, auf einem Wege aber auch, dem Sinn und Ankommen am Ziel verheißen ist.

Der Ausdruck »Reich Gottes« meint in den beiden Teilen der Bibel 1. nicht so sehr ein individuelles, als ein menschheitliches Geschehen, ein neues, Gott gemäßes, »seliges«, d. h. von Schuld und Tod nicht mehr beeinträchtigtes individuelles Leben innerhalb eines gleichartigen Lebens der Menschheit. Der Ausdruck meint 2. nicht eine jenseitige Erfüllung, die das Diesseits, dieses irdische Leben als irrelevant oder als hoffnungslos verdorben wegwürfe; sowohl die prophetische Hoffnung im Alten Testament wie die Parousieerwartung des Urchristentums beziehen die Reich Gottes-Hoffnung auf eine

Erneuerung dieses irdischen Lebens. Wie schwer das uns heute auch nachvollziehbar sein möge, so soll es doch die Christen daran erinnern, daß »Heiligung der Erde« der christlichen Hoffnung nicht weniger eigen ist als der jüdischen. Der Ausdruck »Reich Gottes« bedeutet 3. nicht so sehr die Versetzung in einen Zustand mit glücklichen Lebensbedingungen (dem Schlaraffenlande vergleichbar), sondern er meint – entsprechend der dritten Bitte des Vaterunsers – das siegreiche Geschehen des Willens Gottes »auf Erden wie im Himmel«, d. h. die Durchsetzung des göttlichen Willens im Willen seiner Geschöpfe, die Übereinstimmung des menschlichen Willens mit dem göttlichen, und zwar in menschheitlichem Ausmaß. Das Reich Gottes ist also identisch mit einer menschlichen Lebensweise, einer individuellen wie sozialen. So blickt die Verheißung des Reiches Gottes auf eine gänzlich neue, der verderbten alten Gesellschaft entgegengesetzte Menschengesellschaft in neuer gemeinschaftlicher Lebensweise. Sie wird vorwegnehmend gelebt in neuen Zellen der Bruderschaft, in der es keine Ungleichberechtigung zwischen Herren und Sklaven, Kultivierten und Barbaren, Einheimischen und Gastarbeitern, Männern und Frauen mehr gibt (Gal 3,28; Kol 3,11), und diese Zellen sind nicht als klösterlich abgeschlossene Inseln zu denken, sondern als hinauswirkende, ausstrahlende »Krebszellen«, die die alte Gesellschaft zugunsten neuer Lebensweise zersetzen; erscheint uns der Krebs-Vergleich als deplaziert, so nehme man die neutestamentlichen Bilder von der Wirkung der neuen Gemeinde als Salz, Licht und Sauerteig (Mt 5,13–16; 13,33).

Für das Verständnis der Zentralstellung Jesu im christlichen Glauben hängt alles daran, daß das Jesusereignis als Tat-Wort verstanden wird, als ein Ereignis, das nicht nur eine historische Tatsache, sondern eine Tat Gottes in Raum und Zeit ist, und nicht nur eine stumme Tat, sondern zugleich ein sprechendes Wort. Aber auch nicht nur ein in prophetischer Weise proklamierendes und weiter zu proklamierendes Wort, sondern ein

Wort als Tat, als grundlegende und verändernde Tat: als Vollzug der verheißenen Rückgewinnung der Menschheit durch den Gott Israels. Diese Rückgewinnung vollzieht sich in einer Tat, der ein Weg vorausgeht – der Weg dieses Gottes mit Israel –, und aus der ein Weg hervorgeht: der Weg der neuen Lebensweise als Wirkung dieser Tat und als Vorwegnahme ihrer endgültigen Durchsetzung, ihrer Durchsetzung in der Entwirklichkeit des Reiches Gottes: wenn kein Widerspruch und Widerstand gegen sie mehr existiert, wenn »alle Herrschaft und Macht und Kraft«, die sich als eigenmächtig gebärdet, »aufgehoben« ist, wenn »alle seine Feinde zu seinen Füßen liegen«, einschließlich des »letzten Feindes«, des Todes (1. Kor 15,24ff).

In der »*noch nicht* erlösten Welt« (Barmen V) ist diese weltwendende Tat der Versöhnung *schon* geschehen und hat damit festgemacht, daß der Weg der Menschheit auf ihre Erlösung, auf ihre Befreiung, auf ihr Leben zugeht. Das ist die außerordentliche, in der außerordentlichen Sicht des Todes und der Auferstehung Jesu Christi begründete Hoffnung, mit der sich die christliche Botschaft jedem Untergangspessimismus, den uns die heutigen Weltverhältnisse so nahelegen, entgegenstellt.

Literaturhinweise:

Martin *Kähler*, Zur Lehre von der Versöhnung. (Dogmatische Zeitfragen, 2. Band). 1898. (Nur noch in Fach-Bibliotheken zu bekommen.)
Sören *Kierkegaard*, Einübung im Christentum. Werkausgabe, Abt. 26. Übersetzt von E. Hirsch. 1951.
David *Flusser*, Jesus (Rowohlts Bild – Monographien, Nr. 140). 1968.
Eduard *Schweizer*, Jesus Christus im vielfältigen Zeugnis des Neuen Testamentes (Siebenstern / Gütersloher Taschenbücher Nr. 126). 1968.
Bertold *Klappert*, Die Auferweckung des Gekreuzigten. Der Ansatz der Christologie Karl Barths im Zusammenhang der Christologie der Gegenwart. 1971.

»Gott« ist ein Allerweltswort. Der, dem die Bibel den Titel Gott gibt, ist unterschieden von den Göttern der Religionen und vom Gott der Metaphysik. Die biblische Rede von diesem Gott geschieht aber in der Nachbarschaft zu diesen beiden Verwendungen des Wortes Gott. Die Unterscheidung muß die Verwechslung verhindern und zweierlei klarmachen: Dieser Gott gewährt den Menschen Umgang mit sich selbst. Und: Dieser Gott kann die Menschen brauchen.

Mehrmals fiel das Wort »Gott«, meist freilich sofort mit der Näherbestimmung »Gott Israels«, durch die das Wort »Gott« mit einem bestimmten irdischen Volk in Verbindung gebracht wurde. Die zweite Näherbestimmung geschah dadurch, daß wir, bevor wir von Gott sprechen, von einem irdischen Menschen, Jesus von Nazareth, gesprochen und dies mit dem Wort Gott in eine besondere Beziehung gebracht haben. Das ist auffallend; denn von Gott redet alle Welt zu allen Zeiten. Die Rede von Gott ist also keine Besonderheit der jüdisch-christlichen Überlieferung. In allen historisch vorkommenden Religionen wird vom Göttlichen, von Gott oder auch von mehreren Göttern gesprochen; auch der Buddhismus enthält, ohne selbst eine Anleitung zum Gottesglauben zu sein, Lehraussagen über Götter und das Göttliche. Weil wir dies in allen Religionen antreffen, wird Religion weithin mit Lehre über Gott identifiziert, und Religionskritik, auch die marxistische, pflegt sich vornehmlich auf solche Gotteslehre zu richten.

Allerdings kann das Phänomen der Religion damit allein nicht definiert werden. Wegen der Allgemeinheit der Rede von Gott aber kommt es nun darauf an, die Besonderheit biblischer – damit jüdischer wie christlicher – Rede von Gott herauszuarbeiten, womit sich auch entscheiden wird, in welchem Sinne beim biblischen Glauben von Religion gesprochen werden kann und in welchem Sinne nicht. Wir werden uns jetzt aber nicht darauf einlassen, einen allgemeinen Begriff von Religion zu suchen – ein Unternehmen, das immer wieder unternommen wird und immer wieder scheitert. Es gibt offenbar keinen allgemeinen Begriff Religion, der alle in irgendeinem Sinne als religiös anzusprechenden Phänomene decken würde. Gerade die Vagheit und Umstrittenheit der modernen Begriffe »Religion« und »religiös« zeigt, daß es sich überall da, wo solche Begriffe in den Sinn kommen, um Bewegungen des menschlichen Geistes und der Gesellschaft handelt, die über die physische Lebensfristung hinausgehen und eine Gesamtdeutung des menschlichen Lebens anstreben. Solches Streben dürfte für das Menschenwesen genau so ursprünglich und unvermeidlich sein wie das Streben nach physischer Lebensfristung, nach der Lebensbehauptung gegenüber den physischen Bedürfnissen. Dies ist das Wahrheitsmoment der *Schleiermacher*schen Religionstheorie, die behauptet, daß das religiöse Gefühl (freilich ein zu enger Ausdruck) zum Wesen des Menschen gehört, und des alten Gottesbeweises e consensu gentium (d. h. aus dem Vorkommen des Gottesglaubens bei allen Völkern). Religion im Sinne eines solchen Strebens ist offensichtlich so alt wie die Menschheit selbst und so lange dauernd wie diese Menschheit, also unaufgebbar und unausrottbar, so lange es Menschen gibt. Wer von einem »Absterben der Religion« träumt oder es gar erhofft, hat dies noch nicht genügend bedacht und hat auch nicht bedacht, wieviel Menschliches absterben müßte, damit auch Religion im Sinne dieses Strebens abstirbt.

Wir unterlassen also eine Beschäftigung mit dem Religionsbegriff, wie er in der heutigen Religionssoziologie behandelt wird, und damit auch eine Überlegung zum Verhältnis von Theologie und Religionssoziologie, sondern beschränken uns auf die Frage: Wie kommen Menschen dazu, außer von Menschen und Welt auch noch – in welchem Sinne auch immer – von »Gott« zu reden, und was ist jeweils damit gemeint?

Auch diesmal bahnen wir uns dazu einen Weg von außen her und fragen dann nach der Besonderheit biblischer Rede von Gott.

Eine weitverbreitete Beantwortung dieser Fragen lautet: »Gott« ist ein Hilfsbegriff und eine Hilfsvorstellung des vorneuzeitlichen, noch nicht durchsäkularisierten Bewußtseins im Dienste der Weltauslegung. Damit wird jede andringende geheimnisvolle Wirklichkeit artikuliert – Wirklichkeit, wie sie in Naturvorgängen, sowohl in regulären wie in außerordentlichen, erfahren wird, ebenso psychische Wirklichkeit (z. B. Ekstasen, charismatische Erscheinungen), die Mächtigkeit von Ereignissen und von Wirklichkeiten des Menschenlebens, die der Mensch als beglückend und als erschreckend, aber als nicht von ihm selbst hergestellt, sondern als über ihn kommend erfährt. Dem allen gibt er das Prädikat des Göttlichen, d. h. des Übermenschlichen, das stärker ist als er, über das er nicht verfügen kann, sondern das über ihn verfügt. Die Worte El im Hebräischen, Theos im Griechischen, Deus im Lateinischen (um nur die für unseren Kulturkreis wichtigen Grundsprachen heranzuziehen) meinen alle zuerst nicht einen Namen, sondern ein Prädikat, das für alles mögliche gelten kann, für übermenschliche Mächte, wie sie etwa ekstatisch erfahren werden können, ebenso wie für außermenschliche (natürliche) und für überindividuelle (gesellschaftliche) Mächte; das Prädikat drückt ihre Verfügungsgewalt aus und tabuisiert sie.

Die weitgestreute Verwendungsmöglichkeit dieses Prädikats ist schon ein Hinweis darauf, daß dann, wenn wir unter dem Einfluß des neuzeitlichen Bewußtseins auf solche Prädizierungen verzichten, die Größen selbst, denen früher das Prädikat »göttlich« beigelegt worden ist, keineswegs dahingefallen sein müssen. Die Götter sind nicht vergangen, wenn wir sie nicht mehr Götter nennen, und daß wir nicht mehr an Götter glauben, besagt noch keineswegs, daß wir von jenen Mächten frei wären, die man früher Götter genannt hat, und es besagt ebenfalls nicht, daß es nicht genug Mächte in unserer heutigen

Welt gibt, zu denen wir uns als zu Göttern verhalten. Der antike Satz »Die Welt ist voll von Göttern« gilt auch heute noch und ist mit dem Atheismus und mit dem Prädizierungsverzicht nicht beseitigt.

Daß der Mensch der neuzeitlichen Profanität ebenso von Göttern abhängig ist und sich zu Göttern verhält, wird uns bewußt, wenn wir die Allgemeinheit bedenken, in der *Luther* das Wort »Gott« bestimmt:

>»Ein Gott heißt das, dazu man sich versehen soll alles Guten und Zuflucht haben in allen Nöten, also daß einen Gott haben nichts anders ist, denn ihm von Herzen trauen und glauben; wie ich oft gesagt habe, daß allein das Trauen und Glauben des Herzens macht beide, Gott und Abgott«...
>»Worauf du nun dein Herz hängst und verläßt, das ist eigentlich dein Gott«.[1]

Man wird hinzufügen müssen: Was du am meisten fürchtest, und wovon du am bedrohlichsten dein Leben gefährdet siehst, das ist ebenfalls dein Gott. Denn was über uns verfügt, kann über uns zum Leben und zum Tode verfügen. Geht es bei dem Streben nach einer Gesamtdeutung des Lebens, von dem wir sprachen, um die Frage nach dem Sinn, so können wir auch sagen: Wovon du dir den Sinn deines Lebens versprichst, das ist dein Gott, und wovon du den Sturz in die gänzliche Sinnlosigkeit fürchtest, das ist ebenfalls dein Gott.

Luthers Bestimmung des Wortes »Gott« geschieht an jener Stelle durchaus in religionskritischer Absicht: Vertrauen und Fürchten gehören zur menschlichen Existenz als einer Existenz, die, so sehr wir es vielleicht auch möchten, nicht allein in unserer Verfügung steht, für die wir einer uns zugewandten Güte – von wem auch immer – bedürfen, und die wir täglich allen möglichen tödlichen Bedrohungen ausgesetzt sehen, die wir fürchten. Luther will mit seiner Definition zu der Frage anleiten, ob die Größen, denen wir vertrauen, wirklich eines unbeschränkten Vertrauens wert sind, und ob die Größen, die wir fürchten, schon diejenigen sind, von denen die tiefste

---

[1] M. Luther in der Auslegung des 1. Gebotes in seinem Großen Katechismus.

Bedrohung unseres Lebens herkommt. Dies meint seine Unterscheidung von Gott und Abgott: Wer verdient wahrhaft das Prädikat Gott, und zu wem verhalten wir uns unbegründeterweise als zu Gott, obwohl es sich nur um einen Abgott, Scheingott, Götzen handelt?

Diese Frage hat eine bestimmte Konvergenz mit der marxistischen Religionskritik. Deren Ziel ist, den Menschen klarzumachen, daß das, was sie als göttliche Verfügungsgewalt *über* sich verehren, fürchten, tabuisieren, nämlich Obrigkeiten, Traditionen, Gesellschaftsstrukturen, Naturgewalten, das Prädikat Gott nicht wirklich verdienen, daß diese Gewalten vielmehr ihres göttlichen Ansehens zu entkleiden sind, damit sie – wie in Andersens Märchen von des Kaisers neuen Kleidern – uns in ihrer nackten Profanität und Nichtgöttlichkeit ansichtig werden, und wir uns dadurch ihnen gegenüber nicht mehr als Unterworfene, sondern als ihnen frei Begegnende verhalten. Parallel sprach die Religionskritik der alttestamentlichen Propheten von den von den Völkern verehrten Göttern, den Elim, spöttisch als Elilim, »Götzlein«, nannte sie »Nichtse« und verwies darauf, daß sie von »Menschenhänden gemacht« seien, also Produkte der menschlichen Gesellschaft und Projektionen des menschlichen Geistes. Diese Enttabuisierung soll hier wie dort den Menschen einen falschen Respekt nehmen, sie gegenüber diesen Gewalten furchtlos machen, ihnen solchen Gewalten gegenüber »aufrechten Gang« und Autonomie ermöglichen.

Der Unterschied zwischen beiden Formen von Religionskritik ist aber, daß die marxistische Kritik als eine neuzeitliche aus einem konsequenten Rationalismus und Immanentismus entsteht, und damit den Menschen ganz auf sich, und zwar auf seinen Intellekt und sein Herrschaftswissen stellt, insofern aber mit einer verkürzten Anthropologie arbeitet und den nicht-rationalisierbaren Erfahrungen den Realitätsbezug bestreitet. Die prophetische Kritik dagegen bestreitet keineswegs die Realität solcher übermächtigen Erfahrungen und dessen, was hinter ihnen stehen kann. Es findet sich auch bei den Propheten die aufgeklärte Behauptung der Nicht-Existenz der Götter, aber auf ihr liegt nicht der Ton. Der Unterschied, ob die Existenz von Göttern, Dämonen, Hexen usw. aus weltbildlichen Gründen bejaht oder verneint wird, ist so groß nicht, wie wir zu meinen pflegen; denn wenn diese Größen nicht existieren, so existieren genug andere, die uns in ihrer Verfügungsgewalt haben, denen wir – halb vertrauend, halb fürchtend, mal dies, mal das – unterstehen. Für die Lebenspraxis entscheidend aber ist der Unterschied, daß die prophetische Religionskritik den Menschen nicht auf sich und seine Vernunft stellt, wie die neuzeitlichen Formen der Religionskritik. Sie will ihn vielmehr befreien, ihn autonom und furchtlos machen durch die Zusicherung des Beistands einer anderen Macht – derjenigen Macht, der er in Wirklichkeit sich selbst verdankt, und die jenen anderen Mächten überlegen und also gewachsen ist, so daß der Mensch von daher wagen kann, jene Mächte nicht zu respektieren und seiner von der Tabuisierung befreiten Vernunft zu folgen. In der Unerschütterlichkeit des zugesagten Beistandes gründet des Menschen Freiheit und Furchtlosigkeit, nicht in der so leicht zu erschütternden Selbstgewißheit der eigenen Stärke, sei es der seiner Vernunft, sei es der seiner sonstigen Kräfte.

Es gibt eine zweite Weise, durch die Menschen dazu kommen, von Gott zu reden. Das ist die philosophisch-metaphysische: die Rede von Gott, die sich bei der Frage nach dem letzten Grunde alles Seienden einstellt, parallel in der asiatischen und in der griechischen Metaphysik, wenn in beiden Fällen auch aus sehr verschiedenem Lebensgefühl. Hier wird auf die Weise immer radikaleren Fragens das Einzelseiende transzendiert, damit auch jene göttlichen Mächte, und entgegen dem Anthropomorphismus der traditionellen Religionen wird gefragt nach dem, was dem Wirklichen Wirklichkeit, dem Vielerlei Einheit gibt, und auch (damit wird die Frage praktisch und ethisch) nach dem, was unseren Bestrebungen Sinn verleiht: »Gott« meint hier die alles begründende und bestimmende Wirklichkeit diesseits und jenseits des Einzelseienden. Dafür wird aus der traditionellen Religion das jeweilige Wort für »Gott« übernommen, nun aber in seiner das Menschliche übersteigenden Bedeutung, radikalisiert zu einer alles Einzelseiende übersteigenden Bedeutung als ein Grenzbegriff. Aus dem bisher pluralisch verwendbaren Prädikat »Gott« wird ein Singular, reserviert für den letzten Grund des Seins, an dem wir wie alles Einzelseiende teilhaben, dem wir uns aber nur in einem Fragen, das ständig allen Vordergrund transzendiert, – also nur im Denken, nicht in der Erfahrung – annähern können. Was wir mit diesem radikalen Fragen intendieren, kann von uns nie positiv erfahren, ergriffen und benannt werden. Die eigentliche Sprache von ihm ist, wie *Xenophanes von Kolophon*[2] grundlegend gesehen hat, nicht die anthropomorphe, sondern die negative, die keinerlei Eigenschaften aussagt, oder die positiv überhöhende, die gerade durch ihre Überhöhungen nur eine Wiederholung und Abwandlung der negativen ist. »Gott« meint hier die erste und letzte, die eine, unveränderliche Wirklichkeit, das Von-Woher alles Seins und alles Vergehens, das Von-Woher unserer eigenen Fraglichkeit und unseres eigenen Fragens[3]. Von diesem einen Gott – das ist die religionskritische Wendung des antiken philosophischen Monotheismus – gibt es keine Offenbarung; diese Wirklichkeit spricht nicht, und sie ist unansprechbar. Größen, die sprechen und hören können, die verändern und sich verändern, verdienen nicht, mit dem nun so radikalisierten Prädikat »Gott« versehen zu werden. Als Grenzbegriff unseres Denkens und Fragens ist Gott in diesem Sinne der unzugängliche Geheimnis-

---

[2] Xenophanes von Kolophon, ca. 570–475 v. Chr., führte als Sänger und Dichter ein unstetes Wanderleben, besonders in Sizilien. Einige seiner Themen waren wichtig, neu und in der Folgezeit einflußreich, vor allem seine Kritik an der Mythologie bei Homer und Hesiod.
[3] W. Weischedel, Der Gott der Philosophen. Grundlegung einer Philosophischen Theologie im Zeitalter des Nihilismus, München 1972.

grund alles Vorletzten, Einzelseienden. Ebenso kann man aber
auch sagen: Alles Vorletzte und Einzelseiende ist seine Offenbarung; denn alles ist der Vordergrund dieses Hintergrunds.
Alles, das Gute wie das Böse, Leben und Tod. Diese letzte
Wirklichkeit ist Grund und Abgrund aller vorletzten Wirklichkeit.

Die biblische Weise, von Gott zu reden, steht eigenartig
mitteninne zwischen diesen beiden anderen Redeweisen. Sie ist
nicht Ergebnis immer weiter transzendierenden Nachdenkens
wie die zweite, sondern sie ist, wie die erste, Ergebnis von
konkret andringender Wirklichkeit hier im Vordergrunde unseres konkreten Daseins. Insofern *scheint* sie ein Sonderfall der
Redeweise der traditionellen Religionen zu sein, aus entsprechenden religiösen Erfahrungen hervorgehend, mit diesen aber
auch überholbar durch die Macht des radikal transzendierenden Denkens, durch dessen weitergehende Aufklärung, die alle
Götter des Vordergrundes überholt als Scheingötter, als nicht
letztlich und alles bestimmende Wirklichkeit. Denn der biblische Gott handelt und spricht als eine bei uns im Vordergrund
der Welt des Einzelseienden erscheinende Macht, wie es in den
Religionen für alle dort »göttlich« genannten Instanzen ausgesagt wird.

Andererseits aber steht diese Macht, dieser Gott im biblischen Glauben so überlegen und so kritisch gegen die anderen
Götter und ist so wenig individueller Sonderfall eines Plurals
von Göttern, sondern schlechthin singularisch, wie es für den
Gott der Metaphysik gilt. Der Gott, von dem die Bibel spricht,
ist nicht weiter transzendierbar; er ist id quo majus cogitari
nequit (das, über das hinaus nichts Größeres gedacht werden
kann) (Anselm von Canterbury)[4]. Über ihn hinaus kann an
keine höhere Instanz appelliert werden; er kann nicht auf
bessere Wahrheit hin hinterfragt werden; was er sagt, verheißt,

---

[4] Dies ist die Gottesdefinition in dem sog. ontologischen Gottesbeweis des
Anselm von Canterbury (1033–1109) in seiner Schrift: Proslogion.

gebietet, kann durch andere Worte, Wahrheiten und Geschehnisse nicht durchkreuzt und widerlegt werden. »Dein Wort ist die Wahrheit« (Joh 17,19).

Aber eben dieses »dein Wort« unterscheidet den Gott der biblischen Rede von den beiden Größen, die sonst mit dem Prädikat Gott versehen werden, von den pluralisch auszusagenden großen lebensbestimmenden und lebensgefährdenden Mächten der Religionen wie von der unerfahrbaren letzten Wirklichkeit, dem Gott der Metaphysik! Beide Größen haben kein Wort für uns – der Hintergrundgott der Metaphysik von vornherein nicht, seinem Begriffe nach nicht: Er kann nicht sprechen und nicht angesprochen werden; das wäre für ihn nicht theoprebes, nicht »Gott geziemend«, wie *Xenophanes* gesagt hat, der damit ein metaphysisches Kriterium aufgestellt hat für dasjenige Sein, das das Prädikat Gott verdient. Denn Sprechen und Angesprochenwerden wären ja Vorgänge in der Zeit, unvereinbar mit seiner zeitlosen Unveränderlichkeit. Er ist der stumme, von unserer Stimme nicht erreichbare und nicht rührbare Hintergrund und Urgrund alles Geschehens.

Die Vordergrundsgötter können, wie in den Mythen ausgesagt wird, zwar erscheinen, sprechen, handeln, aber sie tun das nur ab und zu, nach ihrer Laune, und sobald die Geschichten davon zurückgeführt werden auf ihren Kern, zeigen sie sich interpretierbar als Geschichten von den Mächten unseres Daseins, die in Wirklichkeit stumm in und über unserem Leben walten. Bezeichnend dafür ist, daß (abgesehen von einigen wenigen neugefundenen ugarithischen Texten) der Überfall des selbstherrlich von JHWH ausgehenden Wortes auf einen Propheten in der Hebräischen Bibel etwas religionsgeschichtlich Einzigartiges ist. Im Ganzen gilt für die Götter wie für den Gott der Metaphysik: »Die Götter schweigen«[5]. Dii homines non curant (die Götter kümmern sich nicht um die Menschen),

---

[5] Vgl. K. H. Miskotte, Wenn die Götter schweigen. Vom Sinn des Alten Testaments, München 1963.

hat *Demokrit*[6] hellsichtig gesagt. Dieser großen, generellen Stummheit, die das menschliche Dasein umgibt, stellt der biblische Beter sein Bekenntnis entgegen: »Unser Gott kommt und schweigt nicht« (Ps 50,3).

So stellt Martin *Buber* mit Recht dem Monotheismus der Metaphysik den biblischen Monotheismus entgegen:

>»Die große Tat Israels ist nicht, daß es den einen, wirklichen Gott lehrte, der Ursprung und Ziel alles Wesens ist, sondern daß es die Anredbarkeit dieses Gottes als Wirklichkeit zeigt, das Du-Sagen zu ihm, das Mit-ihm-An-gesicht-in-Angesicht-Stehn, den Umgang mit ihm. Freilich gibt es überall, wo es den Menschen gibt, auch das Gebet, und so ist es wohl von je gewesen. Aber erst Israel hat das Leben als ein Angesprochenwerden und Antworten, Ansprechen und Antwort-Empfangen verstanden, vielmehr eben gelebt. Freilich wollen in allen Menschheitsschichten Mysterienkulte in einen, scheinbar so viel intimeren, Verkehr mit der Gottheit einführen; aber wie überall, wo es um Ausnahmezustände statt um den gelebten All-Tag geht, ist hier in dem als das Göttliche Empfundenen nur das menschgeborene Bild einer Teilerscheinung des wirklichen Gottes, der Ursprung und Ziel alles Wesens ist, zu gewahren: Der kleine Finger seiner linken Hand wird Pan genannt. Gott in aller Konkretheit als Sprecher, die Schöpfung als Sprache: Anruf ins Nichts und Antwort der Dinge durch ihr Erstehn, die Schöpfungs-sprache dauert im Leben aller Kreatur, das Leben jedes Geschöpfs als Zwiegespräch, die Welt als Wort – das kundzugeben war Israel da. Es lehrte, es zeigte: der wirkliche Gott ist der Anredbare, weil Anredende, Gott«.[7]

Abgesehen davon, daß es sicher richtiger ist, bei dieser »Lehre«, dieser »Entdeckung« Israels nicht so sehr von einer »Tat«, sondern von einem Widerfahrnis und einem daraus entstehenden Auftrag Israels zu sprechen, trifft Buber hier genau, was von dem Unterschied der biblischen Rede von Gott von jenen beiden anderen Redeweisen zu sagen ist. Das schließt die Rede von Gott in den beiden Teilen der Bibel, dem Alten und dem Neuen Testament, zusammen.

Das Neue Testament bringt unter dem Eindruck des Lebens, Sterbens und Auferstehens Jesu hinzu ein Ausziehen der Konsequenzen der »Konkretheit« Gottes über das hinaus, was den

---

[6] Demokrit, griechischer Philosoph, ca. 460–360 v. Chr.
[7] M. Buber, Die Chassidischen Bücher, 1928, XIf.

Gotteszeugen der Hebräischen Bibel schon zu sehen möglich war: eine über den in der Hebräischen Bibel beschriebenen Umgang Gottes mit Israel und mit seiner Schöpfung hinaus sich radikalisierende Identifizierung und Solidarisierung Gottes mit allen Konsequenzen für ihn und für uns, wie wir sie in Kapitel IV dargelegt haben. Wegen dieser Identifizierung Gottes mit dem Geschöpf im Geschöpfe Jesus von Nazareth mußte die Christenheit von Gott *trinitarisch* sprechen: Vom Schöpfer vor und über der Schöpfung wie vom Schöpfer, der – sich mit dem Geschöpf identifizierend – eingeht in seine Schöpfung, wie auch vom Schöpfer neuer Erkenntnis und neuen Lebens für Menschen des alten Lebens. Die christliche Theologie hat diese drei Weisen der Begegnung Gottes mit seinen Geschöpfen zurückgeführt auf das ewige Leben des ewigen Gottes selbst, in dem sie ihren Grund haben, und dies alles zu einem doppelten Zweck:

1. Damit soll immer deutlich sein, daß es in all diesen Begegnungen der eine, gleiche Gott ist, mit dem wir es zu tun haben, und nicht ein jeweils anderer. Z. B. gegen die Entgegensetzung des Schöpfergottes und des Erlösergottes, wie sie der frühchristliche, von der Kirche abgelehnte Gnostiker *Marcion* (Mitte des 2. Jahrhunderts n. Chr.) gelehrt hat. Gerade also zur Wahrung der *Einheit* Gottes, die dem jüdischen Glauben so wichtig ist, dient die Trinitätslehre und nicht zur Auflösung dieser Einheit in eine Art Polytheismus (Tritheismus) hinein, wie die jüdische Kritik der Trinitätslehre immer fürchtet.

2. Damit sollen wir gewiß sein, daß Gott in seiner Ewigkeit kein anderer ist als der, als der er sich hier kundtut, also der uns Liebende, mit uns sich Solidarisierende, nicht dahinter noch ein *deus absconditus* (verborgener Gott), von dem wir anderes, vielleicht Schlimmeres zu erwarten hätten als von diesem *deus revelatus* (dem Gott der Offenbarung). Der für uns mit allen Konsequenzen einstehende Gott ist der eine Gott, neben und hinter ihm kein anderer: »und ist kein anderer Gott« *(Luther)*. Das ist der gute, unentbehrliche Sinn der Trinitätslehre, mit der

die biblische Gottesrede ausgelegt und dem rechten Verständnis zugeführt wird.

Was die biblische Gottesrede in bezug auf das menschliche Leben umfaßt, versuche ich in zwei Sätzen zusammenzufassen:
1. Gott gewährt den Menschen Umgang mit Gott.
2. Gott kann den Menschen brauchen.
Diese beiden Sätze umgreifen den Inhalt biblischer Gottesrede und damit die Aufgabe theologischen Denkens von Gott.

Zu 1. Wir ermessen aus dem Bisherigen: eine Grunderfahrung muß hier geschehen sein und immer wieder geschehen, die sich nicht nur auf diejenigen beschränkt, die sie in einem starken Erlebnis gemacht haben, sondern die als Botschaft an andere, ja »An Alle«[8] weitergegeben werden kann und soll. Daran zeigt sich schon: Das Wesentliche an dieser Erfahrung ist gerade nicht das, was Rudolf *Otto*[9] als Merkmale religiöser Erfahrung herausgearbeitet hat: das Erschauern vor dem mysterium tremendum (dem Zittern machenden Geheimnis) und das Hingerissenwerden von dem mysterium fascinosum (dem uns bannenden Geheimnis); diese beiden Erfahrungen sind im eigentlichen Sinn nicht weitergebbar. Das Wesentliche an jener Grunderfahrung ist vielmehr eine Botschaft an alle, ein Wort. Bei diesem Wort handelt es sich, so sehr es jeweils in Worte gefaßt wird, nicht um Einzeloffenbarungen von übernatürlichen Wahrheiten (veritates revelatae), sondern vor ihnen, ihnen zugrundeliegend, um eine Grundoffenbarung, eine Verheißung, die die Gewährung des Umgangs enthält, und zwar des *Umgangs mit Gott* – Gott hier im strengsten Singular und als letzte Wirklichkeit, als summum ens und summum bonum, als Sein selbst (Paul *Tillich*[10]), nicht eine große Macht neben

---

[8] »An Alle« lautete die Adressierung des Telegramms der Oktoberrevolution 1917 an die ganze Menschheit.
[9] R. Otto, Theologe und Religionsgeschichtler (1869–1937), in seinem Buch: Das Heilige (1917).
[10] P. Tillich, Systematische Theologie I, Stuttgart 1955, II. Teil, II B.

anderen. Dies ist die Bedeutung des biblischen Anthropomorphismus, der Rede vom »persönlichen Gott«. Dies mag »pri-
mitiv«, kindergläubig, mythologisch, also von Reflexion und
Abstraktion überholbar erscheinen; in Wirklichkeit ist es die
kühnste Überbietung jeder Abstraktion durch Zusammenfügung des in der metaphysischen Reflexion Entgegengesetzten,
des Unendlichen und des Endlichen, des Absoluten und des
Relativen, des Seins selbst und des Einzelseienden. Vom Absoluten wird gesagt, was nur vom Relativen gesagt werden darf,
und dem Relativen wird ermöglicht, was sonst nur dem in sich
ruhenden Absoluten zukommt: Gott macht sich umgangsfähig
mit dem Menschen und den Menschen umgangswürdig mit
Gott.

Was aus diesem, der ontologischen Definition des Absoluten
und des Relativen widersprechenden realen Verkehr zwischen
Schöpfer und Geschöpf, zwischen Gott und Mensch werden
wird, das ist die gespannte *Erwartung*, mit der der biblische
Glaube die Geschichte begleitet. Was bisher daraus geworden
ist, das ist die spannende Erzählung – nicht nur der Bibel,
sondern die spannende Art, wie biblischer Glaube die Geschichte der Menschheit bis heute und in Zukunft erzählt. Ob
es in dieser Geschichte Ereignisse gibt, die ermutigende Per-
spektiven für die Zukunft eröffnen, das ist die Frage, die das
Erzählen bei uns hervorrufen will: Ist die Geschichte dieses
Verkehrs – individuell und menschheitlich – letztlich eine
Heils- oder eine Unheilsgeschichte?

Zu 2. Dies alles könnte noch etwas formal verstanden werden,
wenn wir nicht den zweiten Satz hinzunehmen: Gott kann den
Menschen brauchen. Der Umgang ist nicht eine beliebige Plau-
derei, sondern hat Ziele; er soll zwei Willen, zwei Subjekte zur
Zusammenarbeit zusammenführen. Der erste Satz impliziert
also eine zweite anthropomorphe Aussage von Gott, die ebenfalls gründet in der Grunderfahrung, dem Worte Gottes: Gott
ist *Wille*, gerichtet auf den menschlichen Willen. Und weil der

Wille sich in einem Verkehr betätigt, darum gilt auch: Gott ist sich ereignender, dem Menschen widerfahrender Wille in der Geschichte, durch den Geschichte zur Geschichte eines Werkes wird, an dem mitzuwirken der ewige Wille den endlichen Willen einlädt und ermächtigt. Das bedeutet: Die Geschichte wird teleologisch, und die Menschen werden nicht nur zum Umgang, sondern zur Mitwirkung am telos gewürdigt. Deshalb sind alle Epiphanien in der Bibel Auftragsgeschichten: die beiden Schöpfungsberichte (1. Mose 1 und 2), die Gotteserscheinung im brennenden Dornbusch (2. Mose 3), der Sinai-Bund, die Taufe Jesu, die Jüngerberufungen, die Auferstehungserscheinungen, die Christuserscheinung für Paulus auf der Straße nach Damaskus.

An dieser Stelle wird noch einmal ein Blick auf die metaphysische Fragestellung nötig: die erhabene Gleichgültigkeit des letzten Grundes gegenüber allem von ihm begründeten Einzelseienden und die Unterschiedslosigkeit seines ermöglichenden Gründens, durch das Leben wie Tod, Positives und Negatives, Gutes und Böses ermöglicht wird, konnte auch die Philosophen nicht befriedigen. Deshalb entstand in der Philosophie immer wieder die Frage nach dem Wege von der Metaphysik zur Ethik. Hat der letzte Grund auch keinen Willen, so fragen wir doch, ob aus der Besinnung auf ihn auch Verhaltensrichtlinien (Normen) für unseren Willen abgelesen werden können. Wie das geschehen ist, gibt dann ein weites Feld für Ideologiekritik, d. h. für die Beobachtung, wie zeit- und interessenbedingte Normen zu angeblich ewigen erhoben wurden.

Aber wie sehr wir das auch durchschauen, die Frage bleibt und äußert sich in zweierlei: 1. Wir erfahren innerweltliche Inanspruchnahme als unbedingte Inanspruchnahme; dies ist das Phänomen des Gewissens. 2. Von daher sehen wir unsere Taten als unsere eigenen, von uns selbst zu verantwortenden, also als solche, die wir nicht loswerden können, auf die wir festgelegt werden, nach denen wir gerichtet werden. Wir erfahren einen ehernen Zusammenhang zwischen dem, was wir tun,

und dem, was wir sind, zwischen unserem Leben und unserem
Recht zu leben. Gibt es nur Normen, seien es historisch
bedingte oder ewige, gibt es nur unser Inanspruchgenommen-
werden mit dem unbedingten Akzent unseres Gewissens, dann
steht und fällt mit unseren Taten auch unser Recht auf Leben,
und die Inanspruchnahme durch den lebendigen Gotteswillen,
der uns Menschen zu seinen Mitarbeitern würdigt und ernennt,
könnte dies nur unendlich verschärfen. Das ist in der christlichen Theologie mit dem – von der Thora Israels abstrahierten
– Begriff des *Gesetzes* gemeint.

Zum Hören des Gotteswortes, das zum Umgang einlädt und
zur Mitarbeit ernennt, gehört nun aber biblisch von vornherein
gerade das Gegenteil, und daran zeigt sich die Lebendigkeit
dieses Gotteswillens im Unterschied zu der der Unveränderlichkeit des letzten metaphysischen Grundes entsprechenden
Unveränderlichkeit der Normen und damit auch zu der Unveränderlichkeit jenes »ehernen Zusammenhanges« zwischen Täter und Tat, zwischen mir und meiner Schuld. Dieser Zusammenhang ist ein eisernes Gefängnis, von uns selbst aus nicht
aufbrechbar:

»Was ich begangen, läßt sich nicht sühnen.
Man schätzt den Klugen, man preist den Kühnen –
Allein das Herz, das Herz in der Brust
Ist sich unendlicher Schuld bewußt«.
Frank Wedekind[11]

Die Lebendigkeit und damit die Überlegenheit des einen Got-
tes mit seinem freien Willen sowohl über die Götter, deren
Funktion gerade die Garantierung und Einklagung der in einer
Gesellschaft geltenden und als unverbrüchlich und ewig gesetz-
ten Normen ist, und ebenso über den unveränderlichen letzten
Grund, der in seiner Unveränderlichkeit unfrei ist, sich um

---

[11] F. Wedekind, Aufschrei, in: Die Vier Jahreszeiten / Winter. Ges. Werke I,
1920, 117.

unser Gefängnis zu kümmern, zeigt sich darin: Das Gotteswort enthält neben der Umgangsgewährung und der Mitarbeitswürdigung noch etwas Drittes, wodurch die Botschaft dieses Gotteswortes erst endgültig zu einer *guten* Botschaft, zu einem euangelion wird, und ohne das sie mehr noch als die Götteroffenbarung und die Besinnung auf den letzten Grund eine angsterregende Botschaft wäre. Die Lebendigkeit und Überlegenheit des Gotteswillens zeigt sich daran, daß er das Gefängnis, den ehernen Zusammenhang von Täter und Tat aufsprengen kann, daß er mich losmachen kann von dem, was ich nicht loswerden kann, daß er meine Zukunft von meiner Vergangenheit befreien kann und also offen und neu machen kann. Dies ist gemeint mit einem biblischen Wort, durch das »Gott« zu einem Jubel auslösenden Namen wird: »Vergebung der Sünden«.

Damit erst ist die Botschaft des Gotteswortes ganz umschrieben. »Dein ist die Vergebung« (Dan 9,9). Vergeben ist Weggeben und Wegtun dessen, was keine Macht der Welt wegtun kann. Deshalb ist es eine allein zu Gott gehörige Möglichkeit: »Wer kann Sünden vergeben außer allein Gott?« (Mk 2,7). Wer kann vergeben außer dem, von dem die unbedingte Inanspruchnahme geschehen ist, und außer dem, der das Unmögliche kann? Hier ist das Behaften des Täters bei seiner Tat aufs äußerste ernstgenommen, was sich daran zeigt, daß hier Vergebung als das Wunder aller Wunder gesehen wird und als ein Handeln, das nicht billig ist, sondern das dem, der hier vergibt, den Einsatz seines eigenen Lebens kostet, das Aufsichnehmen des Todes des Sünders. Und hier wird dieser Ernst in ganzem Maße erst erfahren durch seine Aufhebung durch die neue Gemeinschaft, durch die neue Gewährung von Umgang und Mitarbeit, in der die Vergebung besteht. Dies alles ist gemeint mit den Worten des *Paulus* über die Rechtfertigung des Gottlosen (Röm 4,17; 5,6).

Zugleich ist aber noch zu beachten: Eben in dieser neuen Gewährung besteht die Vergebung. Sie verdrängt nicht die

Berufung zur Mitarbeit, sie setzt nicht deren Ende, sondern deren Anfang; sie begündet sie neu. Der Umgang zwischen Gott und Mensch hat nicht in der Vergebung sein Ziel, sondern in der Berufung zur Mitarbeit. Dies ist darum auch das Ziel der Vergebung: die neue Einsetzung in die Mitarbeiterschaft. Die reformatorische Entdeckung der Vergebung als des »Schlüssels« zur Heiligen Schrift hatte ihr Recht gegenüber der angsterregenden Leistungs- und Gerichtspredigt der mittelalterlichen Kirche; sie brachte aber durch ihre Vereinseitigung die Gefahr mit sich, daß in der reformatorischen und in der pietistischen Auslegung die Seligkeit im Vergebungsempfang zum Endpunkt wurde. Mit dieser Individualisierung auf die Seligkeit des angenommenen Sünders geriet außer Blick die menschheitlich-universale Tendenz des Umgangs Gottes mit den Menschen und der Ernennung des Menschen zur Mitarbeit an der Teleologie Gottes: am *Reiche Gottes*. Darum ist heute von Vergebung und Rechtfertigung recht zu reden nur als von der befreienden Gottestat, die im Kontext der großen Geschichtsunternehmung Gottes steht, im Kontext der Geschichte des Reiches Gottes und im Kontext des Reiches Gottes als einer Geschichte.

Literaturhinweise:

Martin *Buber*, Gottesfinsternis. Betrachtungen zur Beziehung zwischen Religion und Philosophie. 1953.
Hans Joachim *Iwand*, Glauben und Wissen (Nachgelassene Werke, 1. Band). 1962.
Cornelius A. van *Peursen*, Das Wort »Gott«. Erwägungen eines Philosophen. 1969.
Hans Georg *Geyer*, Atheismus und Christentum. In: Evangelische Theologie, 30. Jahrgang, 1970, 255–274.
Kornelis Heiko *Miskotte*, Der Gott Israels und die Theologie. 1975.
Eberhard *Jüngel*, Gottes Sein ist im Werden. 3. Auflage 1976.
Kornelis Heiko *Miskotte*, Biblisches ABC. Wider das unbiblische Bibellesen. 1976.
Eberhard *Jüngel*, Gott als Geheimnis der Welt. 1977.
Alfred *Jäger*, Gott. Nochmals Martin Heidegger. 1978.

Die Geschichte der Kirche als Frage
nach der Kirche

*Die Kirche ist die Gemeinschaft derer, die durch das Evange-
lium zu Subjekten eines neuen Lebens werden. Sie sind zugleich
alte und neue Menschen. Darum sind sie als einzelne und als
Gemeinschaft Kampfplatz für den Angriff des neuen Lebens auf
das alte Leben. Die Kirchengeschichte ist die Geschichte der
Siege und der Niederlagen im Kampfe der beiden Lebensweisen. Der Herr des neuen Lebens, Jesus Christus, ist Trost und
Hoffnung angesichts aller Niederlagen.*

Zwei Subjekte: Gott und Mensch

Jetzt ist von uns die Rede – anders als bisher, wo von *uns* die
Rede nur war als von Adressaten des Tuns eines anderen.
Entscheidend ist für die biblische Botschaft: sie ist Botschaft
vom Tun eines anderen an uns; sie spricht immer von *zweien*,
die *nie* ineinander aufgehen (wie es die Mystik möchte), die
weder im Grunde identisch sind noch am Ziele identisch
werden. Dieses Identitätsdenken der Mystik (griechisch, asia-
tisch) ist von der jüdisch-christlichen Tradition immer durch
den Verweis auf die strenge Kreaturgrenze bestritten worden.
Identitätssehnsucht ist verständlich als kritischer Ausdruck der
gesellschaftlichen Erfahrung von Entzweiung und Isolierung
– sowohl mitmenschlich wie in der Naturbearbeitung –, als
Sehnsuch nach Einheit des Individuums mit den anderen und
mit dem Ganzen. Aber diese Sehnsucht weiß nicht, was ihr
fehlt; sie denkt auf der Bahn, durch die sie gerade ins Unheil
geführt worden ist: in der Bahn des Für-sich-sein-Wollens.
Auch das Universum, auch Gott, in dem sie aufgehen will, ist
dann, wenn das Aufgehen gelingen sollte, nur eine ebenso
einsame Monas wie die einsame Monade, die sich nach Aufhe-

bung ihrer Einsamkeit sehnt und sie doch nur in dem Aufgehen in eine noch größere Einsamkeit sucht.

Der Gott der Bibel ist nicht und nie der einsame Gott und will es nicht sein. Er ist nicht einsam als monotheistischer Gott, der dann die Welt erst zur Aufhebung seiner Einsamkeit braucht. Gott bedarf der Welt nicht, weil er – »zuvor in sich selber«[1] – nicht einsam ist, sondern in sich selbst – das meint die Trinitätslehre! – Liebender und Geliebter, in sich selbst »ein ewiger Backofen voll Liebe« (Luther). Was er in sich ist, das ist und tut er auch nach außen, in »überschießender« Liebe (Röm 5,5) zu seiner frei – nicht aus bedürftiger Sehnsucht – ins Dasein gerufenen Schöpfung. Liebe ist nach *Hegels* Definition Identität des Nicht-Identischen – und dies ist das Höchste, über das hinaus es nichts Höheres gibt, auch nicht eine noch innigere Vereinigung durch Aufgehen ineinander. Denn dies vermeintlich Höhere wäre ja in Wirklichkeit weniger, nämlich die Einsamkeit des in sich selbst ruhenden, unbeweglichen, unveränderlichen Ganzen, die Abwesenheit von Leben: Nirwana als letzte Identität von Sein und Nichts. Biblisch aber ist das Sein dem Nichts so entgegengesetzt wie das Leben dem Tod, und Leben ist immer Sozialität, Bewegung zwischen Verschiedenem, Gemeinschaft von Verschiedenem. Leben und Liebe sind – wie etymologisch, so auch sachlich – dasselbe.

Darum also ist die biblische Botschaft immer Rede von verschiedenen Subjekten in unaufhebbarer Verschiedenheit, und jene strenge Kreaturgrenze hat nichts Enttäuschendes an sich, ist nicht Verdammung des Menschen zu einer letzten Gezweitheit, überbietbar durch die Sehnsucht, das Streben nach oder die Botschaft von einer möglichen Aufhebung dieser Gezweitheit in letzter Einheit, sondern sie ist die ontologische Ermöglichung der Liebe, aus Liebe gewährtes, von Gott unterschiedenes Dasein des Menschen vor Gott, bestimmt zur Liebes-Identität, nicht zur Seins-Identität mit Gott – eine Unter-

---

[1] K. Barth, KD I/1, 404.

schiedenheit, deren Aufhebung nicht Leben wäre, sondern Tod. Aufgehoben werden soll die Entzweiung in dieser Gezweitheit, das Gegeneinander von Geschöpf und Schöpfer, die Sünde des Menschen und der Zorn Gottes über die Sünde; aufgehoben werden soll es durch das Miteinander der Liebe, zu der das Geschöpf ursprünglich bestimmt ist.

Deshalb sehnt sich der biblische Glaube nicht mit der Mystik danach, in Gott aufzugehen, nicht nach Beseitigung des Gegenübers von Gott und Mensch, sondern hält das vielmehr für die Versuchung der alten Schlange: Eritis sicut Deus, für eine Weise der Auflehnung des Geschöpfs gegen den Schöpfer. »Wenn Gott wäre – wie hielte ich es aus, nicht Gott zu sein« (Nietzsche). Nicht nur in der Mystik, sondern ebenso in dem von Karl *Barth*[2] mit Recht mit der Mystik zusammengesehenen Atheismus *und* in einer diesem Atheismus neuzeitlich nachgebenden (damit faktisch vom Judentum zum Griechentum zurückgehenden) Theologie (sowohl in der Gott-ist-tot-Theologie wie in einer existentialistischen Theologie, wenn sie nicht mehr von der Existenz Gottes und also vom Gegenüber von Gott und Mensch zu reden wagt) ist der Mensch in seine Einsamkeit zurückgeworfen und sehnt sich nach einer Erfüllung, die von dieser Einsamkeit aus gedacht ist, also nicht Erfüllung in der Liebe ist, oder nur Erfüllung in zwischenmenschlicher Liebe, also doch wieder nur im Horizont einer in Natur und Universum einsamen Menschheit. Der biblische Glaube greift über die zwischenmenschliche Sozialität hinaus und sieht diese begründet in der Sozialität zwischen dem Schöpfer und seinen Geschöpfen. Und weil diese Sozialität das Schönste und Höchste ist, was dem Geschöpf blühen kann – ein Glück, über das hinaus es nur ein »Sein wie Gott« und d. h. letzte Einsamkeit des mit Gott identischen Ganzen geben könnte und also nur das letzte Unglück des Einsamseins –, darum ist biblisch glaubend das Geschöpf *gern* Geschöpf, steht

---

[2] Ders., KD I/2, 348ff.

gern unter dem Schöpfer. Dieses Unter-dem-Schöpfer-Stehen
ist, wie gesagt, die ontologische Ermöglichung der Liebesge-
meinschaft mit dem Schöpfer. In Karl *Barths* Formel ausgedrückt heißt das: Die Schöpfung ist der äußere Grund des
Bundes, dessen ontologische Ermöglichung, wie der Bund der
innere Grund der Schöpfung ist, ihr Sinn und darum das Ziel
des göttlichen Handelns im Schaffen, im Vergeben, in der
Versöhnung durch Jesus Christus, in der Heraufführung des
Reiches Gottes. Dieses Reich Gottes ist gewiß, wie Ernst *Bloch*
sagt, das Reich des Menschen, und mit dem Deus revelatus ist
zugleich der homo revelatus gegeben. Aber es ist Liebesge-
meinschaft, weder Aufgehen des Menschen in Gott (Mystik)
noch Aufgehen Gottes in dem Menschen (E. Bloch[3]). Das
Glück des Menschen ist, *nicht* zu sein wie Gott, sondern sein
Kind und Bundesgenosse sein zu dürfen. »Im Verhältnis zu
Gott niedrig zu sein, das ist die Herrlichkeit des Geschöpfes.«[4]

Der Angriff der Veränderung

Eben wegen dieses Gegenübers sind immer beide Seiten ins
Auge zu fassen – gewiß in der Unumkehrbarkeit des Gefälles
von Gott zum Menschen, aber nicht so, daß nur von Gottes
Sein und Taten gesprochen und nicht auch der Mensch thema-
tisiert würde. Es gibt einen sich die Sache billig machenden
Barthianismus, der aus dieser Unumkehrbarkeit die Erlaubnis
entnimmt, »nur von Gott« zu reden und vom Menschen darum
nur in ein paar bequemen Allgemeinbegriffen (Geschöpf, Sünder, Gerechtfertigter). Entsprechend bleibt es dann bei Eschatologie und Ekklesiologie ebenso im Allgemeinen – und dies
hat zur Folge, daß die gegenwärtige kirchliche Wirklichkeit der
Kritik durch die Reich-Gottes-Botschaft nur auf ungefährliche,
nämlich unkonkrete Weise ausgesetzt wird. Man kann sich ihr

---

[3] E. Bloch, Atheismus im Christentum, Frankfurt 1968.
[4] K. Barth, KD III/3, 193.

entziehen, indem man verweist entweder auf die Nicht-Identität von eigentlicher Kirche und empirischer Kirche oder auf die verborgene Anwesenheit der eigentlichen Kirche in der empirischen; in beiden Fällen ist für die empirische Kirche die Gefahr abgebogen. Diesen bequemen Ausweg können wir uns nicht gestatten. In diesem Gegenüber von Gott und Mensch werden wir Menschen zu einer höchst ernsten Angelegenheit, ernster jedenfalls als außerhalb dieses Gegenübers, und damit ist uns verboten, uns – d. h. aber unsere Empirie – nicht ernst zu nehmen. Wir werden hier Adressaten einer ewigen Bejahung und – dieser entsprechend – einer außerordentlichen Beanspruchung, beides gerichtet auf dieses unser zeitliches Dasein, also – auch – auf unsere empirische, d. h.: auf unsere auch von uns erfahrbare und feststellbare Wirklichkeit, und zwar auf diese gerichtet als Unternehmen, sie zu retten und diensttauglich zu machen hier auf Erden.

In welcher Weise erreicht und ergreift dieses Rettungsunternehmen mit dem Namen Jesu Christi mein Leben heute? Verschiedene Weisen sind denkbar:

1. Die Weise der historischen Kausalität: Die Schweizer haben in Sempach und anderen Schlachten für Jahrhunderte die Freiheit ihrer Kinder gerettet. Was Väter tun, wirkt positiv und negativ auf das Leben der Kinder und Enkel. Jesus hat durch die Vermittlung der christlichen Predigt sicher auch eine erstaunliche Nachwirkung bis heute. Aber diese Wirkung seiner Ideen (oder der ihm zugeschriebenen Ideen) ist doch längst noch nicht identisch mit jenem göttlichen Rettungsunternehmen, erst recht nicht die historische Wirkung der Taten Jesu, die schon damals minimal war. Denn mit seinen Taten hat er auf den Gang der Weltgeschichte keinen Einfluß genommen, bis zu uns hin reicht ihre Wirkung nicht.

2. Sie ist denkbar als Wirkung verborgener, von Jesus Christus ausgehender Kräfte. Dafür haben wir Modernen kaum Kategorien, wohl aber finden sie sich bei den Mysterienkulten, auch in der katholischen Sakramentslehre, religionsgeschicht-

lich vielleicht zusammenhängend mit der mana-Vorstellung: sauerteigartig durchsetzen verborgene Kräfte die Menschheit, und Anteil bekommt man an ihnen durch rituelle Methoden.

3. Eine dritte Weise wird im Neuen Testament gedacht und ist besonders von den reformatorischen Theologen ausgearbeitet worden: Das an einem Punkt der Geschichte konzentriert in unsere Wirklichkeit einbrechende Rettungsunternehmen greift auf die Mit- und Nachwelt aus durch das Medium der »Botschaft«; durch Überbringer, die selbst ergriffen sind, wird uns Nachricht von dem Rettungsereignis vermittelt, und in dieser Nachricht ist das Objekt zugleich das eigentliche Subjekt, d. h. die Nachricht vom Retter ist das Mittel, durch das der Rettende von jener einmaligen Stelle in der Geschichte her nach mir greift und in mein Leben rettend und verwandelnd eindringt. Nicht die Nachricht als solche, nicht die Vermittlungskraft der Vermittler, sondern der Rettende selbst mit *seiner* Kraft, mit seinem »Geist« nimmt die Botschaft und die Vermittlungstätigkeit der Boten als Instrument für sein Hereinkommen von dort nach hier.

Jedenfalls: es geht um Veränderung – und zwar durchgreifende, totale, also nicht reformistische, sondern revolutionäre Veränderung dieser diesseitigen menschlichen Wirklichkeit, des kosmos (Johannes), und zwar individuell wie sozial, *meiner* Wirklichkeit wie der Wirklichkeit der *Gesellschaft.* Ihr status quo ruft nach dem göttlichen Rettungsunternehmen, macht es nötig, und zwar als revolutionäres, nichtreformistisches, d. h. radikales und totales nötig; ihr status quo wird hier angegriffen; ich und die ganze Gesellschaft sollen radikal verändert aus diesem Angriff hervorgehen.

Geschieht der Angriff aber weder durch das Medium der historischen Kausalität noch durch zauberhafte Verwandlung, sondern durch Weitergabe einer Botschaft, dann ist genauer nach den Medien der Botschaft zu fragen. Eine Botschaft kann auf verschiedene Weise weitergegeben werden: 1. als bloße Information (neutral, über Satellit); 2. durch engagiertes Zeugnis; die Wirkung der so vermittelten Botschaft ist die Entstehung einer neuen Gesellschaft durch Zusammenfügung revolutionär erneuerter Menschen; *die neue Gruppe* ist – als eine menschliche ihr Leben immer zugleich interpretierende – als erstes Ergebnis auch das Medium des Rettungsangriffs auf den status quo.

Dann ist deutlich: die Weitergabe der Botschaft als Mittel des rettenden Angriffs geschieht auf sehr *menschliche* Weise: durch Erzählen, Argumentieren, Gespräch, Vormachen, verändernde Einwirkung von verändertem Leben auf seine Umwelt, nicht auf die inhumane Weise der Zauberei oder des mit Sanktionsdrohungen verbundenen Kommandos. Diese *menschliche* Weise ist aber auch das *Problem;* zunächst sei es an mir als einzelnem dargestellt:

Ich werde der Freiheit meiner eigenen Stellungnahme nicht beraubt wie bei Magie und Kommando. Selbst angenommen, mir sei die Botschaft auf authentischste Weise begegnet – sie ändert mich und mein Verhalten nicht (wie bei Magie und Kommando) auf einen Schlag. Ihr Angriff trifft auf Gegenwehr. Ich werde zum Kampfplatz. Gelingt es der Gegenwehr nicht, die Botschaft auszuschließen, so gelingt ihr doch immer wieder der Gegenangriff. Es kommt zu wechselseitigen Niederlagen und Siegen, und mein Leben wird in manchmal relativ stabilem, manchmal auch sehr wechselnden Kombinationen der gegeneinander stehenden und miteinander kämpfenden Lebensweisen bestehen: des neuen und des alten Lebens. Kann ich das zu stark andringende neue Leben nicht mehr ausschließen, so werde ich mich bemühen, ihm wenigstens Grenzen zu setzen, es wenigstens auszuschließen von Teilbereichen meines Lebens, in denen die Veränderung mir den Existenzgrund zu entziehen droht, ohne den ich meine, nicht leben zu können, oder Verhaltens- und Denkweisen zu retten, an denen mein Herz besonders hängt. Ich werde versuchen, das Dilemma des reichen Jünglings (Mk 10,17–22) so zu lösen, daß ich beides behalten kann, das Fünferli *und* das Weckli (wie ein schweize-

risches Sprichwort sagt), meine Güter *und* die Nachfolge Jesu.
Ich werde versuchen, beiden Herren zu dienen und durch
irgendeine Art von Zwei-Reiche-Lehre den mich so bedrängenden, ja zerreißenden Kampf in einen möglichst stabilen
Kompromiß, in einen Waffenstillstand zu verwandeln: »mit
dem Kopf ein Heide, mit dem Herzen ein Christ« (F. H.
Jacobi); im Glauben gerechtfertigt, im Leben ein Sünder (vgl.
Röm 6,1); im Privatleben nach der Bergpredigt, als Glied der
Gesellschaft nach deren Gesetzen (so der Schematismus einer
entstellten, aber traditionellen lutherischen Zwei-Reiche-Lehre). Immer geht es darum, vor dem Angriff der Botschaft
vermeintliche Notwendigkeiten und Unentbehrlichkeiten meines Lebens zu retten, das revolutionäre Evangelium also reformistisch abzuschwächen zu einer Teilreparatur meines im übrigen im alten Geleise weiterlaufenden Lebens – und zwar praktisch wie theoretisch. Dabei hat die Bildung abschwächender
Theorien, also die diesen Kompromiß rechtfertigende Theologie eine wichtige Funktion: sie soll dem Kompromiß Stabilität
geben und seine In-Frage-Stellung durch den Angriff der Botschaft verhindern, ja: der Weitergabe der Botschaft an mich
und an die anderen eine Gestalt geben, die den Angriff der
Botschaft selbst nur noch einen teilweisen, reformistischen sein
läßt. Ob die Theologie – meine private ebenso wie die öffentliche der Kirche – der Radikalität und Totalität, dem revolutionären Charakter des evangelischen Angriffs auf die Realität des
status quo dient oder seiner Entschärfung, Domestizierung und
Verharmlosung, das ist das Kriterium für alle christliche Theologie. Tut sie ersteres, dann trägt sie dazu bei, daß der Kampf
wenigstens in Bewegung bleibt, und das ist – auch dann, wenn
es immer wieder zu Niederlagen der Botschaft in meinem
Leben kommt – besser als der Stillstand des Kompromisses, der
– auch wenn er Teilsiege des Evangeliums garantieren und
stabilisieren soll – doch nur eine permanente Niederlage des
Evangeliums bedeutet.

Die Kirche als Kampfplatz zwischen dem neuen und dem alten Leben

Was wir für Lebensnotwendigkeiten halten, sind immer auch gesellschaftliche Realitäten; denn ohne diese und außerhalb der Gesellschaft vollzieht sich kein menschliches Leben. Neben der Rettung privater Liebhabereien vor dem Angriff des neuen Lebens geht es deshalb vor allem um die Rettung dieser vermeintlichen Lebensnotwendigkeiten, und das zeigt sich besonders, wenn wir nun vom Kampfplatz des Einzellebens übergehen zu der durch die Zusammenfügung der Einzelleben konstituierten neuen Gruppe, die als solche ja eine Gesellschaft in der Gesellschaft darstellt. Kann der Einzelne sich als Anachoret weitgehend von der Gesellschaft isolieren, so kann das die Gruppe schon viel weniger, und beide können es gar nicht, wenn zu ihrer neuen Existenz essentiell gehört, daß sie sowohl durch ihr Existieren wie durch ihr Tun Medien des Angriffs der Botschaft auf die ganze Gesellschaft sind. Auswanderung aus der Gesellschaft, Rückzug auf eine Insel wäre dann schon wieder eine Form der Beschränkung der Botschaft auf einen Teilbereich, nämlich den Teilbereich der Christen, und Bestreitung der Totalität des göttlichen Rettungsangriffs, der auf die Totalität des Lebens geht, also auch auf die Totalität der Gesellschaft und die Totalität unserer Beziehungen zu der uns umgebenden Gesellschaft.

Sind wir Einzelnen durch den Angriff der Botschaft in einen Kampfplatz verwandelt, so gilt das gleiche unvermeidlich für die neue Gruppe, die Kirche. Auch sie wird – so wenig wie wir Einzelnen – nie nur den Sieg des Evangeliums darstellen in sichtbarer Heiligkeit, sondern den wechselvollen Kampf des Evangeliums. Ihre Heiligkeit, d. h. ihre Neuheit wird ebenso wie bei uns Einzelnen eine verborgene sein. Nicht eine absolut verborgene, weil das neue Leben ja auf dem Plane ist und sichtbare Änderungen bewirkt, aber eine relativ verborgene, weil das neue Leben je und je durchbricht und wieder zurückgeschlagen wird und wieder durchbricht in einem wechselvollen Kampfgeschehen. Wie die Einzelnen iusti et peccatores (Gerechte und Sünder) sind, so wird die Kirche zugleich sancta ecclesia und ecclesia peccatrix (sündige Kirche) sein. Auch hier wird die theologische Theoriebildung eine wichtige Funktion haben: Wird sie Anwalt der Radikalität und Totalität des evangelischen Angriffs sein oder Anwalt seiner Beschränkung?

Dem gesellschaftlichen Charakter der Kirche entsprechend wird ihre eigene Strukturierung als Gruppe von besonderem Gewicht für ihre Wirkung nach außen auf die umgebende Gesellschaft, also für ihr Zur-Verfügung-Stehen als Medium für den Angriff des Evangeliums auf die Gesellschaft sein. Zugleich wird sie als Gruppe unter dem besonderen Druck der umgebenden Gesellschaft stehen und diesen Druck mit seinen Versuchungen entweder an die einzelnen Glieder in ihrer Mitte weitergeben oder diese gegen ihn abschirmen und zum Widerstand gegen ihn stärken. Das macht die dritte Barmer These so bedeutsam, weil in ihr die Bedeutung der Kirche für den Angriff der Botschaft auf die Welt nicht nur – wie lutherisch traditionell – im Wortzeugnis, in der Verkündigung gesehen wird, sondern ebenso in ihrer »Ordnung«, wobei sowohl an ihre Organisationsformen wie an alle Weisen ihres Gemeinschaftslebens zu denken ist.

Die Sendung aus dem Ursprung

Das bisher Gesagte umschreibt in abstrakter Weise die Grundprobleme der ganzen Kirchengeschichte, und im Lichte des bisher Gesagten ist auf diese nun einzugehen. Dabei soll uns der Einsatz beim einzelnen Christen als Kampfplatz ständig daran erinnern, daß sich im kirchlichen Geschehen nur wiederholt, was im Einzelleben ständig stattfindet. Das wird uns an billiger Kirchenkritik hindern. Hier geschieht ständig gegenseitige Spiegelung: im kirchlichen Leben spiegelt sich der Verlauf des Einzellebens, und im Einzelleben spiegelt sich der jeweilige

Zustand der Kirche wider. So kann keine Seite sich mit der anderen entschuldigen; denn die Kirche sollte uns Einzelnen voraus sein, und ich, der Einzelne, sollte die bessere Kirche sein, um die anderen nachzuziehen.

Für die Kirche gilt, was auch für den Einzelnen gilt: Ich bin identisch mit meiner Geschichte, aber ich bin gerufen (und dies gerade durch das Evangelium!) immer über meine bisherige Geschichte hinaus. So ist die Kirche identisch mit dieser zweitausendjährigen Geschichte, aber immer gerufen über diese Geschichte hinaus. Denn sie ist ja nicht Selbstzweck, nicht in sich selbst schon Erfüllung, auch nicht eine Religion oder Weltanschauung, die nur das Vorhandene interpretiert und in ihm zu leben und Sinn zu finden hilft; sie lebt im Noch-nicht, sich ausstreckend nach vorn, und sie hat einen Dienstzweck als Überbringerin der Botschaft und als Instrument des göttlichen Rettungsunternehmens. Daß sie nicht für sich selbst da ist, sondern für diesen Dienst, das ist das Kriterium für ihr Leben, und zu ihrer Besonderheit gehört, daß ihr dieses nach vorn weisende Kriterium von ihrem Ursprung her zukommt, chronologisch also von rückwärts, aus der Vergangenheit. Das hängt zusammen damit, daß ihr Noch-nicht aus einem Schon entsteht, ihr Dienst an der Zukunft des Reiches Gottes aus dem verheißenden Fuß-Fassen dieses Reiches in der irdischen Wirklichkeit durch die Geschichte Jesu Christi. Weil diese Geschichte zu uns hin, zu allen späteren Zeiten hin ausgreift durch das Medium der Botschaft, ist die anfängliche Gestalt der Botschaft auch ihre authentische, ihre kanonische. Die Kirche ist durch diese Anfangsgestalt der Botschaft – »Apostel und Propheten« (Eph 2,20) – entstanden, und sie kann ihre Identität – ungeachtet aller nötigen hermeneutischen Prozesse für die *heutige* Weitergabe der Botschaft – nur bewahren und neu wiedergewinnen dadurch, daß sie sich selbst im Denken, Reden und Handeln angleicht an ihren durch die Anfangsgestalt der Botschaft vermittelten Ursprung.

Darin liegt die unvergleichliche Bedeutung der Heiligen

Schrift für die Kirche. Darüber war die Kirche sich seit der Kanonbildung einig; entschlossene Konsequenzen begann man aber erst in der Reformation daraus zu ziehen. Die Autorität der Bibel war keine Neuerfindung Luthers, sie war schon immer anerkannt. Luthers Bedeutung besteht in der Proklamation des *sola* scriptura, der Schrift als *unica* norma et iudex (Konkordienformel, vgl. Kap. III) der Kirche.

Was das für die Geschichte der Kirche bedeutet, haben die »Altgläubigen« des 16. Jahrhunderts in ihrem Widerstand dagegen und in ihrer Forderung, daß die kirchliche Tradition *neben* der Schrift gleichberechtigte Autorität habe, vielleicht noch besser geahnt als die Reformatoren selbst. Denn sola scriptura heißt doch: der im Anfang sich authentisch kundtuende Ursprung richtet über den Fortgang. Wie der Kommende identisch ist mit dem Gekommenen und uns kein anderer nach vorn ruft als der, der vor zweitausend Jahren unter uns gewesen ist, so ruft uns nach vorn die Stimme des Ursprungs, mit dem es angefangen hat, das Anfangszeugnis des Ursprungs. Mit der Anerkennung der Bibel unterstellt sich die Kirche in jeder möglichen Zeit und auf dem ganzen Weg der Geschichte der Kritik ihres Ursprungs.

Die Quelle als Kritik des Stromes

Wie wird sie vor dieser Kritik bestehen? »Die meisten Quellen sind mit dem Flußlauf nicht einverstanden« (Jean *Cocteau*). Sie können ihn nicht vorher bestimmen, können ihn nicht regieren; regiert wird er vielmehr von den späteren Gegebenheiten, denen die Ströme ausgesetzt sind. Die Ohnmacht der Quelle gegenüber diesen späteren Gegebenheiten lehrt uns die ganze Geschichte und insbesondere die Kirchengeschichte. Sehr bald schon ist die Quelle im weiteren Verlauf des Flusses kaum mehr wiederzuerkennen; seine historische Größe ebenso wie seinen Laufweg erhält er weniger durch die Quellen als durch andere hinzukommende Nebenflüsse – von der heute so aktuellen Verschmutzung durch Abwässer wäre auch noch zu reden! Wieviel vom Quellwasser der Donau ist bei Ulm, bei Passau, bei Budapest noch vorhanden, noch dazu, nachdem ein großer Teil des ursprünglichen Wassers schon bei Immendingen versickert und in den Bodensee fließt! Die mittelalterliche Feudalkirche, die Kirche der Kreuzzüge, der Inquisition, der Hexenverbrennung, des weißen Kolonialismus, die Thron- und Altar-Kirche des lutherischen Obrigkeitsstaates, die Kirche der Kriegspredigten von 1914–1918, die Erzbischöfe von Saigon und Palermo, die portugiesische Kirche in Mocambique, die südafrikanische Apartheid-Kirche, aber auch Bischof Hanns Lilje beim Zapfenstreich für den zurücktretenden Verteidigungsminister F. J. Strauß 1965, die mit dem Unternehmer-Kapitalismus sich identifizierende Kirche von Kardinal Döpfner, die Dekoration und das Ritual einer Bischofskonferenz in Rom, aber auch eine würdige Konferenz protestantischer Pastoren, Billy Grahams Evangelisation »Korea für Christus« unter Huldigung für den Diktator Park und unter dem Schutz von dessen Armee und Polizei und schließlich das Gebet des amerikanischen Feldgeistlichen für The Christian Bomb auf Hiroshima 1945 – was hat mit diesem Verlauf des christlichen Stromes die Quelle zu tun, auf die sich dieser ganze Strom unablässig beruft, und deren Kritik er sich angeblich unterstellt? Wenn es einen Beweis für den historischen Materialismus und seine These von der Ohnmacht der Ideen und der übermächtigen Gewalt der gesellschaftlichen Interessen über die Ideen gibt, dann ist es die Kirchengeschichte. »Die Idee hat sich immer blamiert, wo sie nicht mit Interesse verbunden war«, schreiben *Marx* und *Engels* in der »Deutschen Ideologie«. Immer neue gesellschaftliche Interessen, direkt materielle und in geistige und seelische Bedürfnisse gefaßte Interessen verbinden sich mit der christlichen Botschaft. Als sich das Interesse der Führungsschicht eines ganzen Weltreichs mit ihr verbindet, wird sie zur Weltreligion und übernimmt die politisch-soziale Aufgabe bisheriger Volksreligion: die innere Stabilisierung des bestehenden Ausbeutungs- und Herrschaftssystems, und der ganze weitere Verlauf des Stromes bis heute ist ohne dieses Bündnis von Kirche und gesellschaftlicher Macht nicht mehr zu denken; wir alle sind dessen Erben und stehen trotz aller Veränderungen noch mitten darin.

Bleiben wir noch etwas im Gleichnis von Quelle und Strom! Das Quellwasser ist im Strom noch enthalten, wenn auch manchmal in extremer Verdünnung. Noch in den Messen und Gottesdiensten der Kreuzritter, Großinquisitoren und Kriegsverherrlicher ist der Ursprung in den Lesungen der Bibel anwesend, wird gehört, gewiß massenhaft überhört, aber keine irdische Rechenkunst und keine historische Beobachtung kann zusammenzählen, wo und wie oft er gehört worden ist und gewirkt hat. Eben dies gehört zur verborgenen Wirklichkeit des Reiches Gottes, die doch eine Wirklichkeit, d. h. eine wirkende Macht ist. Ihr haben wir es zu danken, daß das Quellwasser trotz aller Vermischung und aller Verdünnung bis zu uns gekommen ist und auch in unser Leben eindringt. Das ist der *Trost* bei Betrachtung der Kirchengeschichte, dieses »Mischmaschs von Irrtum und Gewalt« *(Goethe)*, ein ja nicht zu unterschätzender Trost, weil er – wie jeder rechte biblische Trost – sofort ein in Anspruch nehmender Trost ist: Sind wir erreicht vom Quellwasser, so werden wir von ihm in Anspruch genommen, als stünden wir »gleichzeitig« *(Kierkegaard)* mit den ersten Zeugen noch am Anfang, um zu empfangen und mit Tat und Leben zu verwirklichen, wozu die Quelle uns ruft, und weder der bisherige Verlauf des Stromes noch die Vermischung und Verdünnung können uns zur Entschuldigung dienen, diesem Anruf nicht zu folgen.

Jene Verdünnung hat freilich eine besonders bedenkliche Folge: Das Quellwasser erreicht uns – darüber darf es keine fromme Illusion geben! – als Teil des Stromes in den Grenzen seines durch die Gegebenheiten bestimmten jetzigen Ortes. Was von ihm durch uns gehört und befolgt wird, ist zunächst durch diese Grenzen bestimmt. Begrenzt durch das Bündnis

der Kirche mit den herrschenden Gesellschaftsmächten wurde
die Weitergabe der Botschaft so abgesichert, daß das Quellwasser auf den Verlauf des Stromes keinen bestimmenden Einfluß
nehmen oder gar den Strom über die begrenzenden Ufer treten
lassen konnte. D. h.: In der kirchlichen Verkündigung wurde
die Botschaft so weitergegeben, daß sie jenes Bündnis und
damit die gegebenen Gesellschaftsstrukturen nicht in Frage
stellen konnte.

Diese Strukturen sind aber seit je von zwei Grundüberzeugungen bestimmt: 1. Die Güter der Erde reichen nicht gleichmäßig für alle. 2. Darum gibt es das gute Leben nur auf Kosten
anderer. Darauf beruht die Klassenteilung der Gesellschaft, das
sie sichernde Herrschaftssystem und der Kampf um die Aneig-
nung der Güter der Erde bis heute.

Klar ist sofort die Entgegensetzung der Reich-Gottes-Botschaft; in ihr gehören die Einladung zum Glauben und die
Einladung zur Liebe untrennbar zusammen. Als Einladung
zum *Glauben* sagt sie: Gott, der Schöpfer, sorgt für dich und
für alle; es ist genug für alle da. Als Einladung zur *Liebe* sagt
sie: Du sollst und du brauchst nicht auf Kosten anderer zu
leben! Nicht dies ist das gute Leben; das gute Leben ist das
Leben für die anderen. Laß sie auf deine Kosten leben, wie
Gott uns in Christus auf seine Kosten leben läßt! Nicht eingeschränkt auf Teilbereiche, sondern geltend für die Totalität des
Lebens enthüllt die Botschaft das Leben nach jenen zwei
Grundüberzeugungen als das falsche, gottwidrige, todbringen-
de Leben und lädt dazu ein, damit zu brechen und statt dessen
ein neues, entgegengesetztes Leben zu beginnen. Für die bestehenden Gesellschaftssysteme ist aber solche Enthüllung und
solche Einladung durchaus unerwünscht; sie müssen also dafür
sorgen, daß sich diese entgegengesetzte Lebensauffassung in
»vernünftigen Grenzen« hält: durch Kleinhalten der betreffenden Gruppen: marginale Bohemiens, Hippies, Ashrams, sogar
nützlich als Ventile der Leistungsgesellschaft. Wenn sich aber
die Gruppe durch besondere Umstände sehr ausgebreitet hat,

muß das, was in ihrem Leben – oder mindestens in ihren Lebensansichten – gesellschaftlich gefährlich ist, neutralisiert werden, und zwar auf mehrfache Weise: Erhebung der Reich-Gottes-Hoffnung in eine absolute Distanz zur Erde und zur Gegenwart, so daß diese davon unberührt bleibt und die Hoffnung zum bloßen Trost ohne Inanspruchnahme wird – Verschiebung des Glaubens in Abseits vom tätigen Leben, d. h. in die Innerlichkeit des Gefühls und/oder in die Offizialität der formellen Dogmenbejahung – Individualisierung der Verkündung, damit Begrenzung der Lebensänderung auf den privaten Umkreis – Verhinderung der Bildung von Gemeinden des neuen Lebens mit ausstrahlender Wirkung auf die Gesellschaft, statt dessen Reduzierung solcher Gemeinschaften auf kontrollierte Gruppen innerhalb ebenfalls wohl kontrollierter kirchlicher Großorganisationen. Damit sind die Grundzüge der Methoden angegeben, mit denen Evangelium und Kirche an die Klassengesellschaft angepaßt und unschädlich, ja vielmehr zur Funktion der Stabilisierungsreligion tauglich gemacht wurden.

Dabei darf man nicht meinen, dies sei ein geplantes Werk irgendwelcher Generalstäbe der herrschenden Schichten. Der Prozeß hat sich vielmehr »naturwüchsig« (wie *Marx* sagen würde) vollzogen. Nicht »die Kirche« hat sich angepaßt, so daß wir sie heute deswegen beschuldigen könnten. »Die Kirche« – das ist ja eine Abstraktion. Die Kirche besteht zu jeder Zeit aus konkreten Menschen, die ihre jeweiligen Interessen, Bedürfnisse, Sehnsüchte und Leidenschaften in die Kirche einbringen, und zwar nicht nur ihre individuellen – um deren Korrektur hat sich wachsame kirchliche Verkündigung immer bemüht –, sondern ebenso und tiefer sitzend noch, weil kaum bewußt, sind ihre kollektiven Interessen, in Traditionen, Moralen, Rechtssystemen usw. »objektiver Geist« geworden. Auch hier kann man nicht gleichzeitig das Weckli kaufen und das Fünferli behalten. Ist der Glaube »nicht jedermanns Ding« (2 Thess 3,2), will man aber jedermann in der Kirche haben (bewerkstelligt durch Kindertaufe), dann wird eben jedermann und nicht der Glaube das Leben der Kirche bestimmen. »Jedermann« heißt hier aber: die als Privilegien-Hierarchie sich darstellende Gesellschaft des alten Lebens, deren Wertsetzungen und Überzeugungen wir internalisiert haben, an deren uns tief prägender Produktionsweise wir täglich teilnehmen, und aus der wir mit der Bekehrung zum Evangelium keineswegs auf einen Schlag heraus bekehrt sind, sondern deren Motivationen wir mit uns tragen, so daß wir – und ebenso die Kirche – eben dadurch zum Platz des Kampfes zwischen dem alten und dem neuen Leben werden. Bestenfalls zum Kampfplatz! In der Jedermanns-Kirche werden übermächtig, ja, ohne Infragestellung die geltenden Selbstverständlichkeiten des Bestehenden – das, was man hier für selbstverständlich, notwendig, unentbehrlich und unvermeidlich hät – sich durchsetzen und dafür sorgen, daß das Quellwasser nur innerhalb der ihm streng gesetzten Grenzen sich auswirken kann und darf. Es ist nicht die Not eines Einzelnen nur, es ist die Not von fast zweitausend Jahren Kirchengeschichte ausgedrückt, wenn in Johann Sebastian *Bachs* Kantate »Wachet! Betet!« (BWV 70) ein Rezitativ lautet:

»Auch bei dem himmlischen Verlangen
hält unser Leib den Geist gefangen;
es legt die Welt durch ihre Tücke
den Frommen Netz und Stricke.
Der Geist ist willig,
doch das Fleisch ist schwach:
Dies preßt uns aus
ein jammervolles Ach!«

Mit dieser Absicherung der Gesellschaft gegen den Angriff des neuen Lebens wird aber die Weitergabe der Botschaft einer für sie wesentlichen Dimension beraubt, d. h. sie wird *häretisch*. Hairesis (Grundbedeutung: Wahl) ist nach Karl *Barth*[5] ein

---

[5] So E. Wolf, Art. Häresie, RGG³ III, Sp. 14.

»willkürliches Herausgreifen von Einzelpunkten aus dem Ganzen der Offenbarung, die in Verfehlung der christologischen Mitte zu ›Nebenzentren‹ gemacht werden und die kirchliche Verkündigung in den Dienst fremder Interessen stellen«. Die verschiedenen Groß- und Kleingruppen in der Christenheit haben sich gegenseitig eifrig den Häresie-Vorwurf gemacht und mit ihm ihr Getrenntsein begründet. Nehmen wir aber ihrer aller Selbstunterstellung unter den in der Heiligen Schrift stets präsenten Ursprung ernst, dann können wir uns kaum mehr verhehlen, daß der Ursprung ihnen allen zum Gericht wird. Eine nicht-häretische Gruppe dürfte es in all den Jahrhunderten der Kirchengeschichte nicht gegeben haben, auch heute nicht geben. Auch das Bemühen um eine möglichst schriftgemäße Lehre, um offizielle Geltung eines möglichst schriftgemäßen Bekenntnisses, wie es den aus der Reformation des 16. Jahrhunderts hervorgegangenen Kirchen eigen ist, bringt die betreffende Kirche noch nicht, wie man in dieser Tradition meint, aus der Häresie heraus. Denn zur Weitergabe der Botschaft gehört ja nicht nur der Angriff des neuen Lebens auf das individuelle alte Leben, sondern ebenso auf das kollektive alte Leben, in das das individuelle tief eingebunden ist, auf die »öffentliche Sünde« (Hans *Ehrenberg*[6]), auf die gesellschaftlichen Verhältnisse, in denen sich die Motivationen der Individuen objektiviert haben, und von denen die Motivationen der Individuen wiederum determiniert werden. Und zur Weitergabe der Botschaft gehört neben dem Wortzeugnis, der Verkündigung, der Lehre, dem Bekenntnis ebenso die neue Lebensweise, und zwar als eine gemeinschaftliche, das neue Sozialleben der »Gemeinde von Brüdern« (Barmen III), in dem – wenn auch noch unter den Bedingungen des alten Äon – schon antizipierend in der Lebensweise des Reiches Gottes gelebt und

---

[6] Deutscher, judenchristlicher Theologe (1883–1958), in seinen Flugschriften: Die Sünde im öffentlichen Leben. Ein Wort von der sozialen Bekehrung. Ders., Der Heilsweg im öffentlichen Leben. Ein Wort der Vorbereitung auf die Bekehrung der Kirche, Der Kampf-Bund, 6 und 7, 1927/1928.

so metanoia, Umkehr betätigt wird im Protest gegen die immer noch drückenden und ihren Anspruch erhebenden Bedingungen des alten Äon. Diese Erkenntnis hat immer wieder zur Bildung und Gegenbewegung kleinerer Gruppen gegen die Großkirchen geführt, weil an diesem Maßstab der häretische Charakter der Großkirchen nicht mehr zu übersehen war. Aber auch diese kleineren Gruppen mußten der Einbindung in die alte Gesellschaft ihren Tribut zahlen. Auch ihre Gegenbewegung blieb partiell, also wiederum häretisch, und isolierte sich, wenn sie sehr entschieden war, auf separate Inseln.

Der Herr des neuen Lebens als die Hoffnung des neuen Lebens

Das Fazit scheint zu anderem als zu Depression und Resignation nicht Anlaß zu geben. Der historische Materialismus scheint auf der ganzen Linie bestätigt zu sein. Daß das Quellwasser auch in solcher Verdünnung noch mitfließt, ist demgegenüber nur ein allzu schwacher Trost. Aber genau an dieser Stelle muß das wie immer hinkende Gleichnis verlassen werden; es verführt zum naturalistischen Denken, das nur mit quantitativen Faktoren und Kausalitäten rechnet. Die Kirchengeschichte stellt uns gerade durch ihren so höchst problematischen Zusammenhang mit dem Ursprung vor Entscheidungen; sie erlaubt uns weder die bloße Betrachterhaltung noch das Sich-Abfinden mit einem negativen Fazit. Weil in ihr und durch sie der Ursprung – in welcher Verdünnung auch immer – präsent ist, stellt sie uns vor die Frage, was wir diesem Ursprung zutrauen, und dieser Frage können wir uns nicht entziehen mit dem Hinweis auf die offensichtliche, durch die Kirchengeschichte bewiesene Ohnmacht des Ursprungs. Denn diese ist nicht eine unangenehme, desillusionierende Überraschung, die dem, was im Ursprung gesagt wurde, widerspräche. Dort tritt ja nicht ein glänzend Mächtiger auf, der dann kläglich versagt oder scheitert, sondern schon dort ist die Ohnmacht offensichtlich in dem, der von der übermächtigen

Welt ausgestoßen und an den Galgen gehängt wird. Dem neuen Leben ist auf Golgatha schon seine Ohnmacht gegenüber der Übermacht des alten Lebens angekündigt und durch die Kreuzesinschrift bescheinigt. Niemand, der sich auf das neue Leben einläßt, kann sich beklagen, er sei hinsichtlich der Übermacht des alten Lebens in ihm selbst und in der ihn prägenden und von ihm mitgetragenen Gesellschaft im unklaren gelassen worden. Hat er sich dennoch auf das neue Leben eingelassen, so hat er das getan, weil ihm durch die Auferstehung Jesu Christi, durch die Auferstehung des neuen Lebens die Hoffnung erweckt wurde, daß dem neuen Leben eine Möglichkeit innewohnt, die dem alten Leben nicht gegeben ist, nämlich sogar gegen tödliche Widerlegung neu zu erwachen und am Ende sich durchzusetzen. Ihm ist das neue Leben nicht nur als eine Idee, als eine Sehnsucht, als ein *Bloch*scher Tagtraum begegnet, sondern als ein Subjekt, ein Herr, der der siegreichen Welt gewachsen ist, gerade in seinen Niederlagen gewachsen ist. Wer sich auf das neue Leben einläßt, wird durch die konkrete Botschaft von ihm, die nicht die Botschaft von einer Idee ist, sondern die Botschaft von diesem Subjekt und seiner Geschichte, die eine Geschichte von Tod und Leben, von tödlicher Niederlage und aus dieser Niederlage erwecktem Leben ist, daran erinnert, daß er im neuen Leben nur durch den Bund mit diesem Subjekt existieren kann, und daß auch an seinem Weg die Ohnmacht ebenso wie die dem Tod gewachsene Kraft seines Verbündeten sichtbar werden wird. Kurz: unsere eigene Lebensgeschichte wie die Kirchengeschichte stellt uns vor nichts Geringeres als vor die *Glaubens*frage, was wir dem Subjekt, das uns über sich nicht im unklaren gelassen hat, zutrauen. »Siehe, ich habe es euch zuvor gesagt« (Mt 24,25). Dieses Zutrauen allein gibt die Möglichkeit, trotz jenes Fazits unverzagt wieder neu anzufangen, den Ursprung als gegenwärtige Wirklichkeit trotz seiner Diskreditierung durch den bisherigen Verlauf des Stromes heute neu als meine je neue Möglichkeit ernst zu nehmen.

Darum ist die Kirchengeschichte ebenso wie die individuelle christliche Lebensgeschichte über jenes Fazit hinaus auch eine Geschichte von immer neuen Anfängen. In immer neuen Aufbrüchen von Einzelnen und Gruppen wurde und wird der Ursprung virulent, sprengt die vorhandenen häretischen Begrenzungen und schafft das Ereignis des neuen Lebens, und wenn auch dies immer wieder Begrenzungen aufweist durch die individuellen und gesellschaftlichen Rahmenbedingungen des alten Äons, so ist das doch jedesmal ein Zeichen, das das Zutrauen zum Ursprung bestätigt. Die Kette dieser Zeichen ist die eigentliche, die Glaubensgeschichte der Kirche.

Nehmen wir sie – und durch sie veranlaßt das Subjektsein des Ursprungs – ernst, dann nehmen wir endlich auch ernst, daß Kirche ein *Ereignis* ist, und zwar ein Ereignis, das nicht wir bewerkstelligen können, sondern das durch das Ursprungssubjekt, d. h. den unser altes Leben angreifenden Retter selbst bewirkt wird. Wir können es nicht von uns aus herbeizaubern, durch unsere Planung und Organisation realisieren, auch nicht dadurch tradieren und am Leben erhalten. »Der Wind bläst, wo er will« (Joh 3,8). Unser Organisieren kann dem Ereigniswerden von Kirche dienen, nicht mehr, d. h. es kann dazu beitragen, daß die Botschaft laut wird, durch die es je und je – ubi et quando visum est Deo (wo und wann es Gott gefällt) (Confessio Augustana, art. 5) – zum Ereignis »Kirche« kommt, und daß innerhalb dieses Ereignisses das Gemeinschaftsleben eine Ordnung bekommt, die dem neuen Leben entspricht und dieses ausdrückt, nicht aber das alte Leben.

Die Folge davon ist, daß wir, wenn wir von Kirche sprechen, nicht auf unsere Organisationen blicken dürfen, nicht auf *die* Kirchengeschichte, sondern auf diese Ereignisse sowohl am Anfang wie auch immer wieder im Verlauf der Kirchengeschichte. Die Kirchenorganisationen aber, die wir gewöhnlich – viel zu freigebig! – mit dem Wort »Kirche« bezeichnen, sind im besten Fall unsere Dienstversuche für das uns verheißene Ereignis »Kirche«, häufig genug unsere Versuche, dieses Ereignis zu verhindern oder es mindestens so zu kanalisieren, daß es sich einfügt in den Strom des alten Lebens, in dem wir mitschwimmen. Zu unserem immer neuen Anfang gehört wesentlich auch der immer neue Versuch, die Kirchenorganisation aus einem Hindernis zu einem dienlichen Instrument für das Ereignis »Kirche« zu machen, verwendungsfähig für den, der allein uns zur Kirche machen kann.

Literaturhinweise:

Martin *Fischer*, Überlegungen zu Wort und Weg der Kirche. 1963.
Karl *Kupisch*, Kirchengeschichte I–IV (Urban-Taschenbücher, 168–171). 1973–1975.
Francois *Houtart* / André *Rousseau*, Ist die Kirche eine antirevolutionäre Kraft? 1973.
Dietrich *Schellong*, Bürgertum und christliche Religion. (ThExh 187). 1975.
Jürgen *Moltmann*, Kirche in der Kraft des Heiligen Geistes. Ein Beitrag zur messianischen Ekklesiologie. 1975.

VII. Christentum und Judentum

Judentum und Christentum scheinen zwei verschiedene Religionen zu sein. Nimmt man aber das Neue Testament ernst, so gehören Kirche und Israel zusammen als zwei verschiedenartige Gottesgemeinden, zusammengeschlossen durch den Juden Jesus von Nazareth. Entgegen der antijudaistischen Tradition in den christlichen Kirchen ist heute die Erkenntnis dieser Zusammengehörigkeit und ihrer Bedeutung eine zentrale theologische Aufgabe.

Wer vom Christentum spricht, muß unvermeidlich auch vom Judentum sprechen, und unvermeidlich wird die Art, wie er vom Judentum und vom Zusammenhang zwischen Christentum und Judentum spricht, charakterisieren, wie er die christliche Botschaft versteht. Das gilt nicht nur fürs Moralische – obwohl freilich in dieser Hinsicht das Moralische nie etwas war, was sich von selbst verstand. Das polemische Verhältnis zwischen Christen und Juden entstand schon sehr früh, fand in einigen heftigen Äußerungen des Neuen Testamentes über die Juden, die sich dann in der Geschichte der Kirche verhängnisvoll weiter vererbten, seinen Niederschlag und schaffte dann das erste und Jahrhunderte lang einzige Minoritätenproblem für die christianisierten Völker Europas, die an dieser jüdischen Minderheit in ihrer Mitte Toleranz üben oder, wie häufiger geschehen, ihre Intoleranz austoben konnten. Daß man sie – im Unterschied zu sonstigen Andersgläubigen, die nicht geduldet wurden – leben ließ, und daß man ihnen Pogrome bereitete, kam aus dem gleichen Geiste der Hybris und der Verachtung: Man ließ sie leben als die Zeugen der Passion Jesu Christi, dem Fluche Gottes ausgespart und anheimgestellt (manchmal, aber selten, schwang bei dieser Lebensbewilligung auch die Hoffnung von Röm 11,26 noch mit) – oder man hielt sich selbst dazu berufen, Gottes Fluch an ihnen zu exekutieren. Gerade bei *diesem* Minderheitenproblem aber hängt das Moralische und das Theologische eng zusammen, entweder so, daß theologische Argumente der antijüdischen Animosität zum Vorwand dienen mußten, oder so, daß sie diese erst hervorriefen, und gerade die letztere Möglichkeit belädt christliche Aussagen über das Judentum, erst recht nach dieser schrecklichen Geschichte, mit besonderer Verantwortung.

Das ist der Grund, weshalb nach 1945 die hybride Art, über das Judentum zu reden, die so lange in der christlichen Theologie und über sie hinaus nicht nur in den Völkern, sondern auch bei deren hervorragenden Denkern verbreitet gewesen war, fast verschwunden ist. Zu groß war das Entsetzen über den Holocaust, und zu nahe lag das – mindestens dunkle – Empfinden der eigenen Mitschuld, als daß man unangefochten hätte weiterreden können wie bisher. Einer Minderheit in der christlichen Theologie ist darüber hinaus deutlich geworden, daß es mit einer noch so aufrichtigen Abschwörung des Antisemitismus nicht getan ist, daß vielmehr die antijüdischen Traditionen christlicher Theologie und Frömmigkeit, die diesem nur bei christianisierten Völkern zu findenden modernen Antisemitismus den Weg bereitet haben, gründlich überprüft werden müssen. Es muß gefragt werden, ob wirklich negative Urteile über das Judentum wesentlich sind für den christlichen Glauben, ob also der Gegensatz der beiden Religionen so unaufhebbar ist, wie es von beiden Seiten her immer wieder behauptet worden ist. Mit dieser Überprüfung sind wir heute lange noch nicht zu Ende; wer sich damit beschäftigt, tastet sich in Neuland vor, das neue Überraschungen bereitet und bisherige Überzeugungen in Frage stellt. Denn wesentlich gehört dazu, daß wir diese Überprüfung nicht allein anstellen, im christlichen Monolog, sondern zusammen mit den Juden, also in christlich-jüdischem Dialog. Dabei haben wir in der bisherigen neuen Geschichte dieses Dialogs, also der seit 1945, schon erfahren, was nach Martin *Bubers* Dialogik zu den Merkmalen eines echten Gespräches gehört: Beide Partner müssen alle Erwägungen immer gemeinsam anstellen; keiner darf dem anderen sein Urteil und keiner darf sich das Urteil des anderen ersparen; keiner darf den Dialog programmieren, jeder muß sich vielmehr seinen Überraschungen aussetzen, und jeder muß bereit sein, am Ende verändert aus ihm hervorzugehen.

Wieso muß vom Judentum sprechen, wer vom Christentum spricht? Die Quelle ist jüdisch – daran besteht kein Zweifel. Ist die Quelle, wie wir gesehen haben, ständig die große kritische Frage an den Strom, dann betrifft die Art, wie christliche Theologie vom Judentum spricht, das Verhältnis des Stroms zur Quelle, und dies gibt dem Thema eine so zentrale Bedeutung.

Daß die Quelle jüdisch ist, ist zunächst eine historische Unbestreitbarkeit: Jesus von Nazareth war ein Jude. Die ersten nachösterlichen Gemeinden samt ihren Missionaren samt (entweder allen oder fast allen) Autoren des Neuen Testamentes waren Juden. Und: die Heilige Schrift der Juden, die Hebräische Bibel, wurde von der christlichen Kirche als erster Teil ihres Kanons übernommen, und zwar in sehr bewußter Weise, nämlich in Ablehnung des Vorschlags von *Marcion*[1], die Evangelien und die apostolischen Schriften als allein kanonisch für die christliche Kirche von aller Bezugnahme auf das Alte Testament zu säubern.

In ihrem ersten Stadium war die christliche Kirche eine jüdische Sekte. Das hätte so bleiben können, wenn eine Trennung nicht durch zwei Momente erzwungen worden wäre: daß die österliche Christusbotschaft »An Alle« ergeht, und daß damit der »Zaun« zwischen Juden und Nicht-Juden weggetan ist (Eph 2,14), so daß nun auch die Völker Zutritt haben zum Bunde Gottes mit Israel. Das ist im Urchristentum rasch erkannt worden (ob die Völkermission schon in der Perspekti-

---

[1] Marcion – frühchristlicher, von der Kirche abgelehnter Gnostiker (Mitte des 2. Jahrhunderts n. Chr.); vgl. auch Kap. V.

ve des historischen Jesus lag, ist umstritten); der Erfolg der
urchristlichen Mission in der Mittelmeerwelt und die Durchsetzung der paulinischen Auffassung, daß die Nicht-Juden,
wenn sie Christen werden, nicht dem mosaischen Gesetz zu
unterwerfen seien, führte das Christentum rasch über seine
Beschränkung auf das Judentum hinaus. Das wurde beschleu-
nigt durch die rasch sich versteifende Ablehnung der neuen
Gruppe von seiten der jüdischen Mehrheit, die schließlich zu
ihrer Exkommunizierung (im 18-Bitten-Gebet[2]) führte. Damit
war der Ausbreitung des Christus-Glaubens im Judentum ein
erster Riegel vorgeschoben, zu dem als zweiter Riegel dann die
Verfolgung der Juden durch die Christen hinzukam.

Das Ergebnis war: Es entstand *nicht* die Kirche aus Juden
und Heiden, wie *Paulus* sie gesehen hatte, sondern die Verwandlung der Kirche in eine heidenchristliche (in der bis heute
die wenigen Judenchristen nur die symbolische Funktion der
Erinnerung an die ursprüngliche Konstitution der Kirche als
einer Gemeinde aus Juden und den Völkern haben), und es
vollzog sich das Schisma zwischen der Kirche und Israel. Dies
war eine entscheidende neue Bestimmung für den Lauf des
Stromes der christlichen Kirche; ihr kam später eine ebenso
folgenschwere hinzu, als die christlichen Kirchen in Kleinasien
und Nordafrika durch den Ansturm des Islam vernichtet wurden und die heidenchristlich gewordene Kirche dadurch nun
auch eine Kirche der weißen Rasse wurde. Wegen der Gebundenheit an die Quelle aber konnte die Beziehung zum Judentum nicht abgestoßen und das Christentum nicht gänzlich als
neue Religion etabliert werden. Es blieb Tochterreligion des
Judentums (mehr noch als die zweite Tochterreligion, der

---

[2] In dieses Gebet, das Schmone-Esre, das der fromme Jude dreimal täglich
beten sollte, wurde gegen Ende des ersten nachchristlichen Jahrhunderts die
sog. Birkath ha-minim eingefügt: »Die Nosrim (Nazaräer = Judenchristen)
und Minim (Häretiker, Abrünnige) mögen schnell zugrundegehen«. – Vgl.
Jakob Jodz, The Jewish People and Jesus Christ. Study in the controversy
between Church and Synagogue, London 1954, 51–57.

Islam), und das hat der Kirche und der Theologie immer viel zu schaffen gemacht; das erklärt auch die christliche Reizbarkeit gegenüber dem Judentum, die den Juden, die den christianisierten Völkern ausgeliefert waren, so große Verhängnisse brachte.

Die Schwierigkeiten zeigten sich am Verhältnis zum Alten Testament und am Verhältnis zum geschichtlichen Jesus, der doch als geschichtliche Person und nicht etwa als mythische Idee das Zentralereignis ist, von dem die christliche Botschaft spricht. Er ist nicht nur ein wirklicher Jude gewesen, der nirgend anderswo als im Glauben Israels beheimatet war, der sich im Dienste keines anderen Gottes als des Gottes Abrahams, Isaaks und Jakobs und nur »zu den verlornen Schafen des Hauses Israel« gesandt wußte (Mt 15,24). Auch die Bedeutung seines Kommens und seines Sterbens und Auferstehens hat die urchristliche Gemeinde nie anders als mit Hilfe des Alten Testamentes und als Tat des Gottes Israels – und zwar die seine eigenen Verheißungen erfüllende Tat – auslegen können.

Friedrich *Nietzsche* hat dies nun aber »jenes unerhörte Possenspiel um das Alte Testament« genannt, das das Christentum »aufgeführt hat«; »ich meine den Versuch, das Alte Testament den Juden unter dem Leibe wegzuziehen, mit der Behauptung, es enthalte nichts als christliche Lehren, und gehöre den Christen als dem wahren Israel«[3] (Nietzsche spielt hierbei auf die Erzählung von der Wette zwischen Zundelfrieder und Zundelheiner in Johann Peter *Hebels* »Schatzkästlein« an). Tatsächlich war dies eine durchgehende Tendenz in der heidenchristlichen Kirche; schon im Barnabasbrief tritt sie klar heraus: die Juden haben das Gotteswort wegen ihrer Ablehnung Jesu entweder verloren oder nie richtig besessen; jetzt jedenfalls gehört es uns Christen. Ebenso haben die Juden die Erwählung, die Verheißung und damit ihre heilsgeschichtliche Bedeutung verloren; ihr Gottesbund war immer nur vorläufig,

---

[3] F. Nietzsche, Werke. Ed. Schlechta, München 1965, I, 1068.

Hinweis auf den neuen Gottesbund, in dem wir Christen jetzt stehen als das »neue Israel«, das neue und wahre Gottesvolk. Für diese These von der Enterbung Israels, die man für unentbehrlich für das Selbstverständnis der Kirche gehalten hat und vielfach heute noch hält, gibt es zwei Versionen, eine brutalere und eine humanere: Die erstere sieht die Juden wegen der Tötung Jesu und der bis heute andauernden Ablehnung der Christusbotschaft ausgestoßen aus dem Gottesbunde, dem Fluche des Zornes Gottes preisgegeben; die zweite, modernere behauptet nur – etwa als angebliche Meinung des *Paulus* –, durch die Erscheinung Jesu Christi sei die heilsgeschichtliche Rolle Israels ausgespielt und das jüdische Volk zu einem Volk wie alle anderen »profaniert« und »degradiert« worden.

Für die Rolle des AT in der Kirche bedeutete das:

1. *Entweder* wurde seine Unterordnung unter das Neue Testament betont; es verhält sich zu ihm wie Schatten zum Licht (Hebräerbrief); es ist eine Vorstufe der Christus-Offenbarung, mit deren Kommen antiquiert; sein Inhalt ist im wesentlichen Gesetz, durchs Evangelium aufgehoben, und was an ihm für Christen weiterhin bedeutungsvoll ist, ist durch eine Auslegung vom Neuen Testamente her zu eruieren.

2. *Oder* man ließ ihm den eigentlichen kanonischen Rang und harmonisierte die beiden Testamente durch allegorische Auslegung und durch Eintragung christlicher Inhalte. Politisch wirksam ist diese, auch in den westlichen christlichen Konfessionen heute noch weit verbreitete Einstellung besonders in den orientalischen Kirchen der arabischen Länder, wo die Übertragung der Verheißungen Israels auf die Kirche und die spiritualisierende Auslegung des Alten Testamentes zur Bestreitung jeder Legitimation der jüdischen Berufung auf die Hebräische Bibel und des jüdischen Erwählungsbewußtseins und damit auch der jüdischen Behauptung der Zusammengehörigkeit von Volk und Land führt, mit entsprechender Einstellung gegen den Staat Israel, die damit theologisch legitimiert wird.

3. Man konnte auch die gänzliche Loslösung vom Alten Testament proklamieren. Dies ist nicht erst bei den »Deutschen Christen« der Nazizeit geschehen, sondern schon im Neuprotestantismus bei Schleiermacher und Harnack. *Schleiermacher* stellt in der Einleitung zu seiner Glaubenslehre folgenden (12.) Lehrsatz auf:

> »Das Christentum steht zwar in einem besonderen geschichtlichen Zusammenhange mit dem Judentum; was aber sein geschichtliches Dasein und seine Abzweckung betrifft, so verhält es sich zu Judentum und Heidentum gleich.«

In seinem Gefolge schrieb Adolf *v. Harnack* 1921 in seinem Marcion-Buch die Sätze:

> »Das Alte Testament im 2. Jahrhundert zu verwerfen, war ein Fehler, den die große Kirche mit Recht abgelehnt hat; es im 16. Jahrhundert beizubehalten, war ein Schicksal, dem sich die Reformation noch nicht zu entziehen vermochte; es aber seit dem 19. Jahrhundert als kanonische Urkunde im Protestantismus noch zu konservieren, ist die Folge einer religiösen und kirchlichen Lähmung.«[4]

Damit wird das Christentum grundsätzlich als neue Religion, in sich selbständig und sich selbst genügend, etabliert, offen für alle, von allen gleich weit entfernt und allen gleich nahe, nur aus historischer Zufälligkeit den Juden näher, woraus aber nicht auf eine sachliche Nähe geschlossen werden darf. Deshalb kann – so folgerte man bei den »Deutschen Christen« aus dieser These – die religiöse Tradition eines jeden Volkes für dieses Volk zu seinem »Alten Testament« werden, zur Vorstufe für seine Christianisierung, also etwa die Edda zu unserem Alten Testament. Dabei ist bezeichnend, daß *Schleiermacher* an jener Stelle nur vom Alten Testamente spricht, nicht von Jesus; ohnehin ersetzt er gern den Namen Jesus durch den in der christlichen Tradition ebenfalls zum Namen gewordenen Christus-Titel Jesu, der für Schleiermacher den Erlöser als Zentrum der christlichen Gemeinschaft bezeichnet. Wir sehen daran, wie eng die Frage nach dem Verhältnis von Christentum und Judentum zusammenhängt mit einer Zentralfrage der neuzeitli-

---

[4] A. v. Harnack, Marcion. Das Evangelium vom fremden Gott. Leipzig 1920, 217. Unveränderter fotomech. Neudruck, Darmstadt 1960.

chen Theologie, mit der Frage nach dem Verhältnis zwischen dem geschichtlichen Jesus und dem Christus der christlichen Botschaft.

Nachdem wir so das Problem als ein Problem der christlichen Tradition skizziert haben, fragen wir nach dem Phänomen *Israel*, und danach, ob – und wenn ja, inwiefern – es mit der christlichen Botschaft nicht nur historisch-zufällig, sondern essentiell verbunden ist. Man hat in der christlichen Theologie, um sich die Sache zu erleichtern, zwischen Israel und dem Judentum nach dem Ende des jüdischen Staates (durch die beiden Katastrophen der Zerstörung Jerusalems im Jahre 70 n. Chr. und der Niederschlagung des letzten großen Aufstandes des Bar-Kochba 135 n. Chr.) einen grundsätzlichen Unterschied zu machen versucht, auch dies immer noch eine Folge der Enterbungsthese: gegenüber Israel handele es sich beim Judentum um ein neues, anderes Volk. Wir werden nicht versuchen, damit zu operieren. Im heutigen Judentum haben wir Israel vor uns; mit der Zerstreuung in die Diaspora nach dem Ende seines Staates hat das jüdische Volk nicht zu bestehen aufgehört, sondern sich mit einer unvergleichlichen Zähigkeit durch die Jahrhunderte hindurch erhalten, obwohl ihm die üblichen Attribute eines Volkes – gemeinsamer Siedlungsraum, gemeinsamer Staat und gemeinsame Sprache – teils ganz, teils fast ganz abhandenkamen. Wir werden auch nicht den billigeren Ausweg einschlagen dürfen, das Judentum nur als eine Religionsgemeinschaft zu verstehen, sondern wir sollen für unsere weiteren Überlegungen das jüdische Selbstverständnis ernstnehmen, das auf der unlöslichen Zusammengehörigkeit von Volk und Religion (und – als dritte Komponente – auch dem Lande!) besteht; nur dann werden wir das wirkliche Problem zu Gesicht bekommen, und nur dann ist auch christlich-jüdischer Dialog möglich; nie dagegen dann, wenn wir, wie oft geschehen, als Nicht-Juden besser wissen wollen, was Juden sind als die Juden selbst.

Dieses Judentum versteht sich als Volk in Identität und

Kontinuität zu dem Israel des Alten Testamentes und eben dadurch wird es in eigentlicher Weise zum Thema christlicher Theologie. Wenn wir den abenteuerlichen Versuch unterlassen, das Neue Testament vom Alten Testament abzulösen und das Christentum als neue Religion zu verstehen, damit auch den Gott des christlichen Glaubens in Marcionitischer Weise als einen andern Gott, abgetrennt, ja gegensätzlich zum Gott Israels, dann müssen wir zur Kenntnis nehmen: Biblisch beginnt, vom Neuen Testament bejaht, Gottes Rettungswerk an seiner sich selbst zerstörenden Menschheit mit einer Berufung, mit der Berufung Abrahams, und zwar nicht Abrahams als eines Individuums; in Abraham wird vielmehr sein Same berufen und mit seinem ihm verheißenen Samen, mit dem Volke Israel der Bund geschlossen. Gottes Rettungswerk beginnt also mit der Stiftung einer menschlichen Gruppe, und zwar nicht einer Gesinnungsgemeinschaft, sondern einer Abstammungsgemeinschaft, eines Clans. Ein alter Spruch lautet: Christianus fit, Judaeus nascitur (Christ wird man, als Jude wird man geboren).

Damit beginnt schon eine erste Schwierigkeit für uns Heutige: Dies scheint uns in archaische Zeiten und Vorstellungen zurückzuführen. Die Bedeutung der Abstammung tritt für den modernen Menschen mehr und mehr zurück durch seine Mobilität in der Gesellschaft, durch die Kleinfamilie, die kaum eine Erinnerung mehr an ihre Vorfahren hat, durch wachsenden Vorrang internationalen Denkens vor dem nationalen, durch zunehmendes Verschwinden der Vorbehalte gegen Rassenmischung. Der Nazi-Rassismus erscheint dem gegenüber als ein letzter und gescheiterter Versuch, die Bedeutung der Abstammung wiederzugewinnen (eben dies ermöglicht heute die demagogische und infame Parallelisierung von Zionismus und Nazismus!). In frühen Zeiten der Menschheit war die Abstammung eine wesentliche Kategorie zur Ordnung der Gesellschaft, ethnisch zwischen den Völkern und feudal innerhalb des Volkes. Der einzelne wurde nicht als isoliertes Individuum

gedacht, sondern als hervorgegangen und rückbezogen auf das
sein Einzelleben ermöglichende Kollektiv, und dies wiederum
als eine durch die Zeiten währende Einheit von Ahnen, Gegenwärtigen und Enkeln. Natürlich hing das auch mit der Stabilität
der Produktionsweise zusammen, die sich mit wenig Änderungen überlieferte, samt ihren Produktionsmitteln, Lebensweisen
und Rechtsformen.

Aus diesen früheren Zeiten ragen in die unsrige wie ein Fossil
die Juden als der – neben den Zigeunern – zäheste Abstammungszusammenhang. Trotz der Möglichkeit des Wegsickerns
einzelner Individuen durch die Assimilation und des Eintretens
neuer Individuen durch religiöse Konversion, für welch letztere das Judentum immer offen war, und die dann freilich sofort
die Integrierung in den Abstammungszusammenhang zur
Folge hat, versteht sich das Judentum im Kern als eine Abstammungsgemeinschaft: wer eine jüdische Mutter hat, ist ein Jude.
Dabei ist freilich sehr wichtig, daß die Abstammungsklammer
nicht als einzige das Judentum zusammenhält; an den Streitig-
keiten im Staate Israel, ob auch ein Christ oder ein Moslem mit
einer jüdischen Mutter als Jude anzusehen sei, wird das deutlich. Die gemeinsame Beziehung auf den Gott Israels und die
von ihm gegebene Lebensweisung, die Thora, und die daraus
gebildete Lebensweise der Halacha ist, auch wenn viele Juden
sich von ihr ganz oder teilweise emanzipieren, die andere
Klammer, die das Judentum zusammenhält, und zu ihr tritt
schließlich noch eine dritte, eine äußere: der Antisemitismus,
der auch sehr assimilierte Juden bei ihrem Jude-Sein behaftet
und ins Judentum zurückstößt, und der ein negatives Symptom
des Mysterium Judaicum ist. Grundsätzlich geht, wie die Möglichkeit der Konversion zum Judentum zeigt, die Konstitution
Israels durch den Gottesbund seiner Konstitution durch die
Abstammungsgemeinschaft voran; dies ist schon bei der Entstehung Israels, bei dem Zusammenschluß von rassisch vermut-
lich ziemlich verschiedenen Stämmen zum Sinai-Bunde der
Fall, und dies wirkt sich weiterhin geschichtlich aus. Sollte an

der These von Arthur *Koestler*[5], daß ein Großteil des ashkenasischen Ostjudentums Nachkommen des im 10. Jahrhundert n. Chr. zum Judentum übergetretenen Chasaren-Volkes seien, etwas Wahres sein, so wäre dies ein Exempel für die Integrationskraft, mit der die Religion nicht nur immer wieder viele einzelne, sondern in diesem Falle ein ganzes Volk in die Abstammungsgemeinschaft einverleiben konnte.

Wenn wir nun beim Rückgang auf die Quelle des christlichen Glaubens auf dieses eigenartige Volk stoßen, so kann uns das nicht gleichgültig sein. Zunächst sehen wir daraus schon zweierlei:

1. Gottes Rettungswerk beginnt mit der Schaffung einer menschlichen Gesellschaft, und zwar mit der Stiftung eines Volkes, also nicht mit der Offenbarung neuer Ideen, auch nicht mit der Gabe eines prophetischen Buches wie etwa des Koran. Das Judentum ist primär das jüdische Volk, die jüdischen Menschen in ihrer Zusammengehörigkeit als Volk, zum Volk integriert durch den Gottesbund und für diesen von vornherein beschlagnahmt.

2. Dieses nicht nur, aber auch durch die Abstammungsgemeinschaft charakterisierte Kollektiv ist der Anfang des neuen Wirkens Gottes inmitten seiner sich verderbenden alten Menschheit *sowohl* durch seine bloße Existenz durch die Geschichte hindurch, auch als »blinder und tauber Zeuge« (Jes 43!), *wie auch* durch seinen Gottesglauben, *wie auch* durch die Art seines Gemeinschaftslebens. Das weist darauf hin: Die Erneuerung soll durch reales, neues Gemeinschaftsleben geschehen, nicht nur durch Veränderung in den Ideen und nicht nur durch Veränderung von Individuen.

Hat die Kirche ihre Quelle in Israel, so darf daraus gefolgert werden:

1. Auch sie ist nicht nur als Gesinnungsgemeinschaft, erst

---

[5] A. Koestler, Der dreizehnte Stamm. Das Reich der Khasaren und sein Erbe, München 1977.

recht nicht nur als eine »unsichtbare Kirche« von zerstreuten Menschen gleichen Glaubens gemeint, sondern als eine reale Lebensgemeinschaft.

2. Sie gehört in irgendeiner noch näher zu klärenden Weise zusammen mit der von dem gleichen Gott, den sie bekennt, vor ihr geschaffenen realen Menschengemeinschaft, der Abrahamitischen Abstammungsgemeinschaft, dem Volke Israel. Dies ist für manchen deswegen zu schwer zu fassen, weil sich daran zeigt, wie eng christlicher Glaube mit »zufälligen Geschichtstatsachen« (Lessing) verbunden ist, und wie schwer er sich allgemein einsehbar machen läßt, ganz anders als ein aus jedem Menschen plausiblen Prinzipien deduzierter Komplex von Ideen. Der unlösliche Zusammenhang mit Israel und mit dem Juden Jesus von Nazareth, mit solchen kontingenten Geschichtstatsachen, erinnert uns immer neu daran, daß es im christlichen Glauben primär nicht um die Zustimmung zu bestimmten Lehren sich handelt, sondern um die Dankbarkeit für konkrete Ereignisse in der Geschichte, die uns als Gottes eingreifendes Handeln erkennbar gemacht werden.

Das Neue Testament drückt dies mit der Wendung aus: »Da es Gott gefallen hat« (Gal 1, 15; Eph 1,5). Das bedeutet: Auf bestimmte Geschichtstatsachen ist eine Wahl gefallen; Menschen werden mit einer Bestimmung versehen, und die werden sie nicht los, die bestimmt ihr Leben und ihre Geschichte, die gibt ihnen eine Sendung. Die Propheten wie Paulus wissen sich »von Mutterleib an erwählt« (Jer 1,5; Gal 1,15), und das gleiche wollen die Geburtsgeschichten des Neuen Testamentes für Jesus aussagen. Das widerspricht unserer modernen Auffassung von der subjektiven Autonomie, vom Selbstbestimmungsrecht des Individuums. Wir wählen uns selbst, wofür wir leben wollen. Dieses unser Freiheitsbewußtsein wird – sofort muß das betont werden, um nicht in eine falsche Antithese zu geraten – durch den biblischen Begriff der Erwählung nicht einfach negiert, aber freilich umklammert. Die Erwählung verfügt über uns, ähnlich wie unsere Geburt, unserer Freiheit vorgehend, über uns verfügt und in mannigfacher Weise den Rahmen unserer Möglichkeiten vorbestimmt. Diese Verfügung und Bestimmung ist aber nicht Ausschaltung unserer Subjektivität, wie etwa die Bestimmung eines Materials und seine Gestaltung zum Werkzeug; sie ist nicht Versklavung eines Menschen zum instrumentum animatum (beseeltem Instrument), wie die Römer ihre Sklaven bezeichneten. Vielmehr ist die Erwählung zum Gottgesandten, Gotteszeugen die Wiederholung der ursprünglichen Bestimmung des Menschen, die mit seinem Wesen identisch ist und also ihn nicht seinem Wesen entfremdet, sondern dieses aktualisiert: Der Mensch ist geschaffen zum Mitarbeiter Gottes in der Schöpfung, und soweit er das ist, erfüllt er den Sinn seiner Existenz. Israel ist berufen, in der ihren Sinn verfehlenden Menschheit neuer Anfang menschlicher Sinnerfüllung, echter Menschlichkeit zu sein. Diese Besinnung wird nicht zwanghaft, nicht mechanisch aufgenötigt; sie begegnet den betreffenden Menschen als Ruf und Einladung ihres Schöpfers, auf die sie mit ihrer ihnen als Menschen gegebenen Freiheit antworten. Ich antworte der Wahl, die mich zum Menschen, nicht zum Tier hat werden lassen, mit meiner Wahl, mit der ich mich wähle, mit der ich meine Bestimmung wähle, Mensch für Gott und für die Mitmenschen zu sein und nicht Raubtier gegen Gott und gegen die Mitmenschen. Weil wir uns in verirrter Menschheit befinden, darum gibt es *besondere* Wahl Gottes zu *besonderer* Sendung im Zusammenhang seines Rettungswerkes, immer aber gerichtet auf das Wohl und Heil aller.

Erwählung ist also alles andere als anmaßliche Selbsterhöhung eines Menschen oder einer Menschengruppe über die Übrigen. Freilich ist solcher Mißbrauch auch der echten Erwählung möglich; denn erwählt werden Sünder! Die christliche Hybris, von der wir gesprochen haben, ist eine besonders verhängnisvolle Form dieses Mißbrauchs; innerhalb der Christentumsgeschichte haben immer wieder einzelne christianisierte Völker zu ihrer Selbsterhöhung sich als die Nachfahren

des erwählten Israel verstanden. Innerhalb Israels selbst mußten die Propheten immer wieder gegen solch hybrides Selbstverständnis kämpfen. Was Erwählung wirklich meint, ist ein
für allemal durch die Erwählung des Menschen Jesus dargestellt: Er ist erwählt, nicht um zu richten, sondern um zu
retten, und dies dadurch, daß er sein Leben gibt zur Befreiung
für die anderen. Erwählung ist also nie Selbstzweck, nie Erhö-
hung des Erwählten über die anderen, sondern im Gegenteil
Unterstellung unter die anderen. Erwählung zielt nicht auf den
Erwählten, sondern auf die Nichterwählten, denen durch den
Erwählten geholfen werden soll. In diesem Sinne weiß sich die
christliche Gemeinde durch ihre Zugehörigkeit zu Jesus Christus mit ihrem Herrn miterwählt, und als solche erwählte
Gemeinde muß sie zur Kenntnis nehmen, daß zeitlich vor ihr
und vor Jesus schon das besondere Wählen Gottes zur Rettung
seiner Menschheit begonnen hat in der Erwählung Abrahams
und Israels. Jesus schafft nicht erst seine Gemeinde, sondern
kommt in seine ihm schon zubereitete Gemeinde: Nur als der
»König der Juden« ist er »das Haupt seines Leibes«, der
Gemeinde, und so und nicht anders das Heil der Welt. Die
christliche Gemeinde ist also eine Hinzufügung zur schon
bestehenden Gemeinde Jesu, zur Gottesgemeinde Israel. Der
Zaun ist weg (Eph 2,14ff). Die Hinzugefügten aus den Völkern
sind wieder ein besonderer Kreis. Die Hinzufügung und das
Abtun des Zaunes hebt die Besonderheit Israels nicht auf. Die
aus den Völkern werden als einzelne berufen (Christianus fit!),
und sie bilden zusammen mit den aus Israel zum Christusglau-
ben Berufenen eine soziologisch andere, durch die Taufe
des einzelnen konstituierte Gemeinschaft neben der Abstammungsgemeinschaft Israel (Judaeus nascitur!). Die
Kirche ist kein Volk der Abstammungsgemeinschaft, sondern
das »Volk aus aller Welt Zungen«, wie es in Luthers Pfingst-
lied heißt.

Es war aber ein falscher Schluß, der in der Kirche aus diesem
Unterschied gezogen worden ist, daß damit die Kirche an die

Stelle des alten Gottesvolkes treten solle. Mit einem entsetzten
»Das ist schrecklich!« (Mä genoito!) wehrt *Paulus* (Röm 11,1)
einen solchen Gedankengang ab; so nämlich reagiert er auf die
von ihm aus dem Indikativ des Ps 94,14 (»Der Herr hat sein
Volk nicht verstoßen noch sein Erbe verlassen«) umformulierte
Frage: »Hat etwa der Herr sein Volk verstoßen?« Sein hände-
ringendes Entsetzen über eine solche Frage beweist, daß eine
Kündigung des Gottesbundes mit Israel für ihn außerhalb aller
Erwägung lag. Was folgt daraus?

Für *Paulus* gibt es post Christum also zwei Gottesgemeinden
nebeneinander, die Gottesgemeinde Israel und die Gottesgemeinde Kirche. Diese beiden Kreise überschneiden sich in den
Judenchristen: denn sie gehören zu beiden Gottesgemeinden.
Seine Hoffnung ist, daß eines Tages, – dann nämlich, wenn die
»Fülle der Völker« Eingang in den Bereich des Glaubens
gefunden hat, und wenn Jesus Christus selber durch sein
Erscheinen sich als der beweist, der er ist – »ganz Israel« in das
Christus-Bekenntnis der Kirche einstimmen wird (Röm
11,25f). Der jetzige Kampf des Paulus geht darum, daß Heidenchristen nicht Juden werden und nicht nach dem jüdischen
Gesetz leben müssen (womit er sich nach Apg 15 auch bei den
anderen Aposteln in Jerusalem durchgesetzt hat), nicht aber
darum, daß Juden aufhören Juden zu sein, und daß das jüdische Volk aufhört, nach dem ihm gegebenen Gesetz zu leben.
Das jüdische Volk verliert also durch das Evangelium von Jesus
Christus weder sein Dasein noch seine Bestimmung, als *Volk*
unter den Völkern in der Weise des Volkes Zeuge Gottes zu
sein.

Was bedeutet dieses merkwürdige Nebeneinander, das partiell schon ein Ineinander ist?

1. Die Gottesoffenbarung an Israel und die an Israel wie an alle
Völker gerichtete Offenbarung Gottes in Jesus können weder
von Israel noch von der Kirche für sich allein beansprucht
werden; weder Israel noch die Kirche können aber auch eine

von diesen beiden Offenbarungen als nicht davon betroffen der anderen Seite zuschieben. Denn:

a) Das Jesusereignis greift die Juden ebenso an wie die Völker, ja primär die Juden; es ist primär ein innerjüdisches Ereignis: »Gelobt sei der Herr, der Gott Israels; denn er hat besucht und befreit sein Volk!« (Luk 1,68). Jesus ist zuerst zu der ihm schon bereiteten Gemeinde Israel gekommen; den Juden zuerst (Röm 1,16) gilt das Evangelium, nicht damit sie dann zu einer anderen, zu einer neuen Religion übertreten, sondern damit ein jeder von ihnen als ein »echter Israelit, in welchem kein Falsch ist« auf den Ruf Jesu antwortet: »Rabbi, du bist Gottes Sohn, du bist der König Israels!« (Joh 1,47–49). Deshalb kann der schon von *Jehuda Halevi* (1085–1141), in unseren Tagen von Franz *Rosenzweig*, Hans Joachim *Schoeps* und anderen jüdischen Denkern vorgeschlagene Ausweg, die Christus-Botschaft gelte nicht den Juden, sondern öffne den Völkern die Tür zum Gotte Israels, nicht angenommen werden.

b) Das Alte Testament gehört nun auch den Völkern, der heidenchristlichen Kirche. Und zwar sowohl mit seinen Verheißungen wie mit seinem Auftrag, unter Absage an die schweigenden, nun abgesetzten Götter, Mächte und Gewalten ein Gemeinschaftsleben nach dem Willen Gottes zu realisieren. Wo – wie im Katholizismus und im Calvinismus – daraus theokratische Tendenzen entstanden, dürfen diese nicht pauschal, als Zeichen eines Rückfalls ins Gesetz, abgelehnt werden. Ihre tatsächliche Gesetzlichkeit bestand in der mechanischen Übertragung alttestamentlicher Gebote und Institutionen auf anderes Volksleben in anderen Zeiten. Das Wahrheitsmoment der Theokratie besteht aber darin, daß der Wille Gottes nicht nur dem Einzelleben, sondern ebenso dem Gemeinschaftsleben gilt, und daß deshalb auch für die politischen und sozialen Strukturen nach ihm gefragt werden muß[6].

---

[6] Vgl. Hendrik Berkhof, Kirche und Kaiser, 1947.

2. Israel und die Kirche gehören je in ihrer Besonderheit unlöslich zusammen. *Augustin* (354-430) hat in dieser Richtung das Gleichnis von den beiden Söhnen (Luk 15, 11–32), in beachtlicher Weise ausgelegt: Der ältere Sohn, Israel, wird aufgefordert, den Völkern die Öffnung des Bundes zu gönnen, sie als Brüder im Bunde anzunehmen (Röm 15,7–13), an ihnen die Freiheit der Güte Gottes zu lernen, sich über sie und über die Gemeinschaft mit ihnen zu freuen. Der jüngere Sohn (die Kirche) wird aufgefordert, dem älteren Bruder dankbar zu sein, sich nicht hochmütig über ihn zu erheben (Röm 11,18), ihn in seiner ihm aufgetragenen Besonderheit leben zu lassen und von ihm und mit ihm zu lernen.[7]

Das erste Schisma in der Geschichte der Kirche, das Schisma zwischen Christentum und Judentum, ist für beide Teile das verhängnisvollste gewesen. Nehmen wir gerade die paulinischen Gedanken von dem Unterschied und der Zusammengehörigkeit der Kirche und Israels ernst, so wird uns klar, daß die ökumenische Bewegung – was in ihr leider noch längst nicht klar ist! – erst dann vollständig ist, wenn sie auch eine Bewegung der Kirche hin auf die Juden zu neuer Gemeinschaft mit ihnen ist.

3. Durch das Schisma fehlen den Juden die Christen und den Christen die Juden.

a) Den Juden fehlen die Christen. Das Hören des Bundeswortes vollzog sich nach Christus bei den Juden vorbei an dem, den manche Juden heute ihren »großen Bruder« und ihren größten Propheten nennen (Martin *Buber*, Shalom *Ben-Chorin*, David *Flusser* u. a.). Die Christen haben daran freilich ihr gerüttelt Maß an Schuld. Dadurch ist das Neue des Christusereignisses zwar nicht ganz aus dem jüdischen Denken und

---

[7] Vgl. Karl Thieme, Augustinus und der ältere Bruder. Zur patristischen Auslegung von Luk 15,25–32, in: Universitas, Festschrift für Bischof A. Stöhr, 1960, I, 79–85.

Leben ausgeschlossen worden, aber doch nur in dünnen Wirkungen eingedrungen: die Freiheit des Geistes, die Erkenntnis der Liebe als ursprüngliche Intention der Thora, die Rechtfertigung des Gottlosen. Mancherlei Erstarrung, besonders auch das Kleben an der Buchstäblichkeit der Vorschriften der Halacha ohne deren Tendenz auf ein neues Sozialleben, wie man es bei der heutigen Politik der Orthodoxie und der national-religiösen Parteien im Staate Israel feststellen kann.

   b) Wichtiger für uns ist: Den Christen fehlen die Juden. Dieses Fehlen hat sich auf die Entwicklung der christlichen Theologie in einem so tiefgreifenden Maße ausgewirkt, wie es hier auch nicht andeutungsweise dargestellt werden kann. Es hatte außerdem eine ähnliche Wirkung wie das umgekehrte Fehlen bei den Juden: nämlich die Separation der Religion vom praktischen Alltagsleben, besonders vom Gesellschaftsleben, die Trennung des Sonntags vom Werktag, die Verselbständigung des Profanen vom Gotteswillen, unterstützt durch die individualisierende und spiritualisierende Tendenz der christlichen Verkündigung. Im speziell theologischen Bereich sieht man das am Eindringen außerbiblischer Denkweisen, schon in der altkirchlichen Dogmenbildung, und im Verständnis des Glaubens als ein Fürwahrhalten. Wo man diese Gefahr erkannte und das biblische Glaubensverständnis wiederzugewinnen versuchte (z. B. bei Martin *Luther*, Albrecht *Ritschl*, Wilhelm *Herrmann*, Rudolf *Bultmann*), drohte Glauben in den Bereich der inneren Gesinnung eingeschlossen und auf seine Trostbedeutung verengt zu werden; das Verhältnis von Glauben und Tun, das immer eine Stärke des Judentums war, wird unsicher, ja es droht gelöst zu werden.

   Deshalb darf man m. E. die beiden Gefahren, gegen die die beiden Flügel der reformatorischen Bewegung im 16. Jahrhundert ankämpften, nicht gleichsetzen. Den Unterschied dieser beiden Flügel, des Wittenbergisch-lutherischen und des Schweizerisch-calvinistischen, kann man dahin bestimmen, daß es dem lutherischen Flügel um die Abwehr einer Judaisierung der Kirche, dem calvinistischen um die Abwehr einer Paganisierung der Kirche ging. Aus dem aber, was ich bisher über das Verhältnis von Israel und Kirche gesagt habe, geht hervor, daß man die beiden Gefahren nicht gleichstellen darf. In der christlichen Verkündigung geht es darum, daß wir »uns umwenden zu Gott von den Abgöttern, zu dienen dem lebendigen und wahren Gott« (1. Thess 1,9). Das heidnische Wesen, das tief in uns sitzt und immer wieder die Kirche pervertiert, besteht darin, daß wir alles mögliche mehr fürchten und lieben als den lebendigen Gott, daß wir neben ihm viele Götter haben. Die Kirchengeschichte bestätigt, wie dieses heidnische Wesen immer wieder durchschlägt, besonders in der Bindung der Kirche an die jeweiligen Herrschaftsmächte in der Gesellschaft. Die jüdische Art der Abgrenzung vom heidnischen Wesen, begründet in der Thora, ist uns Heidenchristen dank *Paulus* nicht auferlegt worden; ebensowenig aber haben wir sie den Juden zu bestreiten, und ebenso wenig haben wir unsererseits zu unterlassen, auf unsere Weise uns gegen das heidnische Wesen abzugrenzen und gegen seine Versuchungen anzukämpfen. Weder für uns noch für die Juden kann dieser Gehorsam gegen das 1. Gebot ein »Heilsweg« sein, mit dem wir uns die Seligkeit verdienen wollten. Daß er dies aber für die Juden sei, und daß wir deshalb ihre Thora-Bindung zu verwerfen hätten, ist eine von den anti-judaistischen Legenden in der christlichen Theologie, die endlich überwunden werden müssen. Die Gefahr der »Judaisierung«, gegen die die lutherische Reformation sich wandte, die Gefahr gesetzlicher Werkgerechtigkeit, hatte in der mittelalterlichen Kirche um sich gegriffen und droht immer wieder. Sie droht natürlich auch im Judentum; aber sie ist *nicht* identisch mit dem sorgsamen Thoragehorsam, mit der strengen Halacha des orthodoxen Judentums. Weil er diese falsche Gleichsetzung nahelegt, sollte der Ausdruck »Judaisierung« für diese Gefahr unterlassen und die Vorstellung, der echte christliche Weg verlaufe zwischen Heidentum und Judentum als den beiden Verführungsmächten zur Rechten und zur Linken,

aufgegeben werden. Diese Vorstellung ist eine Mißinterpreta-
tion des Juden *Paulus,* und sie hindert das neue brüderliche
Verhältnis von Christen und Juden, das nach so langer Schuld-
geschichte heute unsere Aufgabe ist.

Literaturhinweise:

Hans-Joachim *Kraus,* Begegnung mit dem Judentum. Das Erbe Israels und
die Christenheit. (Furche – Stundenbücher, Nr. 16). 1963.
Robert Raphael *Geis* / Hans-Joachim *Kraus* (Hg.), Versuche des Verstehens.
Dokumente jüdisch-christlicher Begegnung aus den Jahren 1918–1933
(Theologische Bücherei Nr. 33) 1966.
Friedrich Wilhelm *Marquardt,* Die Entdeckung des Judentums für die
christliche Theologie. Israel im Denken Karl Barths. 1967.
Robert Raphael *Geis,* Gottes Minorität. Beiträge zur jüdischen Theologie
und zur Geschichte der Juden in Deutschland. 1971.
Rudolf *Pfisterer,* Von A bis Z. Quellen zu Fragen an Juden und Christen.
1971.
Christen und Juden. Eine Studie des Rates der Evangelischen Kirche in
Deutschland. 1975. (Dazu: Arbeitsbuch zur Studie: Christen und Juden.
Erscheint 1979.)
Peter von der *Osten-Sacken* (Hg.), Treue zur Thora. Beiträge zur Mitte des
christlich-jüdischen Gesprächs. Festschrift für Günther Harder zum 75.
Geburtstag. 1977.
Rosemarie *Ruether,* Nächstenliebe und Brudermord. Die theologischen
Wurzeln des Antisemitismus. (Abhandlungen zum christlich-jüdischen
Dialog, Band 7) 1978.

*Das Kernstück des Evangeliums und damit des christlichen
Glaubens ist die Botschaft vom Reiche Gottes. Der Ausdruck
»Reich Gottes« meint die Durchsetzung des gnädigen Willens
Gottes gegen alle Widerstände. Gottes Wille geht auf das gute
Leben der Menschen, und zwar jetzt schon in der Vorläufigkeit
des gegenwärtigen Lebens, vorausblickend auf die künftige
Vollendung.*

Was ist das Kernstück des christlichen Glaubens? Worauf
richtet er sich, und woran hat er jetzt schon teil? An den
verschiedenen Antworten, die darauf im Lauf der Christentumsgeschichte gegeben worden sind, läßt sich erkennen, wie
verschieden jeweils die Christusbotschaft die Menschen und
die Zeiten angesprochen hat, und wie diese je unter dem
Aspekt, der ihnen gewährt worden war, das Ganze dieser
Botschaft und damit auch das Ganze der Bibel unterzubringen
gesucht haben.

Die *augustinische* Theologie hätte – nach der Verheißung von
Mt 5,8 – die visio beata, die Gottesschau der Seligen genannt.
Die *Confessio Augustana* gibt als Schlüssel für die Heilige
Schrift – damit aber auch als Herzstück des Glaubens – die
Vergebung der Sünden an. Für eine große Tradition der refor-
matorischen Theologie von Martin *Luther* bis zu Ernst *Käse-
mann* ist die Rechtfertigung des Gottlosen das große, zentrale
Gotteswunder. Der *Pietismus* nannte und nennt hier die Be-
kehrung, d. h. das Neu-Werden des Menschen durch die gänz-
liche Übergabe des eigenen Willens an den Willen Gottes oder
auch durch den persönlichen Verkehr des Menschen mit Jesus.
Fichte fand das selige Leben in der Einigung von Mensch und
Gott; *Hegel* fand die Vollendung in der Erkenntnis: im Erkennen des menschlichen Geistes kehrt der absolute Geist zurück

in die Erkenntnis seiner selbst. Die christlichen *Mystiker* aller
Zeiten sahen die Tür offen zur Überwindung des Dualismus
von Mensch und Gott, zur unio mystica zwischen dem Endlichen und dem Unendlichen. Vielen anderen war diese Perspektive zu spekulativ oder zu weltflüchtig; sie fanden im Evangelium als Wichtigstes das Liebesgebot, die Anweisung zur Änderung des diesseitigen Lebens, zu einem Leben der Nächstenliebe, ja, der das Böse durch Gutes überwindenden Feindes-
liebe.

Dies alles sind, sofern damit zugleich eine durchgehende
Tendenz der biblischen Schriften aufgenommen werden soll,
wahre Antworten. Ihre Grenze liegt darin, daß durch jede von
ihnen die verschiedenen Großteile der Bibel – die Geschichts-
bücher, die Propheten, die Spruchweisheit, die Synoptiker,
Johannes, Paulus – je verschieden gewichtet werden, zum Teil
hervor-, zum Teil zurücktreten. Soll die Antwort – ohne daß
wir uns anmaßen können, der Subjektivität und Zeitbedingtheit
unseres Hörens ganz zu entrinnen – möglichst wenig subjektiv
ausfallen und möglichst dem Ganzen der biblischen Botschaft
gerecht werden, dann erscheint mir der Zentralbegriff der
Predigt Jesu zugleich der biblisch umfassendste zu sein, innerhalb dessen jene anderen Antworten Teilmomente hervorhe-
ben. Darum die These: *Das Reich Gottes ist das Thema der
Bibel und Kern und Stern des christlichen Glaubens.*

Der deutsche Ausdruck »Reich Gottes« ist mißverständlich.
Er erweckt räumliche und zuständliche Assoziationen, weil
»Reich« Bereiche auf der Landkarte oder geschichtliche Verfas-
sungszustände meint; man denke an das Ende des römischen
Reiches deutscher Nation oder an die heutige Frage der Fort-
dauer des Deutschen Reiches über 1945 hinaus. Der Ausdruck
muß vom Hebräischen her aktiviert und dynamisiert werden.
Hebräisch ist malkuth JHWH primär verbal zu verstehen: das
Herrschen Gottes; erst sekundär meint der Ausdruck den
Zustand und den Bereich dieses Herrschens.

Wenn das Matthäusevangelium griechisch vom »Reich der

Himmel« spricht, so befolgt es damit nicht nur die jüdische Anweisung der ehrfürchtigen Verschweigung des Namens und des Wortes »Gott«, sondern verweist auch auf verschiedene Bereiche des göttlichen Herrschens:

1. Es gibt jetzt schon Bereiche, in denen Gott unwidersprochen herrscht; das sind »die Himmel«, die Welt der Engel (vgl. die dritte Bitte des Vaterunsers).

2. Es gibt (übrigens sehr paradox, darum unvorstellbar für einen Gottesmonisten wie *Spinoza*!) einen anderen Bereich, in dem Gott zwar schon de jure der Herr ist, und zwar als sein Schöpfer, de facto aber nicht unwidersprochen herrscht, sondern sein Herrschen im Kampf mit starkem Widerspruch ausübt und darum verborgen, also so, daß weder Er noch sein Herrschen direkt feststellbar sind, noch nicht sichtbar »von Angesicht zu Angesicht«. Das ist die Erde, im besonderen die Menschenwelt.

3. Dies ist ein Zustand des »noch nicht«: Herrschen Gottes im Vollsinn geschieht erst da, wo es sich gänzlich durchgesetzt hat, wo kein Widerspruch mehr stattfindet, wo auch der »letzte Feind«, der Tod, beseitigt ist (1. Kor 15,26; vgl. Offb 21,4), und wo wir »von Angesicht zu Angesicht« ihm uneingeschränkt für sein Herrschen danken (1. Kor 13,12).

Auf diese Herrschaft Gottes geht die Geschichte zu, nicht aus eigener Teleologie, sondern weil sie die Schöpfungsgeschichte ist, die Geschichte der Schöpfung – der Welt, die falsch gedacht ist, solange sie nicht als Schöpfung im Gegenüber zum Schöpfer gedacht ist. Die Durchsetzung des Schöpferwillens in Überwindung alles Widerstandes – das ist die eschatologische Blickrichtung der biblischen Prophetie, möglicherweise schon sehr früh des israelitischen Glaubens (vgl. 1. Mose 12,1–3), dann das beherrschende Thema bei den Propheten und bei Jesus. In den Religionen pflegt es sonst um Sinndeutung und Ordnung des kosmischen Geschehens zu gehen, der die Ordnung der Gesellschaft parallelisiert wird: die Ewigkeit und Unveränderlichkeit der Normen und Ordnungen und die zuverlässige Wiederholung des kosmischen Rhythmus. Wird in Religion und Metaphysik der Kosmos transzendiert, dann in eine jenseitige Über- und Hinterwelt, in die wir nach oben aussteigen können aus der Welt des Scheins und der Vergänglichkeit – so in den asiatischen Hochreligionen und in der antiken Metaphysik. Hier aber, in der biblischen Eschatologie, geschieht das Transzendieren nach vorne. Das bedeutet: die Kritik am gegenwärtigen Zustande der Welt ist nicht ihre Verneinung (in der Form des Ausstiegs nach oben), sondern zugleich ihre Bejahung als Schöpfung: jetzt im Widerspruch entfremdet, uneigentlich, dank der Treue des Schöpfers aber ihrer Eigentlichkeit, ihrer wahren Schöpfungsidentität entgegengehend.

Diese große Hoffnung für die Zukunft schaut aber nicht aus auf eine abgetrennte Zukünftigkeit. Jetzt schon herrscht Gott inmitten des Widerspruchs durch verborgenes Handeln und offenbares Reden. Sein jetzt schon sich vernehmenlassendes Wort ist das zentrale gegenwärtige eschatologische Faktum. Immer ist deshalb von der Gottesherrschaft zugleich zukünftig und gegenwärtig zu sprechen – das gilt schon für die Propheten, erst recht für Jesus. Wer Gott jetzt in seinem Leben herrschen läßt, ist Zeuge der Zukunft, in der die Erde »der Herrlichkeit des Herrn voll« sein wird (4. Mose 14,21), und ist Mitarbeiter an dieser Zukunft. Um dieses Sich-Durchsetzen Gottes in seiner Schöpfung, beim einzelnen und im ganzen, über alle Widerstände hinweg geht *alles* im biblischen Glauben.

Dies alles ist aber immer noch zu formal gesagt. Es könnte deshalb noch sehr heteronom gedacht werden: Aufrichtung einer totalitären Herrschaft, Despotie eines transzendenten Über-Ichs, von Leuten propagiert, die auf irgendeine, jetzige oder künftige, Weise mit zu profitieren hoffen, durch Unterwerfung von Menschen unter ihre eigene Herrschaft teilnehmend an der totalitären Gottesherrschaft. Der Begriff der Herrschaft ist in jahrtausendealter Privilegiengesellschaft so

sehr als ein Begriff des Eigennutzes und der Enteignung anderer feudal-hierarchisch diskreditiert, daß er der Reinigung bedarf, bevor er das vom Glauben Gemeinte ausdrücken kann
– einer so radikalen Reinigung, wie er sie vom Kreuze Jesu her
erfährt, wo Königseinzug, travestiert auf dem Esel, Dornen-
krone, Bambus-Zepter und Kreuzesinschrift hinweisen auf die
Umkehrung dessen, was bisher Herrschen hieß.
Wie also sieht Gottes Herrschen aus? Was ist der Inhalt des
Reiches Gottes? Wieso kann das Herrschen Gottes Hoffnung
für uns sein? Doch nur dann, wenn unser Leben im Reiche
Gottes nicht das Leben glücklicher Sklaven sein wird, zufrie-
dengestellt durch Sicherheit und ausreichende Versorgung,
aber um ihr eigenes Leben, um ihr Selbst betrogen. Doch nur
dann, wenn wir in ihm nicht Enteignung erfahren, sondern
Zueignung wirklichen Lebens, wenn in ihm mit Gott auch wir
selbst zu unserem Ziele kommen, wenn in ihm kaputt gemacht
wird, was uns kaputt macht, wenn Herrschen Gottes identisch
ist mit unserem eigenen freien Leben.

Was im Kapitel »Gott« intendiert war, kann erst hier klar
heraustreten. Was biblisch unter »Gott« gemeint ist, wird
biblisch definiert durch den Inhalt der Reich-Gottes-Verheißung. Die biblische Glaubenserfahrung sieht auf jeden von uns,
auf die ganze Menschheit, auf das kleinste wie auf das größte
Menschenleben eine aus der Ewigkeit kommende *Bejahung*
gerichtet, einen Strom von Hilfe, eine unerschöpfliche Solidarität, eine unendliche und unermüdliche Bemühung, uns zum
Leben zu verhelfen. Durchsetzung des Herrschens Gottes ist
identisch mit dem Zum-Siege-Kommen dieser Bemühung.

»Gott« im biblischen Sinne ist das Positivste, was über uns
Menschen gesagt werden kann. »Gott« ist ein Wort der Verheißung und der Hoffnung: die Ewigkeit *für,* nicht gegen jeden
von uns zeitlichen Menschen. Wenn die beiden Schöpfungsberichte – 1. Mose 1 und 2 – *so* gelesen werden, ergibt sich *ein*
Bogen vom Anfang zum Ende der Bibel: »Siehe da, das Zelt
Gottes bei den Menschen! Und er wird bei ihnen wohnen, und

sie werden sein Volk sein, und er selbst, Gott mit ihnen, wird ihr Gott sein« (Offb 21,3).

In der Welt der Religionen ist dieses Für-Sein Gottes ganz unselbstverständlich. Es mag Götter geben, die den Menschen nur verderblich sind. Im Grunde kann aber jeder Gott den Menschen nützlich und verderblich werden, je nachdem es gelingt, ihn günstig zu stimmen oder nicht. Darin spiegelt sich – in der Symbolik von mythologischen Personalbeziehungen – unser ganzes Leben. Es ist ein System von Bedingungen, auf die es ankommt, um zu überleben: *entweder* durch Leistung Erkaufung von Gunst der Mächtigen *oder* durch Praktiken Erlangung von Lebenskraft (mana) *oder* Glück (d. h. zufällig günstige Konstellation des für uns gleichgültigen Schicksals). Immer lebt der kleine Mensch davon, daß es ihm gelingt, sich in höhere Pläne so einzufügen, daß er, während er für diese gebraucht wird, zugleich auch noch auf seine eigene Rechnung kommt: der Mensch für die Götter!

Die vom biblischen Glauben erfahrene Gotteszuwendung ist unsere Heraushebung aus diesem System von Bedingungen durch bedingungslose Bejahung: 1. Schöpfung ist Gnade; 2. Schöpfung ist noch nicht fertig, sondern auf dem Wege zu noch größerer Herrlichkeit; 3. Schöpfung ist Kampf gegen alle Widerstände zur Rettung, Erhaltung und Vollendung des Geschöpfs im Reiche Gottes.

Jetzt dürfte deutlich sein: Durchsetzung des Gotteswillens geht nicht auf unsere Kosten, bedeutet nicht unser Verbrauchtwerden für andere Zwecke, ist identisch mit Erfüllung *unseres* Lebens. So ist es im Alten Testament angelegt, und im Neuen Testament wird das so klar, daß das Bisherige als Ankündigung erscheint, und zwar deswegen, weil nun der Bund bis zur Selbstidentifikation des Bundesherrn mit den Bundesgenossen vorgeschritten ist. Von daher kommt die neutestamentliche Gewißheit und Freude, diese Intimität zwischen Mensch und Gott, dieses Zugleich von Schon-am-Ziele-Sein und Noch-unterwegs-Sein.

Was aber ist Erfüllung des Lebens, was ist das gute und wahre Leben? Hier kann es zu einer Differenz zwischen göttlichem und menschlichem Willen kommen, zum Anschein von Heteronomie des göttlichen Willens. Die Frage ist, ob *wir* selbstverständlicherweise wissen, was das »gute Leben« ist. Es könnte ja sein, daß wir das Falsche, das Tödliche für das Gute halten. Dazu besteht um so mehr Gefahr, als die Unterscheidung des wahren und des falschen, des guten und des bösen Lebens in der Realität keineswegs vom Throne unserer sittlichen Selbständigkeit, aus dem Stande der autonomen Vernunft getroffen wird, wie es von manchem philosophischen Schreibtisch her sich ansieht. In der Realität wird vielmehr unser Dafürhalten bis in die Tiefe bestimmt von dem, was »man« um uns herum für das gute Leben hält. Wir sind nicht frei, wir müssen je erst befreit werden zu einem selbständigen Urteil, mit dem wir den Wertsetzungen, die in unserer Gesellschaft gelten, kritisch gegenübertreten können.

Was haben die Deutschen in der Wilhelminischen Zeit, auf dem Weg in die Hitlerzeit und schließlich in der Hitlerzeit mehrheitlich für das gute Leben gehalten! Was hält heute der weiße Normalbürger in Südafrika dafür! Oder ein näherliegendes Beispiel: In der gegenwärtigen bundesdeutschen Schule werden die Schüler durch das Zensurensystem zu unsolidarischem Verhalten trainiert; durch Einpauken abfragbaren Wissens müssen sie sich in Konkurrenz mit den Mitschülern die Zulassung zum Hochschulstudium erkämpfen. Als Produktionsstätte asozialer Leistungsegoisten spiegelt eine solche Schule aber nur die Gesellschaft, die ihrer bedarf. In der kapitalistischen Gesellschaft ist der Unternehmer gezwungen, Mehrwert abzuschöpfen und Gewinn zu akkumulieren, um Wachstum zu erreichen, wenn er nicht untergehen will, und der Arbeitnehme ist gezwungen, seine Arbeitskraft nach den Bedürfnissen der Unternehmen zu trainieren, um den konkurrierenden Arbeitnehmer zu verdrängen, um selbst nicht auf dem Müllhaufen der Arbeitslosigkeit zu landen. Zugleich werden wir alle darauf gedrillt, unsere Lebensqualität in der Quantität privaten Konsums zu suchen, auch wenn das auf Kosten der gemeinschaftlichen Infrastruktur und der Lebensressourcen für alle geht. Das sind Kapitalismus-spezifische Formen der von jeher bestehenden Überzeugung, daß angesichts der Knappheit der gesellschaftlich zur Verfügung stehenden Mittel des Lebens jeder auf Kosten der anderen seinen Vorteil suchen muß, daß Vorzüge uns gegeben sind, um Vorteile zu beanspruchen, daß das gute Leben darin besteht, Privilegien vor anderen zu ergattern. Die hierarchisch nach Privilegien aufgebaute Gesellschaft ist das Ergebnis dieser Überzeugung, und sie perpetuiert sich, indem sie schon durch ihren Aufbau diese Überzeugung mittels Sozialisation allen ihren Gliedern so indoktriniert, daß eine andere Art von Gesellschaft kaum mehr denkbar ist, ja, eher gefürchtet als erstrebt wird.

So deformiert werden Menschen durch ihr Geprägtsein von der Gesellschaft, daß sie unfähig für ein anderes Leben werden. So deformiert sind wir durch die kapitalistische Gesellschaft, durch ihre spezifische Form des Lebens auf Kosten anderer, daß wir unfähig werden, in einer echt sozialistischen Gesellschaft zu leben, ja, sie auch nur zu wünschen. Bestenfalls halten wir sie für einen schönen Traum ohne Realitätswert – und verraten freilich dadurch, daß wir ahnen: dasjenige »gute Leben«, das auf mörderische Weise, d. h. auf Kosten anderen Lebens gewonnen wird, sei doch nicht das wirkliche gute Leben, auf das es ankäme – dieses wirklich gute Leben sei aber leider nur ein Traum.

Die Bibel nennt diesen Widerspruch unserer jetzigen Vorstellung vom guten Leben zum wirklich guten Leben »Sünde«. Die Exemplifizierungen der spezifischen Deformation unseres Strebens nach dem guten Leben in unserer gegenwärtigen Gesellschafts-(Un)Ordnung zeigen:

1. »Sünde« ist zugleich unser eigenes Tun und Verfehlen wie auch ein über uns herrschendes Verfehlen. Die *Marxsche* Dialektik ist richtig: Die Gesellschaft ist das Produkt der Men-

schen und zugleich die herrschende Macht über die Menschen. Was die Gesellschaft mich zu wollen treibt, ist zugleich mein eigener Wille, und dieser Wille von uns allen verobjektiviert sich als der gesellschaftliche Zwang über uns. Darum genügt Veränderung der gesellschaftlichen Ordnungen, die aus diesem Willen stammen, allein nicht; solange wir diesen Willen nicht los werden, werden wir auch bessere, z. B. sozialistische Ordnungen wieder deformieren in Privilegiensysteme. Es müßte Befreiung auf beiden Seiten geschehen: bei dem Gesamtwillen der Gesellschaft wie bei dem Individualwillen von uns einzelnen. Wie kommt es zu dieser Befreiung?

2. Der falsche Wille, der das falsche Leben für gut hält, hat seinen tiefsten Ursprung darin, daß wir nur uns selbst trauen. Wir mißtrauen den anderen Menschen, und wir mißtrauen allem, was wir »Gott« nennen, dem Schicksal ebenso wie den großen Mächten, und dies alles mit gutem – oder besser: bösem – Grunde. Sie gehören alle zu dem System von Bedingungen, in dem wir uns nur am Leben erhalten können, wenn wir selbst uns behaupten und uns Vorsprung vor den anderen sichern.

Diese Situation ändert sich total, wenn wir die ewige Bejahung vernehmen, wenn diese Bejahung, weil allem anderen überlegen, allein »Gott« genannt zu werden verdient, wenn wir uns annehmen und glauben als Bejahte. Das ist die Befreiung: das gute Leben in etwas anderem als in Selbstbehauptung und Privilegien zu erkennen. Gott sein Ja, seine Liebe nicht glauben, ist der Grund für unseren falschen Willen und unsere falsche Lebensvorstellung. Unglaube ist die eigentliche Sünde *(Luther)*.

Daran wird auch deutlich: Sünder im eigentlichen Sinn kann ich erst gegenüber der vernommenen Bejahung werden, ihr gegenüber mein Mißtrauen aufrichtend, erst im Bereich der Kundgabe der Liebe Gottes. Deshalb ist in der Bibel der Ort der eigentlichen, der unmöglichen, der widersinnigen, der unverzeihlichen und nur durch das *Vergebungswunder* behebbaren Sünde dieser Bereich: Israel, die Jüngerschaft, die Gemeinde – nicht etwa die Welt draußen.

Das Bisherige kann am biblischen Befund nachgeprüft werden und wird sich als seine durchgehende Linie erweisen – nicht etwa als Eintragung von einem modernen Humanismus her, sondern im Gegenteil: als diejenige Grundtradition, aus der dieser Humanismus entstammt und, wenn er gut beraten ist, sich speisen kann[1]. Für unsere Frage nach dem *Inhalt* der Reich-Gottes-Verheißung ergibt sich daraus:

1. Wie sehr es auch zu einem Kontrast zwischen »Gottes Willen und unseren Wünschen« (Karl Barth, 1933!)[2] kommen kann – grundsätzlich ist es Gottes Wille ein Wille für, nicht gegen, auch nicht gleichgültig gegenüber dem Menschen, und dadurch ein Wille, der Inhalt von Verheißung und Hoffnung der Menschen sein kann.

2. Das gute Leben, das dieser Wille zum Ziel hat, steht in der Doppelbeziehung zu Gott und zu den Menschen hin: Es ist *Gemeinschaft,* Aufhebung des Für-sich-Seins, der Einsamkeit und des Um-sich-selbst-Kreisens, und zwar Gemeinschaft mit Gott – jetzt noch, der Verborgenheit des göttlichen Wirkens wegen, im Glauben = Vertrauen auf sein Verheißungswort, das die Angst und die über Leichen gehende Selbstsorge wegnimmt – in der Vollendung dann im »Schauen von Angesicht zu Angesicht« (1. Kor 13,12). Im gleichen Sinn ist es Gemeinschaft mit den Menschen, durch die Befreiung des Glaubens von Angst Befreiung zu den Menschen hin, von denen uns Angst und Selbstsorge trennt.

3. Weil Angst und Selbstsorge auch unser Verhältnis zur Natur zerstören und dieses aus einem Pflegen des Gartens (1. Mose 2) zu einem rücksichtslos ausbeutenden Verhältnis machen, deuten die biblischen Aussagen auch eine Heilung des

---

[1] Vgl. K. Barth, Humanismus, Theologische Studien Nr. 28, 1950. Ders., Die Menschlichkeit Gottes, Theologische Studien Nr. 48, 1956.
[2] Karl Barth, Gottes Wille und unsere Wünsche, in: Theologische Existenz heute, Heft 7, 1934, 16–30.

Naturverhältnisses an und haben darum kosmische Perspektive.

4. Der biblische Glaube ist eschatologisch, d. h. er sieht die Geschichte als Gottes Unterwegs-Sein im Unternehmen der Vollendung seiner noch nicht fertigen Schöpfung und der Heimholung der verirrten, sich selbst zerstörenden Menschen in ihr Heil.

5. Die Geschichte Jesu Christi, auf die die Geschichte des Bundes mit Israel zielt, ist das Kommen Gottes in seine Welt. »Gott kommt in Israel zur Welt«[3], in doppeltem Sinne: Sein Bund mit Israel ist das Kommen seiner Herrschaftsverheißung für die ganze Welt, und: Er kommt in Jesus in Israel zur Welt, wie ein Mensch zur Welt kommt: in diesem Menschen wird er als ein Teil seiner Welt dieser seiner Welt gegenwärtig, seine Herrschaft in ihr aufrichtend auf eine höchst verborgene, aber nicht mehr rückgängig zu machende Weise, von hier aus ausgreifend auf die ganze Menschheit, ihr gegenwärtiges So-Sein und Dran-Sein revolutionär angreifend hin auf die gänzliche Durchsetzung seiner Herrschaft, das endgültige Reich Gottes. Von daher kommt das Neuheitsbewußtsein und das Bewußtsein, schon am Ziele teilzuhaben, das die urchristliche Gemeinde gegenüber dem Judentum erfüllt.

6. Durch die auf Erden geschehende Geschichte Jesu Christi ist das Reich also schon da und noch zukünftig zugleich. Es ist eine verborgene Realität, die diejenigen, die durch Wort und Glauben in sie hineingezogen werden, gespannt auf die Zukunft richtet, durch die Vergebung für die Zukunft freimacht und in den Dienst an der Zukunft der Menschen stellt.

7. Das Gottesunternehmen der Durchsetzung seiner Herrschaft = seines Willens für die Menschen zeigt, was das gute Leben ist, in dem diesen Willen kundtuenden Aufrufen (= Geboten) an uns Menschen, zentral im Doppelgebot der Liebe

---

[3] H.-J. Kraus, Reich Gottes – Reich der Freiheit. Grundriß systematischer Theologie, Neukirchen 1975, 124 u. ö.

als der Entsprechung zu Gottes Selbsthingabe für seine Menschheit: »Wer sein Leben erhalten will, der wird's verlieren; wer aber sein Leben verliert um meinetwillen, der wird's finden« (Mt 16,25); Goldene Regel (Mt 7,12); Röm 12,9–21. Das ist die auf das in Jesus Christus hereingebrochene Reich Gottes sich einstellende metanoia (Umkehr). Die apostolischen Paränesen (Ermahnungen) beschreiben das Leben der Gemeinde als das Leben einer das Reich Gottes unter den Bedingungen des alten Äons inmitten des alten Äons schon vorweg lebenden Zelle der neuen Gesellschaft. Denn Reich Gottes meint nicht nur individuelle Gottesgemeinschaft im Jenseits (Himmel), sondern *neues Sozialleben.* Richtig sagt Martin *Buber:*

>»Was er (Jesus) das Reich Gottes nennt, das ist – mag es noch so sehr vom Gefühl des Weltendes und der wunderbaren Verwandlung bestimmt sein – doch keine jenseitige Tröstung, keine vage himmlische Seligkeit; es ist auch keine geistliche oder kultische Vereinigung, keine Kirche; es ist das vollkommene Zusammenleben der Menschen, es ist die wahre Gemeinschaft, die eben dadurch die unmittelbare Herrschaft Gottes, seine Basileia, sein irdisches Königtum ist.«[4]

8. Die Gemeinde lebt dieses neue Sozialleben nicht nur als Insel (Kloster) nach innen, sondern als nach außen wirkendes Licht, Salz und Sauerteig (Mt 5,13–16; 13,33), sowohl durch ihre Verkündigung wie durch den tätigen Vollzug des anderen, guten Lebens. Durch sie hindurch ist die Reich-Gottes-Botschaft jetzt schon die kritische Infragestellung und der Angriff des Reiches Gottes auf das schlechte, das gottwidrige Leben sowohl im Einzelleben wie auch – weil Sozialleben – in der Gesellschaft.

9. Dieses Nach-außen-Wirken betätigen die Christen als einzelne und die Gemeinde als ganze auch in *politischer Verantwortung,* d. h. in Einflußnahme auf die sozialen und politischen Ordnungen, auf die staatlichen Gesetze, und dies nicht als eigene politische Partei, sondern – ihrer Sendung in die Welt

---

[4] Martin Buber, Der heilige Weg, 1919, in: Reden über das Judentum, Berlin 1932², 164.

entsprechend – innerhalb der politischen und gesellschaftlichen
Gruppierungen, in Zusammenarbeit mit den Nicht-Christen,
aus welchen Motiven und weltanschaulichen Begründungen
auch immer diese für die gleichen, jeweils konkreten Zielsetzungen arbeiten. *Kriterium* für diese Zusammenarbeit ist also
nicht etwa die Christlichkeit der anderen, sondern die Frage,
ob auch sie aus ihrer Motivation sich in der gleichen »Richtung
und Linie«[5] bewegen, die der christlichen Weltverantwortung
von der Reich-Gottes-Botschaft gewiesen ist: *besseres* Zusammenleben, d. h. irdische Ordnungen, die besser als andere der
»Freiheit, Gleichheit und Brüderlichkeit« der Menschen
dienen.

10. Der eben ausgesprochene Komparativ (»besser«) resul-
tiert aus dem *»eschatologischen Vorbehalt«,* unter dem Sein und
Wirken der Christen und der Gnade in der Welt stehen: Sie
leben unter den Bedingungen des alten Äon, die sie nicht
aufheben können, und die auch auf sie selbst immer noch
einwirken: *Schuld und Tod.* Deren Aufhebung ist Sache der
großen Revolution, der großen Befreiung des Reiches Gottes,
die Gott allein vollziehen kann. Sie wird vollzogen jetzt schon,
wo durch den Heiligen Geist Menschen von der Bindung an
sich selbst und von der Todesfurcht befreit werden zu Glauben
und Liebe. Diese gegenwärtige Arbeit des Reiches Gottes
macht uns zu einem Schlachtfeld zwischen unserer Neigung
zum alten Todesleben und unserem Befreitwerden zum neuen
guten Leben. Für die politische Verantwortung bedeutet das,
daß wir nicht die *absolute Utopie* des Reiches Gottes zu
unserem Programm machen können, wohl aber die *konkrete
Utopie* einer zwar immer noch von Sünde und Tod geprägten,
aber gerechteren und freieren Gesellschaft, also einer klassenlo-
sen (d. h. nicht mehr in Klassen mit entgegengesetzten Interessen zerrissenen) Gesellschaft. Die Annäherung an diese ist das

---

[5] Karl Barth, Christengemeinde und Bürgergemeinde, 1946; zuletzt abgedruckt in: Theologische Studien Nr. 104, 1970.

Kriterium für den christlichen Einsatz im politischen Leben. Schon das irdische Ziel ist also grundsätzlich revolutionär gegenüber der unfreien, ungleichen, unbrüderlichen Gesellschaft, in der wir uns befinden – unabhängig davon, ob je und je die Annäherung in kleinen Schritten (»evolutionär«, »reformistisch«) oder in einem großen Sprung (»revolutionär«) geschehen kann. Zur politischen Verantwortung der Gemeinde gehört also »die *Parteinahme* für die konsequenteste Bewegung im Kampf um gesellschaftliche Gerechtigkeit und politische Freiheit«[6], und zwar immer eine *kritische* Parteinahme, weil es sich bei uns wie bei den anderen, mit denen wir zusammen arbeiten, immer noch um Menschen handelt, die von den Bedingungen des alten Äons tief beeinflußt sind und immer neuer Befreiungen bedürfen. Deshalb handelt es sich um permanente Revolution[7], d. h. um eine *Bewegung* auf die konkrete Utopie hin, um immer neuen Abbau immer neu ermöglichter Privilegierung und Privilegienherrschaft: nicht um Erreichung eines Zustandes, der dem Reich Gottes irdisch entspricht, sondern um die Bewegung einer unendlichen Annäherung, schon was die konkrete Utopie betrifft, immer als tätiger Vollzug der zweiten Bitte des Vaterunsers: »Dein Wille geschehe wie im Himmel so auch auf Erden«!

Literaturhinweise:

Hans-Joachim *Kraus*, Reich Gottes – Reich der Freiheit. Grundriß systematischer Theologie. 1975.
Paul *Tillich*, Systematische Theologie. 3. Band. 1966.
Martin *Stähli*, Reich Gottes und Revolution. Christliche Theorie und Praxis für die Armen dieser Welt. Die Theologie des Religiösen Sozialismus bei Leonhard Ragaz und die Theologie der Revolution in Lateinamerika. 1976.

---

[6] H.-J. Kraus, aaO., 409.
[7] Seinem Buch: Die Botschaft vom Reiche Gottes, Bern 1942, hätte Leonhard Ragaz »am liebsten den Titel ›Die Weltrevolution‹« gegeben. Vgl. seinen Brief an Martin Buber vom 28. 1. 1942, in: M. Buber, Briefwechsel, III,57.

Gnade und Dank

»Reich Gottes« meint Gegenwart der Gnade und Verheißung des Sieges der Gnade. Gnade Gottes scheint im Gegensatz zur menschlichen Freiheit zu stehen. Recht verstanden ist die Gnade aber Einsetzung in die Freiheit zur Aktivität. Die Freiheit, in die die Gnade einsetzt, ist die Freiheit des Dankes. Dank für Gnade ist Mitarbeit am Ziel des göttlichen Rettungsunternehmens.

Im Kapitel »Reich Gottes« sprachen wir von Reich Gottes-Verheißung oder -Botschaft. Allein damit ist schon klar, daß es sich bei Gottes Rettungsunternehmen, bei der Durchsetzung seines Herrschens zugunsten unseres wirklich guten Lebens nicht um ein Unternehmen handelt, das uns jetzt Lebende in dieser unserer Gegenwart unbeteiligt ließe, das sich objektiv über uns hinweg vollzöge, oder das mirakulös am Ende der Geschichte mit einem Schlage eine andere Welt an die Stelle der jetzigen setzte, in purer Zukünftigkeit, ohne Zusammenhang mit unserem jetzigen Leben. Dann brauchte es nicht angekündigt zu werden, oder dann wäre seine jetzige Ankündigung nichts als nur Trost in der gegenwärtigen Misere. Es würde nur eine künftige Verwandlung zum Guten in Aussicht stellen, auf die wir, weil uns über unseren Tod hinaus und trotz unseres Todes Teilhabe daran versprochen wird, uns freuen können, ohne daß das auf unser jetziges Leben in der gegenwärtigen Misere irgendeinen ändernden Einfluß hätte.

Solche Reduzierung der Reich Gottes-Verheißung auf ein – fernes oder nahes, jedenfalls jenseitiges – Eschaton ist in der christlichen Tradition oft geschehen und auch heute zu hören. Gesellschaftliche Interessen wirkten dabei ebenso mit wie weltanschauliche Befangenheiten. Die in die Kirche hereinkommenden Intellektuellen brachten in den ersten Jahrhunderten ihre Vorstellung von der Unveränderlichkeit des Kosmos und der ihm entsprechenden Grundordnung des Gesellschaftslebens ebenso mit wie ihr Bedürfnis nach Erhebung über das Gefängnis dieses Kosmos in ein Reich des reinen Geistes.[1] Die für die Gesellschaft revolutionäre Aufforderung, schon jetzt dem Reiche Gottes entsprechend ein verändertes Leben zu leben, trat damit zurück; die Eschatologie wurde zu einer letzten Hoffnung der Frömmigkeit, aufs Jenseits gerichtet, und in der Theologie zur »Lehre von den letzten Dingen«. Die vorhandene Gesellschaft mit ihrer Klassenherrschaft wurde damit geschützt vor der Kritik durch die Reich Gottes-Verkündigung, und wenn von notleidenden Schichten der Bevölkerung diese Kritik wieder aufgenommen und mit ihr die Forderung nach gesellschaftlicher Veränderung begründet wurde, konnte dies im Namen der nun geltenden Eschatologie als »enthusiastische« oder »chiliastische« Irrlehre bekämpft werden. Die offizielle Eschatologie wurde zur ideologischen Waffe gegen aktuelle Diesseitsbedeutung der Reich Gottes-Botschaft.

Aber solche Diesseitsbedeutung ist dieser Botschaft nur auf sehr künstliche Weise zu nehmen. Darum wirkt sie immer wieder beunruhigend, wird immer wieder von denen, die die Not der gegenwärtigen Misere in besonderem Maße zu tragen haben, in Anspruch genommen für die Forderung nach jetzt schon zu vollziehender Veränderung. Dies hat sein Recht darin (wieviel Irrtum sich dabei auch jeweils einschleichen möge), daß die Verkündigung des Reiches Gottes die Hoffnung auf die kommende gänzliche Durchsetzung des Gotteswillens erwekken will um jetziger, diesseitiger Lebensänderung willen. In der Überschrift zu Jesu gesamter Verkündigung ist das unübersehbar deutlich: »Kehrt um! Denn die Gottesherrschaft ist nahe herbeigekommen« (Mt 4,17).

Ich fasse diese Umkehr in die zwei Leitworte zusammen:

---

[1] Vgl. dazu A. von Harnacks, These von der Hellenisierung des Christentums.

Gnade und *Dank*. Das mag überraschen, weil allenfalls das Wort »Dank« auf eine von unserer, der menschlichen Seite her zu vollziehende Lebensänderung verweist, scheinbar aber nicht das Wort »Gnade«.

An der Reaktion auf das Wort Gnade zeigt sich die neuzeitliche Entfremdung des innerkirchlichen Sprachgebrauchs vom außerkirchlichen. So zentral und beglückt es in der Kirche gehört und verwendet wird, so heftige Abneigung kann es bei Außenstehenden hervorrufen. Ihnen klingt es wie ein feudaler Rest, an die devote Anrede »Gnädiger Herr« oder »Gnädige Frau« erinnernd. Gnade erscheint als eine Haltung der Herablassung. Das Wort betont die Abhängigkeit des Untenstehenden. Auf dem sozialpolitischen Felde hat die Arbeiterschaft die Abhängigkeit von der Gnade des Fabrikherren, die immer unsicher ist, und deren Unsicherheit die Abhängigkeit verschärft, ersetzt durch einklagbare Rechtsbeziehungen. Wir wollen nicht von der Gnade anderer leben, sondern von dem, was wir als unser Recht in Anspruch nehmen können. Um die Arbeiterschaft zur aufrechten Haltung des Kampfes um ihr Recht zu erziehen, hat der Marxismus sich bis in die letzten weltanschaulichen Fragen der Schöpfung und der Geschichtsentwicklung in striktem Gegensatz zur kirchlichen Gnadenlehre gesetzt und ihr die These von der Selbsterschaffung des Menschen durch die Arbeit entgegengesetzt:

»Ein Wesen gibt sich erst als selbständiges, sobald es auf eigenen Füßen steht, und es steht erst auf eigenen Füßen, sobald es sein Dasein sich selbst verdankt. Ein Mensch, der von der Gnade eines anderen lebt, betrachtet sich als ein abhängiges Wesen. Ich lebe aber vollständig von der Gnade eines anderen, wenn ich ihm nicht nur die Unterhaltung meines Lebens verdanke, sondern wenn er noch außerdem mein Leben geschaffen hat, wenn er der Quell meines Lebens ist, und mein Leben hat notwendig einen solchen Grund außer sich, wenn es nicht meine eigene Schöpfung ist. Die Schöpfung ist daher eine sehr schwer aus dem Volksbewußtsein zu verdrängende Vorstellung. Das Durchsichselbstsein der Natur und des Menschen ist ihm unbegreiflich, weil es allen Handgreiflichkeiten des praktischen Lebens widerspricht.«[2]

---

[2] K. Marx, Die Frühschriften. Hg. S. Landshut, Stuttgart 1971[6], 246.

Darin steht *Marx* in der Tradition des neuzeitlichen »Aufstandes gegen die Gnade«, die vom Renaissancehumanismus über die Aufklärung bis in die nichtmarxistischen Formen heutiger Leistungsideologie hineinreicht: Nur durch sich selbst kann der Mensch seiner Existenz einen Sinn geben, den er von nirgend anderswoher bekommen kann. Nur sich selbst verdankt er, was er ist und was er an Sinn des Lebens erreicht. Diese freilich sehr prekäre Angewiesenheit auf sich selbst ist, wie sehr sie ihn auch aller anderen Stützen beraubt, seine Auszeichnung, seine Autonomie, die er um keiner Heteronomie des glücklichen Sklaven willen preisgeben darf.

In dieser Antithese von autonomer Freiheit und heteronomer Gnadenabhängigkeit spiegelt sich aber eine Antithese, die in der kirchlichen Gnadentheologie selbst immer schon präsent war. Sie beruht auf der scheinbaren Antithese, in der die Bibel in verschiedenen Aussagen mal alles auf die freie Entscheidung und Leistung des Menschen, mal alles auf die göttliche Gnade stellt, – eine Antithese, die im Gegensatz von *Erasmus* von Rotterdam[3] und Martin *Luther*[4] mit ihrer beiderseitigen Berufung auf die Heilige Schrift besonders anschaulich geworden ist. Sie ist aber schon im Gegensatz von *Pelagius* und *Augustin* zum Vorschein gekommen und im Gegensatz der lutherischen und der tridentinischen Gnadenlehre zum Gegensatz zweier christlicher Konfessionen, des Luthertums und des römischen Katholizismus, stabilisiert worden. Unversöhnt traten sich die Thesen gegenüber: *Entweder* der Mensch ist ein verantwortliches, also freies Wesen; dann ist er im Entscheidenden, im Verhältnis zu Gott und seinem Heil, selber seines Glückes Schmied. *Oder* der Mensch steht Gott gegenüber in schlechthinniger Abhängigkeit, wie es doch das Wort Gott, biblisch ernstgenommen, zu denken fordert; dann ist alles Gnade und der Mensch im Entscheidenden passiv. *Entweder* der Mensch

---

[3] Erasmus von Rotterdam, Diatribe de libero arbitrio, 1524.
[4] M. Luther, De servo arbitrio, 1525.

verdankt sein Heil sich selbst *oder* er verdankt es Gott. Die Vermittlungsversuche der scholastischen und der erasmischen Gnadenlehre, die den Anteil Gottes und den Anteil des Menschen sozusagen prozentual aufzuteilen suchten, um beiden gerecht zu werden, konnten die scharfe Antithese nur verschleiern, nicht aber überwinden; denn wie minimal man den Anteil des Menschen auch festsetzen mag – kommt es wirklich auf ihn an, so ist er eben zuletzt ausschlaggebend, und die Erlösung ist zuletzt Selbsterlösung, die der Mensch sich selbst zu verdanken hat, im Widerspruch zum Dank *allein* an Gott, zu dem unleugbar die Bibel durchgehend den Menschen auffordert.

Wo solche Antithesen auftreten, da reizen sie das menschliche Denken, auch das theologische, mit der Frage, ob es sich hier um einen letzten Gegensatz handelt. Steht hier Wahrheit gegen Lüge? Können die beiden entgegengesetzten Überzeugungen einander nur mit dem letzten Ernste des Bekennens und Verwerfens gegenübertreten, jede sich als die Position des Glaubens gegen den Unglauben verstehend?

Es könnte sein, daß es so ist. Aber diese Möglichkeit darf nicht verhindern nachzuprüfen, ob es sich nicht vielleicht um eine Sackgasse des Denkens handelt, aus der sich durch erneute Erwägung der Prämissen und der Begriffe ein Ausweg, eine Überwindung der Antithetik finden läßt. Es scheint mir die epochale Bedeutung der Arbeit Karl *Barths* für die christliche Theologie zu sein, diese Überprüfung geleistet und einen Ausweg gewiesen zu haben. Seine Theologie ist eine Theologie der göttlichen Gnade und eine Theologie der menschlichen Freiheit in einem, und dies, ohne auf jene Vermittlungswege mit ihrer nur scheinbaren Überwindung der Antithese zu geraten. Sie wiederholt ohne Abstrich die Radikalität der reformatorischen Gnadenlehre – und entdeckt deutlicher als diese die Gnade als Quelle der menschlichen Freiheit, ja die menschliche Freiheit als Wirkweise der recht verstandenen Gnade. Dies freilich erst durch genaueres Fragen, was denn eigentlich unter Freiheit zu verstehen sei, wann wir denn eigentlich uns als »recht frei« (Joh 8,36) bezeichnen dürften.

Bleiben wir zunächst auf der menschlichen Ebene und fragen, ob die Redensarten des Anti-Gnaden-Ressentiments unsere Realität treffen. Alles sich selbst verdanken – nicht von der Gnade anderer leben – nicht einmal ein Robinson dürfte so sprechen, geschweige denn einer von uns in vielfältigen und unaufhebbaren Gemeinschaftsbeziehungen lebenden Menschen. »Was man ist, das blieb man andern schuldig«.[5] Das liegt auf der Hand. Der Abhängigkeit von der Gnade anderer können wir nicht entrinnen. Martin *Niemöller* hat bekanntlich gesagt, die Frage der heutigen Menschen laute nicht mehr: »Wie kriege ich einen gnädigen Gott?«, sondern: »Wie kriege ich einen gnädigen Nächsten?« Damit ist das Wort Gnade schon entfeudalisiert und generalisiert: Immer wieder wird einer neben mir in irgendeiner Hinsicht stärker sein als ich und mir die Lebensader abschneiden können, sowohl ein einzelner mir einzelnem, wie auch ein Machthaber oder eine Gruppe von Machthabern mir als dem Angehörigen meines Kollektivs durch Ökonomie, Politik, Krieg usw. Wird jener Stärkere, werden jene Mächtigen geneigt sein, das Gegenteil zu tun, mir mein Leben zu gönnen, ihre Macht nicht zu meinem Verderben einzusetzen? Werden sie mir gnädig und barmherzig sein? Kein Stolz sollte uns die Einsicht in die ständige Aktualität dieser Frage versperren!

Ist damit aber die Frage: »Wie kriege ich einen gnädigen Gott?« antiquiert? In dieser historischen Formulierung hat sie den jungen Luther als einen spätmittelalterlichen Menschen umgetrieben, und als er durch neue Evangeliumserkenntnis von ihr befreit wurde, war das Spätmittelalter in ihm überwunden. Was aber die Frage meint, reicht weit über diese historische Epoche hinaus ins Allgemein-Menschliche.

»Gott« meint hier den letzten Horizont unseres Daseins,

---

5 J. W. v. Goethe, Torquato Tasso, I. 1. V. 106.

seine erste und letzte Rahmenbedingung. Ist er gnädig oder gnadenlos? Jene Frage entsteht, wenn Gnadenlosigkeit gewiß oder mindestens wahrscheinlich ist. Wir erfahren den »gnädigen Nächsten«, seine Zuwendung, Barmherzigkeit, Duldung, Liebe im zwischenmenschlichen Bereich. Kann solche Erfahrung jene Frage aufheben? Auch zur beglückendsten Liebeserfahrung kommen sofort zwei andere Erfahrungen hinzu:

1. Die Erfahrung der Begrenztheit unserer menschlichen Liebe, sowohl der Liebe der anderen zu uns wie unserer Liebe zu anderen: Wir alle sind nur mangelhaft Liebende; keiner liebt den anderen so, wie sich selbst.

2. Nicht nur qualitativ, auch quantitativ ist unser Lieben begrenzt: durch die Zeit, die den Verlust des geliebten Menschen auf mancherlei Weise bringen kann, durch Getrenntwerden, Sterben, aber auch durch verschiedene Entwicklung, durch Entfremdung. Wir sind Liebende auf Zeit, ungeschützt Liebende, Liebende innerhalb eines gnadenlosen Horizontes. Zwischenmenschliche Liebe ist – so scheint es uns oft genug – ein bedrohtes, vereinzeltes Geschehen, eine schöne einsame Blüte, ein Edelweiß in einer Welt von Fels und Eis.

Der Horizont kann doppelt beschrieben werden: der Horizont des Nichts und der Horizont der Schuld. Statt *Nichts* kann gesetzt werden Tod, Schicksal, Natur, Universum – alles, was uns wieder verschlingt, die große Gleichgültigkeit um uns her als Grund unserer Angst. Durch zwischenmenschliche Liebe werden wir davor geschützt, können das für einen Augenblick vergessen, sind geborgen in diesem Vergessen. Wir werden dadurch aber auch verletzlicher im heimlichen Wissen um die Möglichkeit, ja Sicherheit ihres Verlustes irgendwann. Liebe vertreibt zeitweilig unsere Angst – *und* macht uns ängstlicher, als wenn wir, einsam, nur für uns selbst zu sorgen haben.

Gnadenlos ist auch der Horizont der *Schuld:* Bei schwerer Schuld mauern wir uns ab durch Selbstentschuldigung (Verkleinerung unserer Schuld, Exkulpation durch Umstände und Determinationen, Rechtfertigung unserer Handlungen vor ihren Opfern durch unsere hohen Ziele). Die nicht nur biblisch, sondern allgemein bei allen Völkern zu findende Vorstellung eines Jüngsten Gerichts besagt: Irgendwann zerbrechen diese Mauern; irgendwann schauen uns die von uns vergessenen und durch unsere Selbstrechtfertigung niedergeschrieenen Opfer unserer Taten und (mehr noch) unserer Unterlassungen fragend und anklagend ins Auge; irgendwann wird sich auf die uns gnadenlos ihre Anklagen präsentierenden Opfer unseres Lebens unsere angstvolle Frage beziehen: »Wie kriege ich einen gnädigen Nächsten?«, und sie wird identisch sein mit der Frage: »Wie kriege ich einen gnädigen Gott?« Irgendwann können wir uns nicht mehr verstecken und entschuldigen.

Dies irae, dies illa[6] . . . Es ist sehr zu raten, dies nicht aufs Primitive zu schrauben; nicht zu meinen, dies alles ließe sich auflösen als zweckhaft uns eingetrichterte Furcht vor einem strengen Über-Ich, von den Herrschenden zur Niederhaltung des Volkes verwendet. Besser ist es, dies ernstzunehmen als Ausdruck einer Ahnung von unserer unabschätzbaren Verantwortung für unser Leben, eine unentrinnbare Frage und Anklage, auch nicht rechenhaft ausgleichbar durch Vorzeigen unserer sonstigen guten Werke: Die unausweichlich bevorstehende Stunde der Wahrheit, vor der uns auch der Tod nicht retten kann, weil, auch wenn es kein Leben nach dem Tode, keine Hölle geben sollte, diese Frage und Anklage – während der Tod mich nur vernichtet – über mich das negative Urteil spricht, gegen das es keine Appellation mehr an eine höhere Instanz gibt.

Das Wühlen in der Sündhaftigkeit des Menschen, das so oft dem Christentum vorgeworfen wird und tatsächlich oft genug Zeichen neurotischer Religiosität ist, ist Deformierung einer

---

[6] »Tag des Zornes, jener Tag« – Beginn der Sequenz in der Allerseelen-Messe.

Eigenheit des biblischen Gottesverhältnisses. Es deutet auf den religionsgeschichtlichen Tatbestand hin, daß tatsächlich in der jüdisch-christlichen Überlieferung das allgemeine Bewußtsein von dem Gericht, das uns bevorsteht und in dem nichts vergessen und alles aufgedeckt wird – »jedes Wort, aus unserem Munde geht . . .« (Mt 12,36); »wir müssen alle offenbar werden . . .« (2. Kor 5,10) – eine unerhörte Verschärfung erfahren hat. Wodurch? Da sich das innerhalb der alttestamentlichen Prophetie (2. und 3. Jesaja) und vom Alten Testament zum Neuen Testament noch steigert, weiß ich nur *eine* Antwort: Je deutlicher die Erkenntnis des Bundes Gottes als eines *gnädigen* hervortritt (= als eines vergebenden), desto mehr verschärft sich das Sündenbewußtsein. Je radikaler darum im Neuen Testament das göttliche Sich-Hingeben, Sich-Opfern in Jesus erkannt wird, und je universaler es bei Paulus *allen* Menschen als Heil zugedacht wird, desto radikaler und ausnahmsloser wird von der menschlichen Sünde als der eigentlichen Todesnot des Menschen gesprochen; insofern ist tatsächlich *Paulus* der Vater der dann erst bei *Augustin* richtig ausgebildeten Lehre von der »Erbsünde«. Und wieder, als aufs neue Gnade Gottes in der Reformationszeit radikal und universell verstanden wird, verschärft sich auch die Erbsündenlehre. Bei den Reformatoren könnte man noch vermuten: zuerst entstehe hier das radikale Sündenbewußtsein, (oder: zuerst verschärfe sich hier noch das spätmittelalterliche Sündenbewußtsein), und dann treibe dies zur Flucht in die Gnade; sicher steht es jedenfalls bei Paulus anders: Von der Gnadenfreude, der Pneuma-Beseligung her entsteht das schärfere Verständnis der Sünde.

Auch bei Luther erfolgt jedenfalls die *theologische* Verschärfung der Erbsündenlehre erst *nach* der neuen Fassung der Rechtfertigungs- und Gnadenlehre. Das bedeutet: Von der gänzlichen *Änderung* des *gnadenlosen* Horizontes in einen *gnädigen* Horizont her wird unsere Existenz unter dem gnadenlosen Horizont, insbesondere unter seinem Schuldaspekt,

als eine radikal und generell verzweifelte, hoffnungslose, ja
schreckliche gesehen. Erst von der Freiheit her erscheint die
Sklaverei in ihrer ganzen Scheußlichkeit, erst von der Freude
her die ganze Trostlosigkeit der früheren Angst, erst vom
Neuen her die ganze Häßlichkeit des Alten. (Karl *Barth* pflegte
hierfür gern Gustav *Schwabs* Ballade vom Reiter über den
Bodensee zu zitieren – mit dem Unterschied freilich, daß dieser
im Schrecken über die überstandene, aber jetzt erst erkannte
Gefahr tot vom Pferde sinkt, wogegen für den Hörer der
evangelischen Rettungsbotschaft vom gnädigen Horizont die
nachträgliche Erkenntnis der ganzen Schrecklichkeit des gnadenlosen Horizonts eine Verstärkung seines Dankes ist.)

Nur als von einer überstandenen Gefahr ist also vom Kreuz
Jesu Christi her vom Zorne Gottes, von Gericht und Verdammnis zu sprechen – eben auf diese Weise gar nicht ver-
harmlosend, im Gegenteil, aber auch weder lähmend noch die
Angst als Mittel benützend, um in die Erkenntnis der Notwendigkeit der Vergebung und in ihre Annahme hinein zu peit-
schen. Das ist die Schwäche des Methodismus, der aus Martin
Luthers Systematisierung von Gesetz und Evangelium folgt,
und den Dietrich *Bonhoeffer* in seinen Gefängnisbriefen mit
Recht kritisiert hat. Er nimmt der christlichen Predigt, wie oft
geschehen, die Freudigkeit der Einladung; sie wird angstma-
chend statt freudemachend, moralistisch, herabdrückend statt
aufrichtend.

Aber auch dies hängt mit der ernsten, ja tödlichen Bedrängnis unseres Lebens zusammen, der sich die biblische Rede von
Gottes Gnade stellt, und die sie aufdeckt. Genau dort stehen
die biblischen Zeugen; dorthin sind sie geführt durch das, was
sie hören und erfahren: in die Illusionslosigkeit letzter Bedrohung. Von der Gnade her erkennen sie ganz, was es heißt,
gnadenlos dran zu sein.

Philologie kann uns helfen, der biblischen Sache näherzu-
kommen. Das deutsche Wort Gnade kommt vom indogermanischen neth (altnordisch: nath), das mit »nah« verwandt ist. Es

bedeutet: sich neigen, nahe sein, von da auch Hilfe und Ruhe.[7] Die irischen Missionare haben dieses vorher nur profane Wort benützt, um gratia zu übersetzen. Die fränkischen Missionare zogen das germanische huld vor: die Haltung des Führers zu seinen Gefolgsleuten. In das gleiche Bedeutungsfeld für die Übersetzungsaufgabe gehörte das neuentstandene lateinische Wort misericordia, aus dem das deutsche »Barmherzigkeit« wurde; im Griechischen standen an Stelle des Herzens die Eingeweide als Ort des Mitgefühls, das sich die Not eines anderen »an die Eingeweide gehen läßt« (vgl. unser »an die Nieren«), z. B. Mt 9,39; 18,27; Lk 4,13; 10,43; 15,20. Eine bei den Griechen abgewertete Haltung, nicht in den Tugendkatalog gehörig, nicht schicklich für den Aristokraten, für den stoischen Weisen, für den politischen Römer, wird hier aufgewertet; das Wort bezeichnet nun die Haltung Gottes gegenüber dem Elenden und dem Schuldigen.

Das griechische charis bringt sozusagen noch ein ästhetisches Moment hinzu. Es umfaßt sowohl Huld wie Dank wie auch die die Charitimen auszeichnende Anmut. Durch den Anklang an das von dieser Wurzel char- abgeleitete chara (Freude) und charma (das, was Freude bringt, der Liebesdienst und die Charme!) lädt es zum Entzücken ein, zum Entzücken, das in uns ein anmutiger, wohlgefälliger Anblick auslöst: Mit solchem Entzücken schauen wir auf das uns beglückend anmutende Antlitz des gnädigen Gottes.

Daß es so gebraucht werden kann, deutet an, wie recht *Luther* hatte, wenn er gegen den durch die verschiedenen Sakramentseffekte veranlaßten pluralischen Gebrauch der scholastischen Gnadenlehre (gratiae – die Sakramentsgnaden) und gegen die scholastische Unterscheidung der gratia increata (der unerschaffenen, zu Gottes Wesen gehörigen und unmit-

---

[7] Nach F. Kluge, Etymologisches Wörterbuch der deutschen Sprache, Berlin 1963, gibt es noch heute im schleswig-holsteinischen Platt die Redensart: »He kann ick to Gudden (= Ruhe) kommen«.

teilbaren Gnade) und der gratia creata (der in Gestalt der
verschiedenen gratiae uns zuteilwerdenden göttlichen Gnadengaben) auf dem Singular bestand: Gnade ist die uns zuge-
wandte Huld Gottes (favor Dei), Gottes Personzuwendung zu
dem, der Gott sowohl als Geschöpf wie erst recht als Sünder
nichts dafür geben kann, identisch also mit Gottes Agape, der
reinen, nichts für sich selbst, alles Gute für seinen Feind
suchenden Liebe Gottes. Sehr zu unterscheiden sind davon die
gratiae, nämlich die charismata, die Gnadengaben Gottes. Sie
sind die Geschenke und Zeichen seiner Huld, aber nicht mit
dieser identisch, was sehr wichtig ist; denn daran ist zu lernen,
daß uns Gott gnädig sein kann, auch wenn er uns seine Gaben
entzieht – und daß das sichtbare Vorhandensein seiner Gaben
die Bitte um seine Huld nicht überflüssig macht: Der Geber
steht über seinen Gaben.

Man kann auf jüdischer Seite oft auf eine gewisse Abneigung
gegen christliche Rede von der Gnade treffen, sowohl wegen
der scheinbaren Beschränkung auf eine Innerlichkeit der Gesinnung wie auch wegen des scheinbaren Gegensatzes von
alleiniger Aktivität auf Seiten Gottes und gänzlicher Passivität
auf Seiten des Menschen. Die beiden hebräischen Worte chen
und besonders chesed, die Luther – tatsächlich sehr mißverständlich – mit Gnade oder Barmherzigkeit übersetzt, meinen
nicht nur eine Gesinnung, sondern ein Verhalten, und zwar
nicht nur ein Verhalten von oben nach unten, sondern ebenso
ein reziprokes Verhalten – ein Verhalten, das einer Verbunden-
heit, die es voraussetzt, gemäß ist. Von diesem Verhalten kann
der israelische Archäologe Nelson *Glück* in seinem Buche über
chesed sogar sagen, es »macht den eigentlichen Gegenstand
eines berith (Bundes) aus und kann fast als ihr Inhalt bezeichnet
werden«[8]. Das Bedeutungsspektrum umfaßt beschworene

---

[8] Nelson Glück, Das Wort Hesed im alttestamentlichen Sprachgebrauche als
menschliche und göttliche gemeinschaftsgemäße Verhaltungsweise. Beiheft
zur Zeitschrift für alttestamentliche Wissenschaft, Nr. 47, 1927, 13.

Loyalität (1. Mose 21,23; König Abimelech zu Abraham) wie
Freundschaftstreue (2. Sam 9,1.3.7) wie auch unverpflichtete
Huld (Esther 2,9.17). Die treffendste Übersetzung dürfte »Solidarität« sein. Dazu also wird, gemäß Nelson Glück, ein Bund
geschlossen, damit solches Verhalten entstehe; dazu auch gewährt ein Höherstehender einem Niedrigeren die chesed eines
Bundes, um ihm das chesed-Verhalten, das Verhalten treuer
Solidarität, zu ermöglichen. »Es gibt«, sagt N. Glück, » überhaupt keinen anderen Ausdruck in dem Alten Testament,
der ... so bestimmt wie chesed das engste Gemeinschaftsverhältnis zwischen Gott und den Seinen darstellt«.[9] In dieser
Solidarität stehen der Schöpfer und die Schöpfung, JHWH und
Israel, und sie wird einseitig vom Gott Israels auch dem
untreuen Israel bewiesen: so hoffen es die Propheten, so hofft
es Israel am Yom Kippur, so wird es bis zur letzten Konsequenz vollzogen auf Golgatha.

Daran, daß Gottes Solidarität mit uns auch in dieser Einseitigkeit sich bewährt, ergibt sich dann doch in solchem Zusammenhang eine Brücke von chesed zu den Worten »Gnade« und
»Barmherzigkeit«, zur paulinischen charis. Die einseitige chesed – sei es die des Schöpfers, sei es die des Bundesgottes, sei es
die des vergebenden Versöhners – ruft aber immer nach der
Reziprozität, ja sie ist auf die Reziprozität, auf die chesed-Antwort des menschlichen Partners aus; diese ist der »eigentliche
Gegenstand des Bundes«; denn sie ist identisch mit dem guten
und wahren Leben des Menschen.

So berührt sich die Bedeutung von chesed mit der indogermanischen Wurzel von Gnade: *nahe*. Gnade gewährt gegenseitige Solidarität, und dies hebt meine Isolation, mein verzweifeltes Auf-mich-selbst-Gestelltsein, mein arrogantes, monadisches Keinen-anderen-nötig-Haben samt der unüberbrückbaren Distanz und Fremdheit von Ich und Du auf. Das ferne Du
wird das nahe Du; der ferne Gott wird der nahe Gott. Vertrau-

---

[9] AaO., 39.

te Nähe, nahe Vertraulichkeit darf entstehen, wo bisher ein gnadenloser Horizont uns als Letztes umgab. *Paulus* nannte diese Nähe das »Pneuma der Sohnschaft, durch das wir rufen: Abba, Väterchen!« (Röm 8,17). Unumkehrbar geht die Initiative von Gott aus, bringt aber dem Menschen die neue Möglichkeit, den neuen Lebensinhalt, Solidarität mit Gott als Antwort des *Dankes.*

Dafür gibt es kein Äquivalent in den anderen Religionen und in philosophischer Weltdeutung und Existenzerhellung. Das mußte durch lange christliche Predigt, die die Freude vergaß über dem Schlechtmachen des Menschen, und die die Gegenseitigkeit vergaß über dem bloßen Trost- und Ruhebedürfnis des Menschen,[10] sehr abgebraucht und schal geworden sein, bis die Aufklärer sich dagegen auflehnten. *Kant* wollte von Rechtfertigung aus Gnaden nichts wissen, und in seinem Sinne schrieb Joh. Gottfr. *Seume* (1763–1810) im »Spaziergang nach Syrakus«: »Aus Gnaden wird kein guter, rechtlicher, vernünftiger Mann selig werden wollen, und wenn es auch ein Dutzend Evangelisten sagen«.

Es lohnt sich, an dieser Stelle noch einmal von Karl *Marx* zu sprechen. Marx kommt in seiner Anthropologie aus antireligiösem Affekt und wegen oftmaliger Verwendung des Schöpfungsglaubens und der Gnadenlehre zur Erzielung von menschlicher Passivität und Einfügung ins Gegebene mit sich selbst in Widerspruch. Denn unmittelbar vor seiner Polemik gegen die Schöpfungslehre (s. o.) sagt er sehr wohl, was er hier leugnet: daß mein Leben notwendig seinen Grund »außer sich hat« – wenn er nämlich ausführt, der wahre, der menschliche Reichtum eines Menschen bestehe nicht in Sachen, sondern in den anderen Menschen; nach diesen geht das wahrhaft »menschliche Bedürfnis«. *Hier* also ist nicht die Unabhängigkeit des einsamen Menschen, der alles nur sich selbst verdankt,

---

[10] Vgl. J. H. Pestalozzi: »Sie ersäufen die Gerechtigkeit im Mistloch der Gnade.« Zitiert nach: Sämtliche Werke, Berlin 1938, Band 12, 56.

das Ideal, sondern bejaht wird als wahre Menschlichkeit die Abhängigkeit jedes Menschen von den anderen, seine Bedürftigkeit nach den Mitmenschen als seine wahre Menschlichkeit. Das besagt doch: Wir sind von Anfang an von Gnaden anderer, auf den gnädigen Nächsten angewiesen; der Wunsch, auf sich selbst stehender Robinson zu sein, ist *falscher* Stolz. Nicht mit Appell an solchen Stolz kann man der biblischen Gnadenverheißung widersprechen, sondern nur mit dem Widerspruch der Traurigkeit, der Resignation: Schön wäre es, wenn über die zwischenmenschliche Liebe hinaus der Horizont nicht gnadenlos wäre. Eben gegen diesen Einspruch sowohl des falschen Stolzes wie der im Augenschein begründeten Resignation richtet sich die Gnadenverheißung.

Nicht aber zielt sie auf Passivität, sondern im Gegenteil auf Aktivität. Passives Empfangen geschieht da, wo mir etwas in den Schoß fällt nicht nur ohne mein Zutun, sondern auch ohne das Zutun eines andern. Kommt die Gabe aber aus einem Geben, aus der Tat eines andern, so stiftet sie schon ein zwischenmenschliches Verhältnis, in dem ich nicht passiv bleiben kann. Denn passiv bleibend hätte ich nicht zur Kenntnis genommen, daß nicht Zufall, nicht Schicksal, nicht Natur, sondern dieser andere mir mit der Gabe eine Tat getan hat. Diese Zuwendung des anderen ist verloren, sie verpufft, wenn ich mich weigere, die Gabe anzunehmen, oder wenn ich sie annehme ohne Erwiderung, ohne die vom Täter gestiftete Relation meinerseits aufzunehmen.

Gnade ist mehr als die Gabe, die sie gibt; sie ist die Zuwendung des Gebers selbst. Spricht *Marx* an der oben zitierten Stelle davon, daß das »Durch-sich-selbst-sein der Natur und des Menschen« unbegreiflich sei, »weil es allen Handgreiflichkeiten des praktischen Lebens widerspricht«, so spricht er damit dem Eindruck, ich sei nicht durch mich selbst, widerwillig eine gewisse Wahrheit zu. Keiner verdankt sich selbst, daß er da ist. Im Gegenteil, unser Gezeugt- und Geborenwerden ist eine höchst diktatorische Verfügung über uns, stärkster Wider-

spruch gegen unsere Autonomie. Ungefragt werden wir zum
Dasein verurteilt.

Hat aber Marxens Entgegensetzung nicht auch eine Wahr-
heit? Er bringt sie sehr einseitig vor, animos gegen die unserer
Freiheit entgegenstehende Rede von Schöpfung und Gnade.
Am Ende der Vorrede zu seiner Doktordissertation (1841)
proklamiert er gegen jeden Gottesglauben das Bekenntnis des
Prometheus: »Mit schlichtem Wort: ich hasse alle Götter« zum
Bekenntnis der Philosophie, »solange noch ein Blutstropfen in
ihren weltbezwingenden, absolut freien Herzen pulsiert«:

> »ihr eigener Spruch gegen alle himmlischen und irdischen Götter, die das
> menschliche Selbstbewußtsein nicht als die oberste Gottheit anerkennen. Es
> soll keiner neben ihm sein ... Prometheus ist der vornehmste Heilige und
> Märtyrer im philosophischen Kalender«.[11]

Die Antithese zum christlichen Glauben scheint unüber-
windlich. Von beiden Seiten, von Christen und Marxisten, wird
seither diese Unüberwindlichkeit aufgerichtet – aus heimlichem
politischen Interesse, und eben dies verpflichtet theologisches
Denken, sie in Frage zu stellen.

Es handelt sich um das Leben. Es ist uns zudiktiert – das ist
die eine Wahrheit, die handgreifliche. Leben ist aber, und
zumal menschliches, bewußtes Leben, zugleich und eo ipso
Aktivität – darauf schaut Marx. Hier ist passives Empfangen
mit Aktivwerden identisch. Leben wird nur zum Leben, indem
es vollzogen wird. So ganz zielt das Geschenk des Lebens auf
unsere Aktivität, daß es verloren ist, wenn wir uns weigern, es
zu vollziehen, und wir vollziehen es schon, indem wir atmen.
So passiv sind wir bei diesem Geschenk, daß es nahezu undenk-
bar ist, daß wir uns weigern könnten, es, indem es uns ge-
schenkt wird, nicht zu vollziehen. Der Säugling jedenfalls kann
sich nicht weigern; er vollzieht unfrei die Freiheit des Lebens,

---

[11] K. Marx, Frühe Schriften, hg. von H.-J. Lieber und P. Furth, 1962, 1.
Band, 21f. Vgl. dazu J. M. Lochman, Christus oder Prometheus? Die
Kernfrage des christlich-marxistischen Dialogs und die Christologie, Furche-
Stundenbücher 106, 1972.

indem er atmet. Auch der durch Atemübungen ins Leben zurückgerufene Selbstmörder kann das Atmen nicht verweigern. So mächtig ist das Leben in uns, daß auch der gerettete Selbstmörder nur aufs neue, durch eine andere, künstliche Weise sich bemühen kann, dieses mächtige Leben, die Freiheit zum Leben wieder zu beenden. Leben ist in einem (gegen Marx) das von uns passiv empfangene Geschenk, dessen Grund unumkehrbar außerhalb von uns liegt, *und* (mit Marx) zugleich unsere eigene Aktivität, unser eigener Vollzug; mit jedem Atemzug sind wir selber Schöpfer unseres Lebens. Dies aber meint im biblischen Sinne das Wort von der Gnade, schon von der Gnade der Schöpfung: jeden Augenblick sind wir ganz empfangend und ganz aktiv.

Was wir hier im Gespräch mit Marx diskutiert haben, ist nur Wiederholung der umstrittensten Frage der Gnadenlehre in der christlichen Theologie: Gnade ist entweder nur Angebot und wird erst zur Wirklichkeit, wenn wir mit unserer Freiheit in die angebotene Hand einschlagen (so alle Formen von Pelagianismus und Semi-Pelagianismus einschließlich Erasmus und mancher Pietisten) – oder sie ist gratia irresistibilis, unwiderstehliche Gnade (in den konsequenten Aussagen der reformatorischen Theologie, etwa bei Luther in De servo arbitrio, wo er sich auf den Geburtsvorgang beruft, und in der calvinistischen Prädestinationslehre).

Für Karl *Barth* ist zentral die Verknüpfung von beidem: Gnade als allein von Gott herkommende Wirklichkeit (nicht nur Möglichkeit!) – und eben darum menschliche Freiheit. Wie ist das zu verstehen?

Dafür ist hilfreich das bei Barth hier vermittelnde Zentralwort: *Dank.* Dank ist das Ereignis im menschlichen Leben, das analog steht zu der »dialektischen« Einheit von Passivität und Aktivität im physischen Leben, und zwar dann, wenn es sich um das *wesentliche* Ereignis von Dank handelt. Unwesentlich, d. h. beiläufig, nicht konstitutiv für eine zwischenmenschliche Beziehung ist das »Danke schön«, das wir aus (ja nicht zu unterschätzender) Höflichkeit sagen für eine Gabe, die vielleicht nicht einmal frei gegeben ist, sondern pflichtgemäß oder als Tauschgeschäft in Gegenleistung für unser Geld, z. B. die Fahrkarte am Schalter. *Wesentlich* ist Dank, wo wir damit antworten a) nicht nur auf eine Gabe, sondern auf ein *Geben*, b) wo in der Gabe sich das Geben des anderen als ein Geben seiner Zuwendung zu mir ausdrückt, als ein Geben seiner *Person*, seiner Freundschaft, seiner Liebe, seines Daseins für mich, c) wo dieses Geben ein *freies* ist, nicht ein gezwungenes, automatisches, reflexhaftes, sondern ein menschlich-persönliches.

Können wir zwar die Gabe als solche auch ohne Dank annehmen, an uns reißen und verwerten, so können wir doch dieses freie, persönliche Dasein für uns – die eigentliche Gabe *in* der dinglichen Gabe! – uns aneignen nur im *Dank*, in entsprechender Zuwendung zum Geber. Seine Zuwendung ist mehr als sachliche Gabe, ist Geben von Leben, und dafür gilt wieder jene Dialektik: Hier sind wir zugleich ganz passiv und ganz aktiv, ganz abhängig (unumkehrbar) und ganz selbsttätig. Letzteres aber nur *dank* des Ersteren! Mit seiner Zuwendung ruft der Geber den Dank, das Leben des Dankes, den Lebensvollzug des Dankes in uns hervor; wir verdanken unser Danken nicht uns selbst, sondern ganz ihm. Wir sind nicht vorher *frei*, ihm zu danken, sondern wir *werden* erst frei zum Dank durch seine Zuwendung zu uns. Unsere Freiheit ist nicht die Freiheit der Wahl – ob wir ihm danken sollen oder nicht – sondern die unwiderstehlich und spontan hervorbrechende Antwort, die von ihm uns geschenkte Freiheit zum Danken. Diese müßten wir erst künstlich in uns unterdrücken, ihr entgegenwirken, und dies wäre gerade nicht ein Ausdruck unserer Freiheit, sondern unserer Unfreiheit, unserer Unfähigkeit zum Dank, unseres Steinbleibens unter der Sonne dieser Zuwendung.

Der Dank ist das *Natürliche* unter dieser Sonne, der selbstverständliche Vollzug des neuen Lebens; die Verweigerung, die

Unfreiheit wäre die Wahl des Selbstmordes, das Zurückstreben ins alte Leben. Die Analogie zum Geschenk des physischen Lebens ist hier freilich zu Ende. Denn hier setzt die *Entscheidung* ein: ob wir diesem Natürlichen den Lauf lassen, im neuen Leben atmen, oder ob wir künstlich ins alte Leben der Gemeinschaftslosigkeit, der Isolierung vom anderen, des In-sichselbst-Gekrümmtseins (Luther) zurückstreben, es künstlich festhalten. -

Der *Heidelberger Katechismus* hat die Auslegung des Dekalogs ans Ende gestellt, nach Beschreibung der gnädigen Zuwendung Gottes in Jesus Christus zu unserem im alten Leben verlorenen Dasein, unter der Überschrift »Von der Dankbarkeit«. Dies ist richtiger als die Anordnung *Luthers* in seinen Katechismen: Dort ist das *Gesetz* Gottes nur eine strenge Forderung, an der wir gemessen werden, vor der wir versagen, und die uns zu Anklage und Gericht wird, also Ausdruck des gnadenlosen Horizonts, von dem uns das *Evangelium* befreit. Dies war für Luther eine Konsequenz aus der paulinischen Polemik gegen den Nomos (Gesetz), aber sie ist exegetisch schief und sachlich bedenklich. *Barth* spricht richtiger von der Reihenfolge Evangelium und Gesetz; denn Thora ist die aufgrund des Bundes ergehende Lebensweisung (nicht: Gesetz) zu freiem, dankbarem Leben unter der Zusage des Daseins des Bundesgottes für die Bundesgenossen. Ebenso sind die Paränesen der apostolischen Briefe zu verstehen, wie man das an Röm 12,1–4 besonders deutlich sehen kann.

Christliche *Ethik* ist das Fragen: Wie sieht konkret unser Leben als Dank für den »überschwenglichen Reichtum seiner Gnade« (Eph 2,7) aus, wenn klar ist: Dank als Lebensvollzug in Richtung auf den Geber heißt immer: a) nie nur Gefühl und Gesinnung, sondern *Lebens*vollzug, also ebenso Tat; b) diese Tat vollzieht sich in gleicher Gesinnung wie die des Gebers, die mich zum Dank erweckt, also in Liebe (Agape); c) dieser Lebensvollzug besteht in Interesse für die Interessen des Gebers und in Mitarbeit an seinen Interessen, hier also: am

Rettungswerk des Gebers, das uns erreichte, und in dessen Arbeit wir nun hineingezogen sind. Dies ist darzustellen am Leben des dafür Dankenden in einer Menschenwelt der *Kämpfe* ums Leben.

Literaturhinweise:

Hans Joachim *Iwand*, Gesetz und Evangelium. (Nachgelassene Werke, 4. Band.) 1964.

Wolfhart *Pannenberg*, Gottesgedanke und menschliche Freiheit. 1972.

Walter *Kreck*, Grundfragen christlicher Ethik. 1975.

Bertold *Klappert*, Promissio und Bund. Gesetz und Evangelium bei Luther und Barth. 1976.

X.

Die Jüngerschaft
in den Kämpfen dieser Welt

Vergebung ist neue Sendung in die Welt. Diese Welt aber ist eine Welt der Kämpfe von Ideen und Interessen. Der Verantwortung für die Mitwirkung bei ihrer Ordnung unter ihren Bedingungen darf sich die Jüngerschaft Jesu nicht entziehen. Dabei wird sie aber in diese Kämpfe verwickelt. In ihnen geht es vor allem auch um politische Macht. Wie soll das gut gehen? Wie ist das zu vereinbaren mit ihrem neuen Leben?

»Die Gnade will gelebt sein, sonst ist sie nicht die Gnade«, lautet ein entscheidender Satz Karl *Barths*[1], der nach dem Bisherigen verständlich sein wird, ja selbstverständlich, sogar tautologisch. Denn wenn Gnade Lebensspendung ist, dann schafft sie Leben, und Leben ist Aktivität in jeder Sekunde; so will sie also Aktiv-Werden und nicht Passivität. Passiv-Bleiben wäre dann soviel wie Nicht-Empfangen der Gnade, Empfangsverweigerung, oder genauer: Nicht-Ausnützung und Nicht-Betätigung der mit der Wirklichkeit der zu uns kommenden Gnade gegebenen Lebensmöglichkeiten.

Geschieht für den Menschen, der durch seinen Widerspruch zu Gott und durch sein gottwidriges Leben sich selbst den Tod bereitet und das Todesurteil des göttlichen Gerichts sich zugezogen hat, die gnädige Rettungszuwendung Gottes im Freispruch von diesem Todesurteil[2], dann bedarf dieser wichtige Begriff des Freispruchs sofort der Ergänzung. Er könnte in Analogie zu einem menschlichen Gerichtsurteil dahin mißverstanden werden, als werde der Freigesprochene, ohne daß

---

[1] K. Barth, KD II/2, 776.
[2] Vgl. W. Kreck, Grundfragen der Dogmatik, 2. erweiterte Auflage, München 1977, bes. 89, 151ff.

etwas hinzukäme, nun in sein altes Leben entlassen, in dem dann das alte Verderben sich doch nur wiederholen könnte.

So fügt denn *Luther* zum Freispruch sofort an, was der göttliche Freispruch im Unterschied zu dem eines menschlichen Gerichts untrennbar enthält und mit sich bringt: »Wo Vergebung der Sünden ist, da ist auch Leben und Seligkeit«[3]. Die »Seligkeit« nannten wir oben (Kap. X) das Entzücken am Angesicht des gnädigen Gottes. »Leben« aber kann gar nicht intensiv und extensiv genug verstanden werden. »Gnade ist Beschlagnahmung der Gesamtexistenz«, sagt Christoph *Blumhardt*. Der Freispruch ist zugleich Ernennung, nämlich Ernennung zum Mitarbeiter Gottes, zum cooperator Dei in mundo, zum Mitarbeiter Gottes – nicht (damit kämen wir wieder in den Semipelagianismus, in die Prozentrechnerei!) zur Mitarbeit an unserer Befreiung, an unserem Frei-gesprochen-Werden, sondern: in der Welt, an Gottes von uns bisher verdorbener Schöpfung. Wenn dies das Anliegen der von der katholischen Tradition (dann freilich auf sehr mißverständliche Weise) der Reformation entgegengehaltenen Mitwirkung des Menschen gewesen sein sollte, dann muß es (mit korrigiertem Irrtum) positiv aufgenommen werden. Mitwirken ist dann, wie Hans *Küng* schreibt[4], nicht ein »Mitwerken«, sondern ein »Mitmachen des von Gott allein ins Werk Gesetzten« – sowohl des uns gegebenen neuen Lebens durch Betätigung seiner neuen Möglichkeiten wie auch Mitmachen beim großen Rettungswerke Gottes in der Menschenwelt. »Denn jede Sache, die durch Mitteilung an andere nicht verliert (und um eine solche Sache handelt es sich bei der Gnade, H. G.), besitzt man nicht, wie man soll, solange man sie nur selber besitzt, ohne sie wieder an

---

[3] Artikel vom Abendmahl aus Luthers Kleinem Katechismus. In der lateinischen Fassung (Die Bekenntnisschriften der Evangelisch-lutherischen Kirche, hg. 1930, 1956³, 520): Ubi enim remissio peccatorum est, ibi est et vita et justitia.
[4] Hans Küng, Rechtfertigung, Einsiedeln 1957, 257.

andere weiter zu geben«[5]. Genau dies ist die Verbindung zwischen der gnädigen Liebe Gottes und dem Liebesgebot, zwischen der der Liebe Gottes antwortenden Liebe zu Gott und – »Das andere aber ist ihm gleich« (Mt 22,39) – der den Mitmenschen zugewandten Liebe. Nur beides zusammen ist das von der Gnade geschenkte und gewollte Leben, die *eine* Antwort des Dankes.

»Ich kann Gott nicht lieben, ohne mein ganzes Herz, wie es für die Mitmenschen lebt, ohne meine ganze Seele, wie sie in allen Richtungen des Geistes der Mitwelt zugekehrt ist, ohne meine ganze Kraft für diesen Gott in seiner Korrelation zum Menschen einzusetzen.«[6]

Freispruch ist Ernennung, Ermächtigung und Ausrüstung zur Mitarbeit an Gottes Werk. Das ist die Füllung des neutestamentlichen Wortes Pneuma (Geist), in dem der Indikativ und der Imperativ, der Indikativ der unumkehrbar von Gott her wirklichen Befreiung und der Imperativ zum Vollzug desjenigen Lebens der Gnade, das »gelebt sein will«, unlöslich miteinander verbunden sind: »Wenn wir nun durch den Geist leben, so laßt uns auch durch den Geist unser Leben vollziehen!« (Gal 5,25).

Leben ist Freiheit, und Freiheit ist Können. Einer, der aus dem Nichts ins Sein gerufen ist (Röm 4,17), kann, was er vorher nicht konnte: atmen und handeln. Einer, der von den Toten auferweckt ist, kann, was er als Toter nicht mehr konnte: atmen und handeln. Was vorher unmöglich war, wird nun möglich. Keiner der biblischen Aufrufe, die wir »Gebote« zu nennen pflegen, gibt etwas an, was ohne eine grundlegende Befreiung und ohne eine neue Geistesausrüstung uns umstandslos möglich wäre. Wie sollte uns denn das felsenfeste Vertrauen auf Gott, von dem wir gesprochen haben, möglich sein ohne eine Zuwendung Gottes, die es aufs neue hervorruft?

---

[5] Augustin, De doctrina Christiana, I, 1, 1, in: Corpus Christianorum, Series Latina XXXII, 6: Omnis enim res, quae dando non deficit, dum habetur et non datur, nondum habetur, quomodo habenda est.

[6] Hermann Cohen, Der Begriff der Religion im System der Philosophie, 1915, zitiert bei M. Buber, Gottesfinsternis, Heidelberg 1953, 67.

Wie sollte uns also Erfüllung des ersten Gebotes möglich sein: das Risiko der Gehorsams- und Anbetungsverweigerung all den Mächten gegenüber, die sich als die Götter unseres Lebens aufspielen? Wie sollte es uns möglich sein, das Gebot »Du sollst nicht töten« zu erfüllen, sowohl wörtlich in einer Welt, in der wir auf vielfältige Weise täglich ins Mitmachen beim Töten hineingezogen werden, wie auch in dem radikalisierten, auf den Grundwillen Gottes zurückgeführten Sinne, in dem es von Jesus in der Bergpredigt ausgelegt wird (Mt 5,21f)? Wie sollte es uns möglich sein, den Mitmenschen nicht nur bestenfalls zu tolerieren, ihm wenigstens nicht das zuzufügen, was wir uns selbst auch nicht zufügen lassen wollen, sondern ihm das zu tun, was wir wünschen, daß es uns getan werde (Mt 7,12 – bei Jesus ist die sog. »Goldene Regel« positiv formuliert, nicht negativ wie bei *Konfuzius*)? Wie sollte uns, wie wir sind, also Liebe möglich sein, die ernsthaft Liebe, Dasein für den anderen, genannt zu werden verdient?

Die Gebote sind die Beschreibungen der neuen Möglichkeiten, die durch das Immanuel, durch das »Gott mit uns« der Gnade eröffnet sind. Auch sie müssen geglaubt werden; d. h. wir können nicht zuerst feststellen, daß wir sie haben, und dann sie betätigen, sondern nur uns darauf verlassen, daß der, der hier aufruft, auch die Freiheit zum Tun gibt, und darum im Blick auf seine von uns zu glaubenden Möglichkeiten tun, was er sagt, und wozu wir uns im Blick auf unsere feststellbaren Möglichkeiten nicht fähig sehen. Das *Kant*sche »Du kannst, denn du sollst« ist also nicht ganz falsch, muß aber, wenn die Gebote als die Gebote der Gnade verstanden werden, umformuliert werden: »Du sollst, denn du kannst!« Die Jünger Jesu werden ins Unmögliche hineingerufen. Sie geraten darum in die unmögliche Existenz der Lämmer unter den Wölfen (Mt 10,16), und sie proklamieren als den Gotteswillen ein gutes Leben, das unter den Bedingungen dieser Wirklichkeit als unmöglich erscheint – dies freilich »um so schlimmer für die Wirklichkeit«.

Eben an dieser Stelle wird wichtig, was oben (Kap. VIII) über Gegenwärtigkeit und Zukünftigkeit des Reiches Gottes gesagt worden ist. Wäre das Reich Gottes nur zukünftig, dann würde es diese Weltzeit ablösen und stünde zu ihr nur im Verhältnis der Negation. Als in die Gegenwart hereinwirkende Zukunft aber muß es als ein jetzt wirkender Faktor gedacht werden, und dies kann dann nicht abstrakte und generelle Negation sein. Gottes neue Wirklichkeit, die wir gegenüber der alten Todesherrschaft »Reich Gottes« nennen, meint nicht ein Leben von Engeln und Seligen im Jenseits, sie meint die Veränderung unseres jetzigen Lebens aus der Todesrichtung in die Lebensrichtung, und diese Veränderung vollzieht sich nicht in pauschaler Negation von Umwelt und bisheriger Lebensführung, sondern in selektierender Bejahung und Verneinung, in Veränderung der Prioritäten, im Austritt aus bisherigen Bündnissen und Eintritt in neue Bündnisse usw.

Das gilt nicht nur individualgeschichtlich, sondern auch weltgeschichtlich. Das veränderte Leben der Jünger Jesu wirkt in Form von Ideen, moralischen Wertungen und Infragestellungen in die Gesellschaft hinein und verbindet sich hier mit anderen Traditionen, auch mit wechselnden Interessen. Ob Legitimierung oder Kritik des Bestehenden jetzt und jetzt aus dem Evangelium folge, das wird oft genug in der Jüngerschaft selbst strittig sein, und dieser innerkirchliche Streit ist auch außerkirchlich von Interesse, weil er Streit von Gesellschaftsmitgliedern ist, und weil mit seinen Positionen Ideen und Interessen sich verbinden, die auch außerkirchlich Relevanz und Anhänger haben.

Der Verantwortung für dieses weltgeschichtliche und gesamtgesellschaftliche Hinauswirken darf sich der Kreis der Jünger nicht entziehen. Heute, zweitausend Jahre nach dem Urchristentum, besteht sie sowohl in der Teilhabe an Schuld und Reue wie im neuen Vorantragen des Angriffs des Evangeliums auf die gesellschaftliche Gestalt der Sünde, auf die Unmenschlichkeiten der heutigen Gesellschaft. Wir ziehen damit unsere heutige Konsequenz aus dem tief widersprüchlichen Bild, das die Christentumsgeschichte bietet, widersprüchlicher als jede andere uns bekannte Kultur: Sie ist die Geschichte immer neuer Impulse und Aufbrüche zur Vermenschlichung der Gesellschaft – und zugleich eine Geschichte immer neuer Schrecken, die sowohl innerhalb der christianisierten Völker wüten (z. B. Inquisition, Hexenverfolgung), wie auch von diesen über die Völker der anderen Erdteile gebracht werden, gipfelnd schließlich in der Barbarei unseres Jahrhunderts. Das neue Können scheint durch diese Geschichte desavouiert zu sein; aber gerade sie drängt uns, nach dem ursprünglich Treibenden, nach der am Anfang dieser Geschichte stehenden Explosion zu fragen. Sie hat so große Hoffnung entzündet; sie war nicht nur das Aufkommen neuer Ideen, sondern neuer Lebensgewißheiten und -möglichkeiten, und sie ist durch das, was Menschen daraus gemacht haben, nie ganz verschüttet und erstickt worden. Immer neue Explosionen geschahen. Wir fragen jetzt nach dem Leben der von dieser Explosion Ergriffenen und Veränderten inmitten der unveränderten, unerneuerten Welt, und wir fragen dies unter einer Prämisse und in einer bestimmten Zuversicht. Unter der *Prämisse:* Die Desavouierung des neuen Lebens durch seine Niederlagen und durch die Siege des alten Lebens auch und gerade in der Christentumsgeschichte hat jene Explosion nicht zunichte gemacht; es gibt – oder christlicher gesprochen: *Er* gibt auch heute noch Jünger und eine Jüngergemeinde, die ihm nachfolgen, wenn auch noch so verstreut in der Welt; »abrahamitische Gemeinden«, wie Dom Helder *Camara* sagt. In der *Zuversicht:* Die Zeit der Wirklichkeit, d. h. der Wirksamkeit jener Explosion liegt nicht hinter uns, sondern immer wieder erst noch vor uns.

Wir sehen jetzt auf den Umkreis des Zentralereignisses, des Jesus Christus, des Angriffs des neuen Lebens auf das alte, wir sehen auf die ecclesia. Wir sehen sowohl auf den einzelnen wie auf die Gemeinschaft, in die dieser einzelne, erreicht und ergriffen von der Einladung mitzumachen, sofort hineingestellt wird (Taufe), weil das neue Leben als menschliches sofort ein soziales Leben ist (Abendmahl):

a) Ich kann es nicht allein leben, weil es sich gemeinschaftlich darstellen soll, als neues Sozialleben.

b) Ich kann es nicht allein leben, weil ich die Hilfe und Korrektur der anderen dazu brauche.

c) Ich soll es nicht allein leben, weil die anderen mich brauchen.

d) Wir miteinander sollen es miteinander leben inmitten der übrigen, auf diese hin, als Salz, Licht, Sauerteig für deren Sozialleben.

»Christ« ist kein Idealbegriff. Wer könnte sagen: »Ich bin ein Christ«? Ich bin ein Christ nicht als ein sichtbarer Heiliger, sondern als simul iustus et peccator (zugleich Gerechter und Sünder), als Kampfplatz des Neuen und des Alten.

»Christ« ist also auch kein Begriff der Religionsstatistik, sich abgrenzend von anderen Weltanschauungen: nur bei mir ist die Wahrheit und sonst Finsternis. Ich lasse es vielmehr offen, wie Gottes Geist auch außerhalb der Kirche wirkt für neues Leben. Ich selbst habe durch die Botschaft diesen ausdrücklichen Ruf gehört und kann mich an ihm orientieren. Das verbindet mich mit denjenigen, denen es ebenso ergeht, zum gemeinsamen Leben – nicht gegen die anderen, die ihn nicht hören oder überhören oder ablehnen, sondern auf sie hin und für sie. Sofern es ein »Privileg« ist, diesen ausdrücklichen Ruf zu hören, habe ich dieses Privileg *für* die anderen, nicht um mich zu überheben, sondern um ihnen damit zu dienen. (Dies ist der Sinn *jedes* Privilegs vom neuen Leben her. Das neue Leben macht nicht gleich im Haben, sondern nur gleich im Dienen.) Mein Privileg ist das Maß, an dem ich strenger als die anderen gemessen werde: »Welchem viel gegeben ist, bei dem wird man viel suchen, und welchem viel befohlen ist, von dem wird man viel fordern« (Lk 12,48).

»Christ« ist also ein Titel, der Gemeinschaft, Begnadung, Begnadigung und Auftrag (Sendung) aussagt.

Christ-Werden ist eine diesseitige Veränderung des diesseitigen Lebens, nicht ein Versetzt-Werden in eine andere, jenseitige Welt – zwar ein Herausgerufen-Werden aus meinem bisherigen Leben, aber ein Hineingesandt-Werden in meine bisherige Welt, in die Welt des alten Lebens. Daraus folgt: ich gerate in einen Widerspruch a) mit mir selbst als Teil und Produkt dieser alten Welt (= Kampfplatz), b) mit meiner Umwelt – und dieser letztere Widerspruch ist jetzt unser Thema.

Dieser Widerspruch ist *radikal*, aber nicht *total*. Als totaler wurde er aufgefaßt von Anachoreten und Mönchen. Das war nicht einfach falsch. Es *kann* der Sendung der ganzen Gruppe (= ecclesia) dienlich sein, wenn Teile von ihr sich berufen wissen, die *Radikalität* des Widerspruchs durch *totalen* Auszug aus der Gesellschaft darzustellen. Dies kann aber immer nur ausnahmsweise, kompensatorische, unterstreichende Bedeutung haben für die unabdingbare Sendung der Gemeinde *in* die alte Welt *zu* der alten Welt.

a) Daß der Widerspruch nicht *total* ist, zeigt sich daran, daß Sendung ja impliziert: Mitleben mit denen, zu denen einer gesendet wird, *ihr* Leben mitleben, ihre Sprache sprechen, an ihren Lebensproblemen teilhaben, nicht von außen zu ihnen reden, sondern als einer der ihrigen.

b) Dies impliziert auch: Nicht *alles* im alten Leben ist falsch. Das Falsche im alten Leben kommt ja aus seinem Widerspruch zu dem geschöpflichen Leben, das es zugleich und immer noch ist, d. h. es ist immer noch ein von Gott gewolltes, bejahtes, täglich vielfach leiblich und geistig ausgerüstetes Leben. Daran habe ich teil und nehme ich teil, an der Naturbasis, an der Arbeit zur Erhaltung des Lebens, am geistigen Leben mit seinen Erkenntnissen und Innovationen, an Freude, Genuß und Trauer, am ganzen gottgegebenen Können der Menschen. Eine hyperfromme Absage an das Kulturleben ist Irrtum gegenüber dem Schöpfungsglauben.

c) Darum findet auch nicht einmal totale Absage an die Moral des alten Lebens statt. Menschliche Moral ist ja, was

Marxisten oft vergessen, nicht einfach Klassenprodukt. Sie enthält, wie sehr auch von Klassengesellschaft geprägt und für Klassenherrschaft ausgenützt, ein Plus über das Bestehende hinaus, eine Ahnung vom guten Leben, ein kritisches Moment gegen das Bestehende – dies erst recht, wo sie, wie in unserem Kulturkreis, ein wenn auch noch so an das Bestehende angepaßter Niederschlag der Ausstrahlung christlicher Predigt ist. Darum nimmt das Urchristentum antike Moral auf: »Was wahrhaftig ist, was ehrbar, was gerecht, was rein, was lieblich, was wohllautet, ist etwa eine Tugend, ist etwa ein Lob, dem denket nach!« (*Phil* 4,8) – dies aber natürlich nicht pauschal, sondern kritisch-selektierend. Eben mit solcher Selektion wird anerkannt: Die Welt um uns ist nicht einfach gottverlassen, nicht total gottwidrig, sondern von Gott erhalten durch Erkenntnisse und Lebensrichtlinien, die gut und wahr sind, die auch wir Sendboten des neuen Lebens anzuerkennen, weiter zu pflegen und zu lernen haben. Schon dies begründet ein Dialogverhältnis; es läßt diese Sendboten nicht nur Belehrende und Widersprechende sein, sondern auch Hörende und Lernende – und dies erst recht, wo sie (z. B. als Missionare) in einen anderen Kulturkreis gehen. Das paulinische Wort hätte sie davor schützen können, unbesehen die Maximen ihres Kulturkreises des Abendlandes (vielleicht wegen seiner christlichen Prägung) als Maximen des Reiches Gottes zu verbreiten und dadurch destruktiv auf die vorgefundene Kultur zu wirken. Sehr schön sagt Karl *Barth:*

»Wie stellt sich die christliche Ethik zu der Welt der menschlichen *Moral,* das heißt zu den Sitten und Gewohnheiten, zu den alten und auch neuen, zu den traditionellen oder vielleicht auch revolutionären Lebensregeln, in welchen der Mensch scheinbar unabhängig von jener Geschichte ›das Gute‹ zu erkennen und zu tun meint? Darauf ist zu antworten: Die christliche Ethik geht durch diese ganze Welt der Moral hindurch, prüft alles und behält das Beste, nur das Beste, und das heißt eben das, wodurch Gottes Gnade jeweilen am besten gepriesen wird. Es kann gewiß nicht anders sein, als daß die christliche Ethik dem Menschen mit seinem Moralstandard immer aufs neue Überraschungen bereiten wird.«[7]

---

[7] Karl Barth, Christliche Ethik, München 1946, 10f.

Barths Wort »Überraschungen« ist freilich ein gelindes Wort
für die Radikalität des Widerspruchs. Diese wird dann deutlich,
wenn wir uns klarmachen, daß der Widerspruch sich nicht so
sehr richtet gegen die Produktionen unseres Geistes (Moral) als
unseres »Herzens« und deren Niederschlag in den gesellschaftlichen Ordnungen, gegen uns selbst, als geprägt von dieser
Welt, die wir ständig durch das, was wir sind, weiter ebenso
prägen.

Diese Welt ist *Kainswelt*. Wir sind Kain. Das will der Jahwist
sagen mit 1. Mose 4. Es ist aber die Kainswelt, die an ihrer
Kainsnatur nicht untergehen, sondern gerettet, verwandelt und
auf diese Rettung hin *erhalten* werden soll. Das gehört zu dem
göttlichen Werk, an dem die neue Gruppe teilnehmen soll: die
Erhaltung der alten Welt auf ihre Rettung hin.

Wir entfalten die ganze Schwierigkeit dessen, was in diesem
Satz gesagt ist:

1. Es ist also nicht möglich, als die Neuen vom Alten sich zu
absentieren, ihre Andersheit in abgetrennter Weise klar heraus-
zuprofilieren, als abgetrennte Insel. Letzteres ist naheliegend
und schon in der Urchristenheit aufgetreten (vgl. 2. Kor
6,14–18 – wahrscheinlich eine unpaulinische Glosse). Wie
schon gesagt, ist nicht ausgeschlossen der Rückzug, die Abson-
derung einzelner, dies aber nie als Muster für die Gemeinde,
sondern als geistliche Unterstützung für deren Weltzuwen-
dung, deren Schwierigkeit ist: nicht absondern – aber auch
nicht sich gleichstellen (Röm 12,2)! Nicht abgesondert und
doch unterschieden, anders sein als die Welt! Wie wird das
gehen?

2. Sie selbst sind ja nicht gänzlich unterschieden, nicht
gänzlich neu, sondern Kampfplatz; sie hätten es deshalb sehr
nötig, sich abzusondern, um ohne weitere Einwirkung des
Alten das ihnen selbst noch anhaftende Alte in geschützter
Umgebung ganz ausscheiden zu können, ohne als immer noch
Anfällige durch die tägliche Berührung mit dem Alten ständi-
ger Ansteckungsgefahr ausgesetzt zu sein. Noch sind sie selbst

nicht »bekehrt«, umgewandelt, reif und gefestigt genug für diese Sendung als »Schafe unter die Wölfe« (Mt 10,16) – sie, deren Wolfsnatur noch keineswegs genug ausgetrieben worden ist. Werden sie nicht – immer noch Wölfe im Schafsfell – bald wieder mit den Wölfen heulen? Wie wird das gehen?

3. Die alte Welt braucht (so scheint es), um sich selbst zu erhalten, keineswegs die Mitarbeit der Christen. Sie ist ja schon eifrig dabei, sich selbst zu erhalten; ja, Selbsterhaltung ist ihr oberstes Prinzip, und dafür hat sie mit ihrer ganzen Klugheit von jeher schon Institutionen und Methoden entwickelt, und zwar sowohl um sich *gegeneinander* zu erhalten, wie auch, um sich *miteinander* zu erhalten. Sprechen wir von Kainswelt, dann denken wir zuerst an das Sich-gegeneinander-Erhalten: der Mensch ist des Menschen größter Feind. Potentiell läßt jeder von uns fürs eigene Leben den anderen über die Klinge springen. Die Grausamkeit der Geschichte besteht nicht in den großen Naturkatastrophen, sondern in dem, wovon der Mensch nach *Brechts* Dreigroschenoper lebt:

»Denn wovon lebt der Mensch?
     Indem er stündlich
Den Menschen peinigt, auszieht, anfällt, abwürgt und frißt.
Nur dadurch lebt der Mensch, daß er so gründlich
vergessen kann, daß er ein Mensch doch ist.
Ihr Herren, bildet euch nur da nichts ein:
Der Mensch lebt nur von Missetat allein!«[8]

Das ist die Wahrheit vom Satz des *Kommunistischen Manifestes:* »Die Geschichte aller bisherigen Gesellschaft ist die Geschichte von Klassenkämpfen«[9]. Ob man Besitz und Genuß oder Sicherheit oder nackte Lebensrettung als das eigentliche Ziel angibt – stets treibt der zähe Selbsterhaltungswille die

[8] Bert Brecht, Dreigroschenoper, in: Werkausgabe Edition Suhrkamp, Frankfurt/M., Band 2, 458.
[9] Kommunistisches Manifest in: Marx-Engels, Ausgewählte Schriften, Berlin 1968, Band 1, 26.

einzelnen gegeneinander und die Kollektive gegeneinander, um über die Leichen der anderen hinweg und auf Kosten der anderen das eigene Leben zu gewinnen. Man kann nun die Aufgabe der Christen bei der gottgewollten Erhaltung dahin beschreiben: Sie sollen dazu beitragen, daß dieses mörderische Gegeneinander die Kainswelt nicht gänzlich zerstört, daß vielmehr eingesehen wird, daß das Miteinander ein besserer Erhaltungsmodus ist als das Gegeneinander, und daß aus dieser Einsicht praktische Folgen gezogen werden. So ist die politische Aufgabe der Christen oft und richtig beschrieben worden. Damit ist aber die Schwierigkeit, in die sie bei diesem Teil ihrer Sendungsaufgabe gelangen, noch nicht scharf genug gesehen:

Diese Einsicht müssen nicht erst die Christen einbringen, sie ist schon bekannt. Daß die Selbsterhaltung gegeneinander mit der allgemeinen Vernichtung enden könnte, weiß auch die Klugheit der alten Welt. Deshalb werden dem Kampf der Selbsterhaltung gegeneinander immer wieder Grenzen gesetzt: innerhalb der Kollektive durch Recht, Sitte und Moral, wodurch auch der Schwächere einen Rechtsboden bekommt und nicht am Faustrecht des Stärkeren zugrunde geht, und zwischen den Kollektiven durch über-kollektives Recht. Letzteres – das Völkerrecht – war immer schwächer ausgebildet als das innere Recht der Kollektive, und es fehlen ihm bis heute wirksame Sanktionen und mit genügend Macht ausgestattete Instanzen, um es durchzusetzen. Aber an Versuchen, durch allerlei gegenseitige Regelungen, Verträge usw. sich vor dem gemeinsamen Untergang zu schützen, hat es nie gefehlt, auch wenn diese – z. B. beim heutigen Atom-Patt – sich auf gegenseitige Versicherungen beschränken, daß auch die andere Seite das Risiko des großen Atomkriegs vermeiden wolle.

Auch hier werden die zur Mitarbeit am Erhalten der menschlichen Geschöpfe Beauftragten eintreten – als Bundesgenossen der schon vorhandenen Klugheit – für die Weiterentwicklung der bisher schwachen Ansätze, an die Stelle des internationalen Faustrechts verbindliches Völkerrecht mit bevollmächtigten und wirkungsmächtigen Instanzen zu setzen. Überall werden sie Anwälte des Miteinanders gegen das Gegeneinander sein. Die Frage ist nur: Da sie sich hier beteiligen als Verbündete an dem, was aus Eigeninteresse der anderen ohnehin schon zur Selbsterhaltung geschieht – werden sie hier nur mitmachen im Schlepptau derer, die sich vom Eigeninteresse her Methoden der gemeinsamen Selbsterhaltung ausgedacht haben – Methoden, die doch nur das Gegeneinander in einen die gemeinsame Erhaltung sichernden Rahmen bringen, ohne aber das Gegeneinander aufzuheben – *oder* werden sie darüber hinausdrängen zu Ordnungen, die das Gegeneinander nicht nur vor seiner Konsequenz – der gegenseitigen Vernichtung oder dem Sieg des Stärkeren – einigermaßen schützen, sondern es selbst angreifen als einen bösartigen, die Menschen deformierenden Zustand?

4. Dazu kommt die weitere Schwierigkeit: Alles geschichtliche Zusammenleben, d. h. die Begrenzung des Gegeneinanders durch Rechtssetzungen, die ein Minimum von Miteinander ermöglichen, arbeitet mit dem gleichen Mittel, mit dem die Menschen gegeneinander sich durchsetzen und ihre Lebenserhaltung und Lebensgewinnung auf Kosten anderer erreichen: mit der *Gewalt*. Die Gewalt ist die Grundstruktur aller Gesellschaft, alles Zusammenlebens in der geschichtlichen Zeit (lediglich einige vorgeschichtliche Gesellschaften – bis zu heutigen Pygmäen, Buschmännern etc. – ausgenommen). Sicher gibt es noch andere Mittel der Lebenssicherung, z. B. die Intelligenz. Aber was solche Mittel – gewaltlos – erwerben, wird *erhalten* durch Gewalt. Diese ist das Grundmittel zur Erhaltung der *Ungleichheit* an Gütern, an Lebensmöglichkeiten, an Sicherheit, an Persönlichkeitsentfaltung und Genuß. Das Miteinander, also die Möglichkeit, daß Kainsmenschen zusammen leben, wird erhalten durch Gewalt, durch ein inner-kollektives Recht mit Sanktionsdrohungen. Aber dieses Recht erhält mit seiner Gewalt zugleich das Gegeneinander, das ungleiche Leben der einen auf Kosten der anderen – ja, die Erhaltung des

Miteinanders hat zum Ziel die Erhaltung des Gegeneinanders durch Abwehr der mit diesem Gegeneinander verbundenen Gefahr, des gegenseitigen Kampfs aller gegen alle.

Dies ist der Erhaltungsmodus, den die zur Mitarbeit an Gottes Erhaltungswillen Beauftragten vorfinden. Jetzt wird deutlich: Die Erhaltung der Welt als Gegenwirkung gegen die destruktiven Folgen des Gegeneinanders zugunsten eines lebenssichernden Miteinanders ist schon im Gange durch die Einsicht menschlicher Vernunft, bevor die zur Mitarbeit an Gottes Werk Erweckten sich aufmachen. Gott ist in der ihn verlassenden, aber von ihm nicht verlassenen Welt schon vorher am Werk – durch die menschliche Vernunft. Das wurde in der theologischen Tradition ausgeführt in der Lehre von der conservatio mundi (Erhaltung der Welt) als Handeln Gottes außerhalb von Evangelium und Glauben, und damit wurden Vernunft, Staat, Recht und auch Gewalt im Dienste des Rechts bejaht als Gaben Gottes.

Für die vom neuen Leben Beauftragten, für die Jünger Jesu, ergibt sich daraus die Schwierigkeit: Ist der Satz wahr, daß in der Kainswelt, in der Welt der Wölfe, in der Welt dieser gegeneinander sich durchsetzen wollender Wesen ein Miteinander, das wenigstens einigermaßen ihr gegenseitiges Sich-Auffressen – und vor allem das Gefressen-Werden des Schwächeren durch den Stärkeren – verhindert und die Wölfe zu gegenseitiger Toleranz und Unterstützung zwingt – ein Zustand des Rechtes also –, nicht anders als durch Einsatz von Gewalt durchzusetzen und aufrecht zu erhalten ist, wie können dann Jünger Jesu, die die Bergpredigt Jesu mit ihrer Ablehnung der Gewalt als Beschreibung des neuen Lebens im Ohr haben, an der Erhaltung von Recht durch Gewalt sich beteiligen?

5. Damit entsteht eine weitere Schwierigkeit: Um Gewalt ausüben zu können, braucht man *Macht.* Um Gewalt gegen die Gewalt des Gegeneinanders zum Zweck der Erhaltung des Miteinanders ausüben zu können, also Gewalt im Dienste des Rechts, zur Durchsetzung der Gesetze, legale Gewalt, braucht

man Macht im Staate. Macht im Staate ist aber immer das Ergebnis politischer Kämpfe; politische Kämpfe sind immer Kämpfe um die Macht im Staate, um die Besetzung derjenigen Stelle, von der aus die Gesetze, die konkreten Regelungen des Miteinanders erlassen werden, und von der aus über die Gewaltmittel zur Durchsetzung dieser Regelungen verfügt wird. Jedes staatliche Machtsystem ist das Ergebnis solcher Kämpfe und muß sich ständig verteidigen gegen Bestrebungen anderer, selbst an die Spitze zu kommen und die bestehenden Regelungen zu ändern, muß also um seine Selbsterhaltung kämpfen und setzt die ihm zur Verfügung stehenden Gewaltmittel ein sowohl für die Durchsetzung der von ihm erlassenen Gesetze des Zusammenlebens wie für den Kampf um seine Selbsterhaltung.

Subjekt dieser Kämpfe um die staatliche Macht sind fast immer gesellschaftliche Gruppen, denen es – im Rahmen der bisher bestehenden Klassengesellschaften – um die Erhaltung ihrer im Gegeneinander errungenen materiellen Privilegien geht oder um die Erringung solcher Privilegien. Es kann vorkommen, daß eine nicht durch solche Privilegien, sondern durch Ideologie geeinte Gruppe die Macht im Staate erringt; es hat dann rasch das Privilegieninteresse sich angehängt und mit dem ideologischen Interesse amalgamiert, z. B. in der Geschichte des Islam, der puritanischen Revolution, im Sowjetkommunismus. In der Französischen Revolution waren die egalitären Ideen von vornherein nur Fassade für die Interessen des bürgerlichen Standes, ebenso da, wo christliche Ideen den Griff nach der Macht legitimierten (z. B. beim Übergang von Fürsten und Städten zum Protestantismus). Damit sollen die Eigenmacht der Ideen und die durch sie veranlaßten Neuerungen nicht geleugnet werden; nur ist diese Eigenmacht nicht groß genug, sich allein durchzusetzen, und nicht mächtig genug, ihre Indienststellung für Interessen abzuwehren.

Die Schwierigkeit ist: An der Erhaltung der Welt mitarbeiten können die zur Mitarbeit mit Gottes Werk Berufenen nur, wenn sie sich am politischen Kampf um die Macht beteiligen.

a) Aber wenn hier überall Privilegieninteressen, getarnt durch Ideen, am Werke sind – und wenn diese Berufenen selbst an diesen Interessen beteiligt sind – wie wird das gehen? Was wird in mir selbst siegen: der Auftrag, mich für ein Miteinander einzusetzen, bei dem das Gegeneinander aufgehoben ist, oder mein materielles Interesse, das nur eine solche Regelung des Miteinanders will, die meinen im Gegeneinander errungenen Privilegienbesitz nicht antastet?

b) Und kann ich, je mehr ich ein Jünger Jesu geworden bin, mich überhaupt an politischen Kämpfen beteiligen? Implizieren diese nicht notwendig die Behandlung anderer als Feinde, was mir doch unmöglich ist? Braucht man dafür nicht einen starken Willen zur Macht über andere Menschen – und verliert nicht der Jünger Jesu eben daran immer mehr Geschmack und Übung? Ist politischer Kampf möglich ohne Bündnis mit Menschen und Gruppen, die nur ihre eigenen Interessen durchsetzen wollen, mit »alten« Menschen, d. h. solchen, in denen das alte Wesen noch unangefochten herrscht, und wird es nicht wahrscheinlicher sein, daß ich, der Jünger, in diesem Bündnis zu *ihrem* Werkzeug werde statt sie zu dem meinigen? Ist politischer Kampf denkbar ohne die Mittel der Intrige, der Überlistung, der Demagogie – um schlimmere Mittel gar nicht zu nennen –, Mittel, die dem Jünger Jesu tief zuwider, ja, unmöglich sein müssen?

So ist sehr wohl die Meinung zu verstehen, daß Politik, das »schmutzige Geschäft«, kein Feld sein kann, auf dem Jünger ihre Mitarbeit an der Erhaltung der Welt betätigen können. Es gibt ja noch andere Bereiche und Weisen für diese ihre Mitarbeit: das persönliche Leben mit Einwirkung auf die Umgebung, die Berufstätigkeit, die Erziehung, Medizin, Kunst und besonders das christliche Zeugnis an die Herzen. Erscheinen uns nicht gerade die leuchtenden christlichen Gestalten als unfähig zur Politik: ein Franz von Assisi, Dostojewskijs Aljoscha in den »Brüder Karamasoff«? *Indirekte* Einwirkung auf die Weltgestaltung erscheint uns christlich aussichtsreicher und adäquater, mehr mit christlicher Identität übereinzustimmen, als direkte Teilnahme. Als großes Beispiel sind hier die Quäker zu nennen.

Dieser letzte Satz sagt aber schon: *Nicht*teilnahme, prinzipielles Desinteressement kommt nicht in Frage. Wo das als christlich proklamiert wird, ist Gott die Mitarbeit an seinem Erhaltungswerk aufgesagt und ein so wichtiges Gebiet wie die Gestaltung der Gesellschaft dem rettenden Angriff Gottes entzogen. Aufmerksames, fürbittendes, mitbedenkendes, mitberatendes und auch je und je urteilendes und Partei nehmendes Begleiten des politischen Geschehens gehört unaufgebbar zum Wesen des diesseitigen Jüngerauftrags. So halten es in beispielhafter Weise die Quäker.

Aber befriedigend kann diese Beschränkung auf indirekte Teilnahme nicht sein, und deshalb darf es keine prinzipielle Beschränkung sein, sondern nur eine entweder in persönlicher Berufung und Begabung begründete oder von außen auferlegte. Die Meinung, wir seien bei so indirekter Teilnahme ganz aus der direkten Teilnahme ausgeschieden, ist ja Illusion. Die Berufstätigkeit verbindet uns mit der Politik und stellt uns ständig vor politische Entscheidungen, z. B. Eintritt in Gewerkschaft oder Arbeitgeberverband. Für meinen Vorteil kämpfen die Interessengruppen, denen ich angehöre, ob ich will oder nicht, und zu ihnen gehört auch mein Staat in seinem nationalen Konkurrenzkampf mit anderen Staaten, z. B. als kolonialistischer und imperialistischer, in seinen Kriegen, zu denen ich eingezogen werde und die ich jedenfalls durch meine Berufstätigkeit und als Glied eines mobilisierten Volkes unterstütze. Ich bin auf alle Fälle Steuerzahler, in parlamentarischen Staaten auch Stimmbürger, und nicht einmal Stimmverweigerung und Kriegsdienstverweigerung kann mich aus der Schicksalsgemeinschaft, d. h. der Profit-, Kampf- und Schadensgemeinschaft mit meinem Staat lösen.

Und dies kann mich auch nicht aus der Verantwortung lösen, die dann doch auch betätigt werden muß in *direkter* Teilnahme, weil die Gestaltung der öffentlichen Dinge, besonders die Gesetzgebung und Außenpolitik, doch nicht denen überlassen bleiben darf, die, unangefochten vom Angriff Gottes und also nicht wenigstens in den Anfängen der Umkehr begriffen, *nur* ihren Interessen folgen oder auch Ideen, die nicht durch die Kritik des Evangeliums hindurchgegangen sind. Wir können uns drehen und wenden, wie wir wollen: Wir sind immer schon drin in der Politik, und darum müssen wir hinein in die Politik. Wir haben als Jünger Jesu nicht die Wahl, ob Teilnahme an der Politik oder nicht, sondern nur, *wie*, aus welchen Motiven, mit welchen Zielen und Methoden, auf welcher Seite. Hier wird dann eine entscheidende Bewährungs-, aber auch Zerreißprobe stattfinden, um die wir uns nicht drücken dürfen.

Im folgenden wähle ich als eine besondere Frage nicht die oft erörterte Frage der *Gewalt*, sondern die nach der Bedeutung und Wirkung der *Gesetze*. Gesetze sind die von den Inhabern der Staatsmacht, seien sie demokratisch delegiert und kontrolliert oder nicht, getroffenen Regelungen des gesellschaftlichen Miteinanders, verbunden mit Gewaltsanktionen zu ihrer Durchsetzung. Das *Miteinander* aber ist das Ziel, an dem das Interesse der Jünger einsetzt. An dieser Stelle treffen, wie wir gesehen haben, das göttliche und das menschliche Erhaltensstreben zusammen: das Gegeneinander im Sich-erhalten-Wollen hat die Gefährdung der Erhaltung, das Miteinander hat das Gelingen der Erhaltung zur Folge. Im Miteinander treffen auch das, was schon für die Gegenwart nötig ist, und das, wohin Gottes Werk zielt, das Reich Gottes, zusammen, also die Erhaltung jetzt schon und das Ziel, auf das hin erhalten wird. Denn das Leben im Reich Gottes ist volles Miteinander ohne jedes Gegeneinander, ist »Friede und Freude im Heiligen Geist« (Röm 14,17), das Reich der Bruderschaft, in dem aus Schwertern Pflugscharen und aus Spießen Sicheln gemacht werden, und in dem es gilt: »Ein jeder wird unter seinem Weinstock und Feigenbaum wohnen ohne Furcht« (Micha

4,3f), und: »Einer wird den anderen laden unter den Weinstock und unter den Feigenbaum« (Sach 3,10).

Den Jüngern ist also das Teilnehmen am politischen Kampfgeschehen geboten mit dem *Ziel,* diejenigen Bestrebungen zu unterstützen, die das Miteinander fördern so weit, wie es unter den Bedingungen der alten Welt nur möglich ist, und dies ist zugleich das *Kriterium,* an dem Tendenzen, Theorien, Verhalten und Bundesgenossenschaften der Jünger gemessen werden.

Dies ist ein anderes Kriterium, als es oft in der theologischen Tradition angegeben wurde. Dort ging es vielfach um die Annahme einer unwandelbaren *Ordnung,* beschrieben entweder als Schöpfungs- oder als Erhaltungsordnung, bestehend aus einer Reihe von Ordnungen (Ehe, Familie, Staat), die statisch definiert wurden in Wesensdefinitionen. Dadurch wurden die Christen automatisch auf die konservative Seite gedrängt[10]. Unser Kriterium ist dagegen ein *dynamisches* Kriterium, das auf Abbau des Gegeneinanders zielt, damit kritisch gegen das Minimalziel eines Miteinanders, das nur die aus dem Gegeneinander resultierende Privilegienhierarchie sichern soll, darüber stets hinausdrängend auf mehr Miteinander, also mehr Gleichheit, mehr Solidarität, auf ein Leben immer weniger auf Kosten anderer, immer mehr auf gemeinsames Leben aus gemeinsam organisierten Kräften und Leistungen zielend.

---

[10] Als Beispiel nenne ich Walter Künneths politische Ethik: Politik zwischen Gott und Dämon, Hamburg 1952, und die von den katholischen Bischöfen seit ihrem Widerstand gegen eine Neuregelung des § 218 in Gang gebrachte Diskussion über »Grundwerte«, die an die Stelle der freilich sehr nötigen Diskussion über die bürgerlichen Grundrechte und deren Erhaltung und Weiterentwicklung gesetzt wird, mit dem Ziel, den Staat an von der Kirche definierte Grundordnungen zu binden.

Literaturhinweise:

Giulio *Girardi*, Marxismus und Christentum. 1968.

Alfred *Burgsmüller* (Hg.), Zum politischen Auftrag der christlichen Gemeinde (Barmen II). Votum des Theologischen Ausschusses der Evangelischen Kirche der Union. 1974.

Ulrich *Dannemann*, Theologie und Politik im Denken Karl Barths. 1977.

Johann Baptist *Metz*, Glaube in Geschichte und Gesellschaft. Studien zu einer praktischen Fundamentaltheologie. 1977.

XI.   Recht und Friede als Aufgabe
der Jüngerschaft in den Kämpfen dieser Welt.
Zur V. Barmer These

Die Jüngerschaft Jesu setzt sich unter den Bedingungen der jetzigen, »alten« Welt für Regelungen des Rechtes ein, die »Jedem das Seine« zuteilen, damit auch für das Recht jedes Einzelnen, seine Freiheit in den Grenzen der Gemeinschaft zu gebrauchen. Die Zielsetzung der Mitbestimmung und Mitwirkung aller führt zu kritischen Fragen an unsere gegenwärtige Gesellschaftsordnung zugunsten einer besseren, sozialistischen Ordnung.

»Unter den Bedingungen des alten Äons«, also unter den Bedingungen von Schuld und Tod, geht es um ein Miteinander von immer noch »alten« Menschen, von gegeneinander strebenden, über Leichen gehenden, auf Kosten anderer sich erhalten wollenden Menschen. Das bedeutet:

1. *»Eschatologischer Vorbehalt«:* Zwar ist das Motiv des christlichen Eintretens Liebe und das Ziel ein Miteinander, wie es voll im Reich Gottes realisiert sein wird. Aber jeder irdisch denkbare Zustand wird noch von Sünde und Tod geprägt sein: er kann nicht Gleichung, sondern bestenfalls nur Gleichnis des Reiches Gottes sein *(Barth[1]).* Daraus folgt:

2. Auch die Mittel werden davon bestimmt sein: Es geht um möglichstes Miteinander für uns immer noch alte Menschen, die weithin zum Miteinander erst gezwungen werden müssen: durch Gewalt gegen ihre Verwendung von Gewalt zu Vorteilen gegeneinander und durch Gesetze, die mit Gewalt verbunden

---

[1] K. Barth, Christengemeinde und Bürgergemeinde, München 1946, nachgedruckt in: Theologische Studien 104, Zürich 1970, 65f.

sind. Darum dürfen die Jünger aus dem politischen Kampf um die Gesetzgebung und die Macht zur Gesetzgebung sich nicht heraushalten.

Wir konzentrieren uns für dieses Mal auf die Frage nach der Mitverantwortung und der Mitwirkung der Christen für die Regelung des menschlichen Zusammenlebens durch Gesetze. Unter Gesetzen sind dabei sowohl die kodifizierten, von der Staatsmacht erlassenen und mit der Androhung von Sanktionen verbundenen Gesetze im engeren Sinne des Wortes gemeint wie deren kulturelle Voraussetzung: die Sitten, Moralen, allgemeinen Wertsetzungen (»Grundwerte«) und Triebdisziplinierungen.

Damit ist schon deutlich: Das christliche Ziel dabei ist nicht die Errichtung des Reiches Gottes, ist nicht eine Lebensordnung, die erneuerte Menschen und Herzen voraussetzt. Das Ziel ist vielmehr die Erhaltung und Verbesserung des Miteinanderlebens von Sündern, von Kainsmenschen. Auch Mitwirkung an diesem Ziel geschieht unter der Direktive der Gottesherrschaft; auch hier geht es um Realisierung des Gotteswillens, der sich ja nicht nur auf »die Seinen«, auf die Erneuerten, bezieht, sondern gnädiger Wille für alle Menschen, auch für die gottwidrig Lebenden, ist.

Diese Zielsetzung klingt konservativ. Unversehens kann daraus werden: Erhaltung des jeweiligen status quo. Dies wäre dann immer nur Festschreibung dessen, was im bisherigen Kampf gegeneinander an Vorsprung, Privilegien und Ungleichheit hergestellt ist, also Verklärung von Unrecht zu Recht.

Wenn Gottes Erhaltungsgebot nicht ideologisch mißbraucht werden soll zu dieser Verklärung, dann muß das Eintreten von Christen für Regelungen des Miteinanders immer ein kritisches sein, für *besseres Recht*. Ja zum Recht und zugleich kritisches Erkennen des vorhandenen Rechts als eines, das immer noch *auch* der Erhaltung von Unrecht dient. In diesem Sinne ist Martin *Luthers* schöner Satz vom Segen des menschlichen Rechts zu verstehen; er preist nicht das vorhandene, sondern das jeweils immer erst aufgegebene, vom vorhandenen aus weiterzuentwickelnde Recht:

>»Daraus hast du denn Schutz und Schirm deines Leibes und Lebens, wider Nachbarn, Feinde, Mörder, darnach Schutz und Friede deines Weibes, Töchter, Sohns, Haus, Hof, Gesinde, Geld, Gut, Acker und was du hast: denn das ist alles im Recht verfasset, bemauret und wohl geheget. Wie groß das alles sey, könnte man mit keinen Büchern nimmermehr ausschreiben. Denn wer will aussprechen, was der liebe Friede für ein unaussprechlich Gut ist? Wie viel er ein Jahr allein beide, giebt und ersparet?«[2]

Menschliches Recht hat immer zwei Aspekte:

1. Menschliches Recht ist Zuteilung dessen, was jedem zusteht: suum cuique (Jedem das Seine). Es ist die Festsetzung dessen, was ich von den anderen erwarten darf, und was die anderen von mir erwarten dürfen – dessen, was ich den anderen zumuten darf, und was die anderen mir zumuten dürfen. Die aequitas (Billigkeit, das, was »recht und billig« ist), die Zumutbarkeit ist ein entscheidendes Kriterium für ein Recht, von dem – wesentlich für das Recht! – erwartet werden kann, daß es von allen Gesellschaftsmitgliedern nicht nur äußerlich eingehalten, sondern innerlich anerkannt wird. Sie muß sich in den Grenzen des Maßes halten, das die Aktionen und Reaktionen noch einigermaßen gleichwertig erscheinen läßt. Dies sichert jedem, daß ihm nichts zugemutet wird, was über solche anerkannte Festsetzung hinausgeht. Jedes Tauschgeschäft (do ut des – ich gebe, damit du gibst), jedes Lohnabkommen (Äquivalent für geleistete Arbeit) fällt unter diesen Rechtsaspekt, ebenso jede Strafandrohung.

2. Jede Rechtssetzung ist zugleich Erlaubnis, Freiheitsgewährung. Sie ist die Umgrenzung eines Gebietes, innerhalb dessen ich mich frei bewegen kann; sie bestimmt die Grenzen, innerhalb derer ich frei über mein Eigentum verfügen, mich frei bewegen, meine Meinung frei äußern, mich zusammen mit anderen frei organisieren kann. Unter der Rechtszusicherung kann ich mich frei – und das heißt vor allem auch: ohne Angst

---

[2] M. Luther, Sämtliche Werke, Erlangen 1829, 20, 28.

– bewegen. Wird in der fünften These der Barmer Erklärung
dem Staate gesagt, er habe die Aufgabe, »in der noch nicht
erlösten Welt ... unter Androhung und Ausübung von Gewalt ... Recht und Frieden« zu sichern, so ist mit diesen
beiden Begriffen auch der Begriff der Freiheit impliziert: Recht
ist Zubilligung eines Bereichs für freien, eigenverantwortlichen
Lebensvollzug; wo es *nur* Befehl und Gehorsam gäbe, da fehlte
mit der Freiheit auch das Recht; der Sklave ist rechtlos.

Dieser zweite Aspekt des Rechts ist in der theologischen
Tradition weniger beachtet worden als die Sicherung des Frie-
dens, also des Miteinanderlebens, durch Recht im Sinne des
ersten Aspekts. Auch deshalb und nicht nur aus Rücksicht auf
die politische Brisanz des Begriffs konnte auf der Barmer
Synode der Bekennenden Kirche im Mai 1934 das Bestreben,
neben den Begriffen Recht und Frieden auch noch den der
Freiheit zu nennen, sich nicht durchsetzen. Innerhalb von
weiten, meist naturrechtlich erschlossenen Grenzen des Zu-
mutbaren hielt man es – am konsequentesten und verhängnis-
vollsten im Rechtspositivismus, der auch die Naturrechtsgren-
zen bestritt – für die Sache des Staates, das jedem Zustehende
festzusetzen. Angst vor Chaos ließ einschärfen, unbefriedigen-
de oder unzumutbare obrigkeitliche Festsetzungen hinzunehmen und sich mit ihnen abzufinden, soweit ihre Änderungen
bei der Obrigkeit nicht zu erreichen waren, unter keinen
Umständen aber der legalen Gewalt illegale Gewalt zur Er-
zwingung solcher Änderungen entgegenzusetzen.

Recht als Freiheitsgewährung ist Grundaxiom aller liberalen
Rechtstendenzen. Besseres Recht heißt hier: mehr Freiheit,
soviel Freiheit des einzelnen, als ohne Schaden für die Gemeinschaft und ohne Beeinträchtigung anderen Lebens möglich ist,
und jedenfalls für keinen weniger Freiheit als für den anderen,
also Gleich-Berechtigung. In unserer Geschichte hat liberales
Rechtsstreben im Grundgesetz der Bundesrepublik Deutschland einen klassischen Ausdruck gefunden.

Wenn die Theologie der großen christlichen Konfessionen in

unserem Lande hier oft bremste und nur spät und zögernd mitmachte, so lag das hauptsächlich an zwei Gründen:

1. Die pessimistische Anthropologie rechnete mehr mit der Verführungskraft der Sünde, weniger mit den gottgegebenen Kräften des Widerstandes gegen die Sünde, weniger also mit geschöpflicher Vernunft und Moral und mit schon wirkender Kraft des neuen Lebens. Das Mißtrauen gegen den Menschen ließ fürchten, was er wohl mit seiner Freiheit anfangen werde, und als ratsam erscheinen, ihm lieber weniger als mehr Freiheit zuzugestehen. In der Beförderung autoritärer Strukturen kam dann freilich sogleich der klassengebundene Charakter dieses pessimistischen Arguments zutage: Das Mißtrauen richtete sich gegen den »Pöbel« (Luther), gegen die Freiheit der Massen und ignorierte, daß der regierende Pöbel, die Herrschenden an der Sünde in gleichem Maße teilhaben und der Kontrolle ebenso bedürfen wie die Untenstehenden.

2. Die Verheißung der Befreiung durch den Heiligen Geist zu neuem Leben, einer inneren Freiheit also, die uns auch in Ketten und Unterdrückung nicht genommen werden kann, machte desinteressiert an den Bestrebungen für mehr äußere Freiheit. Entscheidend ist freedom (Singular!), sind nicht die liberties! Dies schien zusätzlich legitimiert zu sein vom Desinteresse des Neuen Testamentes an der Befreiung der Sklaven (1. Kor 7,20–24).

Bei der Übertragung der apostolisch-seelsorgerlichen Anrede an Sklaven in eine generelle Lehre von der Gleichgültigkeit des Evangeliums gegenüber äußerer Freiheit kam freilich ebenfalls Klassengebundenheit zutage – besonders verhängnisvoll in *Luthers* Anrede an die Bauern. Er sah nicht die enge Verbindung von äußerer und innerer Freiheit: Innere Freiheit kann trösten über Verlust äußerer Freiheit; der Märtyrer in Fesseln, der todesmutige Zeuge ist frei gegenüber dem Tyrannen, den Richtern und Henkern. Dies war die Erfahrung der Urchristenheit, aus der auch die Ermahnung an die christlichen Sklaven kam (besonders schön 2. Tim 2,24ff). Keine äußere Unfreiheit kann uns so unfrei machen, daß wir nicht noch Möglichkeiten haben des Dienstes an den anderen, auch an unseren Vergewaltigern, und also die Verantwortung der Freien.

Aber innere Freiheit *verlangt* nach äußerer Freiheit, nämlich nach Betätigungsmöglichkeit, nach äußerem Können. Und wonach ein Christ verlangt, das muß er auch anderen gönnen und wünschen! Das ist die Tendenz auf *Gleichheit* hin: ich kann unter der Liebe Christi nicht mehr haben wollen an äußeren wie inneren Gütern und Möglichkeiten als die anderen.

Gilt nun das ora et labora (bete und arbeite), so muß ich nach dem, was ich als Christ wünsche, auch streben und dafür arbeiten, also auch im politischen Kampf für Gesetze, die äußere Freiheit geben. Denn Gesetze können immer nur äußere Freiheit, nicht innere Freiheit geben. Die Grenze der äußeren Freiheit ist die Sicherung des Miteinanders: die Freiheit des anderen ist die Grenze meiner Freiheit; jenseits dieser Grenze wird meine Freiheit zur Gewalt über die anderen.

Politisches Eintreten für die äußere Freiheit als Freiheit aller, nicht nur meiner eigenen, gehört darum zum Eintreten für besseres Recht. Deshalb ist Abbau von Herrschaft, die Ungleichheit der bürgerlichen Freiheiten festigt, ein Ziel christlicher Mitarbeit in der Politik.

Nun gehören aber die beiden Aspekte des Rechts – das suum cuique und die Freiheitsgewährung – untrennbar zusammen, und diese Erkenntnis führte in der Neuzeit zur Zielsetzung des *Sozialismus*.

In der kapitalistischen Gesellschaft sind beide Aspekte scheinbar verbunden: Die Errungenschaften der bürgerlichen Revolution sind die Gleichheit vor dem Recht und die individuellen Freiheitsrechte, darunter Freizügigkeit für die bisher Leibeigenen und freier Arbeitsvertrag. Karl *Marx* hat die Scheinhaftigkeit dieser Verbindung aufgedeckt: Das Gesetz gibt jedem das Recht, Produktionsmittel zu erwerben und damit zu produzieren – vorausgesetzt, daß er dazu das nötige Kapital hat. Das Gesetz gibt ebenso jedem das Recht, seine

Arbeitskraft zu verkaufen – vorausgesetzt, daß dies sein einziges Kapital ist. Es befestigt damit eine fundamentale Ungleichheit: Mit seiner Arbeitskraft produziert ein Mensch, erhält aber, weil nicht Besitzer der Produktionsmittel, vom Produzierten nur so viel, als er dem Besitzer als dem durch den Besitz der Produktionsmittel Mächtigeren abhandeln kann, und dieser Handel ist abhängig von der Zahl der Konkurrenten im Verkauf der Arbeitskraft, auch von der Gegenmacht, die durch Organisierung der Arbeiter entwickelt werden kann. Der so abgehandelte Lohn bleibt aber immer weit unterhalb des Wertes dessen, was produziert wird. Außerdem bleibt dem Verkäufer der Arbeitskraft noch vorenthalten, was sich nicht in Geld ausdrücken läßt, was aber ebenfalls zum Besitz der Produktionsmittel hinzugehört: die freie Bestimmung über die Arbeitsbedingungen und über das, was produziert wird. Seine *Selbst*bestimmung ist durch den Mangel an *Mit*bestimmung eingeschränkt auf das, was er mit seinem Lohn anfängt. Er produziert in der Industrie kollektiv, ist aber ausgeschaltet aus der Bestimmung über die Produktion und damit zurückgeworfen auf seine isoliert-individuelle Existenz, kann sich also nicht so kollektiv, durch aktive Teilnahme an einem kollektiven Entscheidungsprozeß, verwirklichen, wie es zu einem rechten menschlichen Dasein gehört gerade nach christlichem Lebensverständnis, das das Leben immer als gemeinschaftliches Leben ansieht.

Keinem wird in diesem System das suum cuique erfüllt: weder dem Arbeiter, der weniger erhält, als ihm zusteht, also immer einen ungerechten Lohn, noch dem Produktionsmittelbesitzer, der mehr erhält, als ihm zusteht, also immer einen ungerechten Gewinn – und ebenso wenig erhält die Gesamtgemeinschaft das suum cuique; denn die Gesellschaft besteht aus mehr als den an der Produktion Beteiligten; sie umfaßt auch die Nicht-Produzierenden, und das sind nicht nur die, die durch andersartige Leistungen (Dienstleistungen) zu einem Inganghalten der Produktion beitragen, sondern auch die Leistungsschwachen und Leistungsunfähigen. Ist das Miteinander in

Gleichberechtigung das Ziel christlicher Beteiligung am politischen Kampf, dann impliziert dieses Ziel als Zielsetzung:

1. Die Gesamtproduktion geschieht für die Gesamtgesellschaft, um allen ihren Gliedern gleichmäßig zu geben, was sie materiell für die Erhaltung ihres Lebens brauchen, auch den Schwachen, auch – in heute dringend nötiger Vorsorge – den kommenden Generationen.

2. Innerhalb der Produktion stellt der Vorsprung der Kapitalbesitzer und die Abhängigkeit derer, die nur ihre Arbeitskraft besitzen, einen durch die Gewaltstruktur der Gesellschaft befestigten Herrschaftszustand dar von fehlendem suum cuique, also von fehlender Rechtsverwirklichung, die auch eine fehlende Freiheitsverwirklichung ist – eben infolge des Mangels an Mitbestimmung über die Produktionsgestaltung. Solange das kapitalistische System andauert, stellt sich also der politischen Mitarbeit der Christen die Aufgabe der Überwindung der kapitalistischen Lebensweise der Gesellschaft zugunsten einer Gesetzgebung, die diese fundamentalen Ungleichheiten, die *alle* Gesellschaftsmitglieder an ihrer gemeinschaftlichen Selbstverwirklichung hindern, beseitigt. Das wird dann noch nicht das Reich Gottes sein; denn es ist immer noch eine Ordnung für Sünder, durch Gesetze und Gewalt durchgesetzt. Aber es wäre eine Ordnung, die mehr Miteinander verwirklicht und mehr Vorteile, die durch das Gegeneinander erreicht werden, aufhebt als die bisherige Klassengesellschaft.

Das ist die Perspektive, die sich mir unaufhaltsam ergibt, wenn ich die Worte »Recht und Frieden« in der Barmer Erklärung ernst nehme und konsequent durchdenke. Dabei ist jene fünfte These davor zu schützen, unter dem »Staat«, der für »Recht und Frieden« zu sorgen hat, eine Hypostase zu denken, die losgelöst über der menschlichen Gesellschaft schwebt. Die Tendenz zu solcher Sichtweise ist bei uns unter der demokratischen Decke in unverminderter Stärke vorhanden, obwohl sie sich nicht mehr mit der Vorstellung eines »von Gottes Gnaden« Eingesetztseins der obrigkeitlichen Personen, die diesen hypostatischen Staat repräsentieren, ideologisch legitimieren kann. Der Staat sind wir – dieser von der Theologie (besonders im Luthertum und im Katholizismus) lange bekämpfte Grundsatz der Volkssouveränität, der Kern der Demokratie, ist christlich zu bejahen. Denn er gibt die äußere Freiheit zur Realisierung unserer Verantwortung in umfassender Mitbestimmung und die Gegenseitigkeit der Kontrolle, die unser aller Sünder-Sein nötig macht. Er verhindert die Hypostasierung des Staates, als habe dieser ein Wesen, das für sich, aus irgendeiner Wesensmetaphysik (die sich immer als Ausdruck sehr konkreter Partikular-Interessen enthüllen läßt) zu definieren wäre. Der konkrete Staat wird vielmehr jeweils definiert durch seine Gesetze, insbesondere durch diejenigen, die die grundlegenden Rahmenbedingungen für die einzelnen Gesetze geben, durch seine Verfassung. Sichert diese Verfassung die Volkssouveränität und wird diese so definiert, daß mit ihr die freie Mitbestimmung und Mitwirkung aller an den gesellschaftlichen Entscheidungsprozessen gemeint ist, dann *ist* diese Verfassung der Staat, in dem und durch den wir alle für »Recht und Frieden« sorgen.

Das schreibt sich einfach. In Wirklichkeit steckt hinter einem solchen Satz eine Unmasse theoretischer und historischer Probleme. Eine Verfassung – ob geschrieben oder nicht – drückt immer ein Sein und ein Sollen aus. Die Verfassungswirklichkeit wird sich mit ihr immer nur begrenzt decken. Mindestens so wichtig wie als Regelung der gegenwärtigen Verhältnisse ist sie als zukunftsgerichteter Entwurf, als »Angebot«, wie Gustav *Heinemann* vom Grundgesetz zu sagen pflegte, als Aufgabenstellung. Die Zielsetzung, von der ich für die gesellschaftliche Mitarbeit des Christen gesprochen habe, ist wiederzufinden im Grundrechtskatalog des Grundgesetzes. Daran zeigt sich:

1. Dieses Grundgesetz ist ermöglicht durch den neuzeitlichen Humanismus, der, wie Paul *Tillich*[3] mit Recht gesagt hat,

---

[3] P. Tillich, Kirche und humanistische Gesellschaft, 1931, nachgedruckt in: Gesammelte Werke IX, Stuttgart 1975, 47–81.

ein christlicher Humanismus ist, ob er es weiß oder nicht. Er ist möglich geworden auf einem kulturellen Boden, für den die christliche Predigt ein entscheidender Faktor war. Deshalb kann die christliche Zielsetzung sich wiederfinden in der neuzeitlich-humanistischen Zielsetzung. Durch das Medium des Humanismus (und seines militantesten, am meisten vorwärts drängenden Teils, des Marxismus) geht heute irdisch-gesellschaftliche Zielsetzung des Evangeliums revolutionierend über den Erdball.

2. Diese christliche Zielsetzung ist – Gott sei Dank! – nicht ein christliches proprium, nicht nur für Christen unter Voraussetzung des Glaubens einleuchtend. Sie hat ihre Plausibilität weit über den Kreis der christlichen Gemeinde hinaus. Wie ihre Werke (Mt 5,16; 1. Petr 2,12.15), so haben auch die gesellschaftlichen Zielsetzungen des Evangeliums die Aussicht, allgemein einzuleuchten, sowohl als Ideale und Utopien wie auch, wenn die Zeit reif ist, als handlungsleitende Ideen und Praxis-Kriterien.

3. Volkssouveränität, echte Demokratie ist nicht ein vorhandener Zustand, nicht entfernt schon erreicht durch einige verfassungsrechtlich festgeschriebene formale Regeln, etwa gleiches Wahlrecht und Gleichheit vor dem Gesetz. Solche formale Demokratie ist ein Schritt auf das Ziel zu, aber nicht mehr – möglicherweise auch nur eine Fassade, hinter der ganz anderer Inhalt sich breit machen kann. Noch gibt es echte Demokratie in keinem Land unseres Jahrhunderts. Den Inhalt hinter der Fassade mit der Fassade anzugleichen, ist das Ziel und ist zugleich ein langer Prozeß, der Kampf, Arbeit und Zeit erfordert, große ökonomische Veränderungen, tiefreichende Bewußtseinsumwandlung. Mitbestimmung und Mitwirkung aller – das ist eine irdische Utopie, eine konkrete, eine denkbare und erreichbare, aber ein langfristiges Ziel, das im grundgesetzlichen Grundrechtskatalog eine erste, unvollständige, antizipatorische Skizzierung erfahren hat. Niemand weiß, ob dieses Ziel jemals in größerer Annäherung erreicht wird als in der so

widersprüchlichen Phase der heutigen bürgerlichen Demokratie, bei der Fassade und Empirie, Sollen und Sein noch so weit auseinander klaffen, ob also aus dem jetzt so unbefriedigenden Entwicklungsstand der nicht-kapitalistischen Länder eines Tages eine größere Annäherung, eine sozialistische Demokratie, hervorgehen wird, oder ob schreckliche Rückschläge die heutigen Annäherungen späteren Generationen als einen verlorenen Traum erscheinen lassen. Der gesellschaftliche Fortschritt auf jenes Ziel zu hat keine Gewißheit; wir können nicht an ihn glauben, aber wir sollen für ihn kämpfen – und dies gerade als Christen, weil wir von dem, was das Evangelium uns über das Miteinanderleben der Menschen sagt, in diese »Richtung und Linie«[4] gesetzt sind.

Je mehr unser gesellschaftliches Zusammenleben sich wirklichem Miteinander nähert, je mehr durch Solidarität, soweit Gesetze sie erzwingen und dazu auch erziehen können, die Menschen einander chesed, Solidarität, erweisen, je mehr dadurch ein irdisch gnädiger Horizont für das irdische Leben der Menschen im menschenmöglichen Maße entsteht, desto mehr wird ein solches Zusammenleben zum »Gleichnis« des Reiches Gottes – in aller Unähnlichkeit schon ähnlich. In ihm wird äußerlich ein Verhalten eingeübt, das dem Miteinander des neuen Lebens entspricht: Magna similitudo in maiore dissimilitudine (große Ähnlichkeit in größerer Unähnlichkeit), wie die dafür brauchbare Formel der scholastischen Analogielehre lautet.

Literaturhinweise:

Ernest *Mandel,* Marxistische Wirtschaftstheorie. 1970.
Dorothee *Sölle* / Klaus *Schmidt* (Hg.), Christentum und Sozialismus. Vom Dialog zum Bündnis. (Urban–Taschenbücher, Nr. 609) 1974.
Dorothee *Sölle* /Klaus *Schmidt* (Hg.), Christen für den Sozialismus. Analysen. (Urban-Taschenbücher, Nr. 613) 1975.

---

[4] K. Barth, aaO., 60.

Gustav W. *Heinemann*, Reden und Schriften. Band 2: Glaubensfreiheit – Bürgerfreiheit. Reden und Aufsätze zu Kirche – Staat – Gesellschaft 1945–1975. 1976. Band 3: Es gibt schwierige Vaterländer. Aufsätze und Reden 1949–1969. 1977.

Rudolf *Bahro*, Die Alternative. Zur Kritik des real existierenden Sozialismus. 1977.

Glauben und Beten

Glauben ist Lebenshilfe, weil unerschöpfliche Sinngebung, und Lebenserschwerung, weil Sendung und Nachfolge. Die Gewißheit erfährt der Glaubende im immer neuen Greifen nach dem Wort dessen, der ihn ruft. Dieses Greifen geschieht in den drei Formen von Bittgebet, Dankgebet und Anbetung.

Hat es der Glaubende eigentlich leichter? Was: es? Dieses Leben zwischen Geburt und Tod, unsicher, schwierig, geängstet, gefährdet, alternd, vom Tod umgeben, im Horizont des Vergehens sinnlos. *Religion* erscheint als Lebenserleichterung, wird als solche empfohlen (»Du wirst schon sehen: wenn dir's einmal schlecht geht, denkst du anders!«) und als solche von der Religionskritik seziert. Alle ihre positiven Aspekte – Vater im Himmel, Liebe Gottes, Erlösung, Auferstehung, Himmel – dazu auch die normativen: Gebote, die letzte Verantwortung vor Gott, Gericht – zeigen Religion und Glaube als *Lebenshilfe*. Die Frage ist nur, a) ob einer wahren, und b) ob einer wirklich hilfreichen oder nicht vielmehr einer neurotischen Lebens- und Selbsthilfe, von der wir um unserer Gesundung willen frei werden müssen. Beide Fragen sind *nicht* identisch! So ist durch *Nietzsche* sehr in Frage gestellt, ob wirklich nur die *Wahrheit* uns freimachen kann (Joh 8,32 – und viele Freudianer), ob es nicht vielmehr gesunde, nötige Lebenslügen gibt, so daß Therapie dann nur darin besteht, die krankmachenden Lügen durch gesund- und lebenstüchtig machende zu ersetzen. Daß die *Wahrheit* auch *gut* für uns sei, ist ein christlicher Satz, der Gott als lebendige, lebenspendende Wahrheit zur Voraussetzung hat. Die *Aufklärung* hat den Satz geerbt, ihn aber, die göttliche Voraussetzung wegstreichend, als selbstverständlichen, in sich selbst evidenten Satz genommen, und das ist er keineswegs, wie eben Nietzsche richtig gesehen hat. Es könnte

sein, daß die Wahrheit nicht für uns geeignet ist und wir nicht
für sie, daß die Wahrheit für uns ein tödliches Medusenhaupt
trägt (so auch oft Gottfried *Benn*), das wir uns durch hilfreiche
Lügen verhüllen müssen.

Wie dem auch sei: jene erfreulichen Aussagen, im christlichen Glauben noch mehr gehäuft als in anderen Religionen,
lassen den Glauben als große – ob nun legitime oder illegitime
– Lebenserleichterung erscheinen, und derjenige, der als Athe-
ist auf den »Trost der Religion« verzichtet, erscheint deshalb
als Heros, bei dem die theologische Apologetik dann zu fragen
pflegt, ob er sich nicht übernehme, weil dies übermenschliche
Kraft erfordere, und ob er nicht in Nihilismus und Verzweif-
lung enden werde – für welchen Fall dann die Religiösen
bereitstehen, um ihn im Fallen mit dem Trost der Religion
aufzufangen. Dies soll nicht ironisiert werden. Aber für den
Zugang zu dem, was Glauben und Beten in biblisch-christli-
chem Zusammenhang *eigentlich* meinen, ist diese häufige Betrachtungsweise zu einseitig und zu anthropozentrisch, zu sehr
nur an die Bedürfnisse unserer Schwachheit appellierend und
unseren Mut zur Wahrheit korrumpierend, wie Dietrich *Bonhoeffer*[1] richtig gesehen hat.

Beim Blick auf die synoptischen Nachfolgetexte und die
autobiographischen Stellen bei *Paulus* sieht es anders aus: *Zwar*
umgibt Paulus auf der Straße nach Damaskus Licht, nicht
Finsternis, lebenspendende Wahrheit und nicht Tod, und seine
Briefe sind durchzogen von Freude und Dank über das Teilhaf-
tigwerden am neuen Leben. Ebenso steht es in den johannei-
schen Schriften. Dort ist also kein Gedanke daran, daß diese
Menschen auf solche »Lebenserleichterung«, ja Lebenserfül-
lung je wieder verzichten möchten. *Aber* ebensowenig gibt es
dort irgendeine Illusion darüber, daß Nachfolge und Christusgemeinschaft *Lebenserschwerung* bedeuten. Dies wird durch-

---

[1] D. Bonhoeffer, Widerstand und Ergebung. Neuausgabe, München 1970,
356ff.

gängig im Neuen Testament damit begründet, daß das *Kreuz* Jesu im Mittelpunkt steht: der Angriff des neuen Lebens auf das alte trifft bei uns auf Widerstand, der ihm tödliche Niederlage bringt. Er hat keine Aussicht, freudig begrüßt zu werden und sich leichthin durchzusetzen, wie man doch bei jenem ersten Aspekt (trostbedürftige Menschheit und reiches Trostangebot) vermuten sollte. Vielmehr: Der Retter wird als Feind angesehen, dementsprechend eliminiert; der Angriff ist alles andere als ein Siegeszug. Die Überraschung von *Joh 1,11f:* Es gibt welche, die ihn »aufnahmen« – dies aber nach dem ganzen Neuen Testament nicht deswegen, weil in ihnen der Widerstand des Alten geringer gewesen wäre, weil in ihnen das Gute noch nicht erstorben wäre, weil sie eine bessere Disposition für das Neue hätten als viele andere, weil sie im Unterschied zu den verstockten Sündern und Atheisten noch religiös ansprechbar wären usw., – sondern weil bei ihnen – allein aus der Kraft des Neuen – ein Sichdurchsetzen des Neuen geschieht, über das sie selbst täglich staunen. Wenn das nicht bei allen gleichmäßig geschieht, so ist das »Erwählung«, ein besonderes Schicksal, eine Bevorzugung, die dann oft genug – mit Berufung auf mißverständliche Worte der Bibel – als eine bevorzugende Auswahl zum Seligwerden gedacht worden ist, bei der die massa perditionis (die Masse des Verderbens) leer ausgeht und der Verdammnis verfällt. Dadurch wird die Prädestinationsfrage so düster.

Auch hier bedeutet Karl *Barths* Theologie einen Durchbruch durch eine alte Sackgasse: Er versteht Erwählung als Berufung zur *Sendung*[2]. Gegen einen christlichen Egozentrismus und Heilsegoismus ist Erwählung als Sendung zu den anderen zu verstehen: Um der anderen willen setzt sich die Gnade bei mir durch. Auch hier ist die Frage: Warum? (nämlich: Warum nicht bei allen gleichmäßig?), die auf den jüngsten Tag zu vertagen ist, und für die wir *heute keine* Antwort haben

---

[2] K. Barth, KD IV/3, 650ff.

müssen, zu ersetzen durch die Frage: Wozu?, auf die wir allerdings *heute* Antwort haben müssen. Die Antwort des Neuen Testamentes lautet: zur Verbreitung neuen Lebens bei den anderen und für die anderen.

Dafür aber – und darüber läßt das Neue Testament keinen Zweifel – heißt Nachfolge und Christusgemeinschaft nichts anderes als Teilnehmen am Wege Jesu, und das ist der Weg zum *Kreuz* und durch das Kreuz hindurch. Darum 2. Kor 4,10: »Allezeit tragen wir das Sterben Jesu am Leibe herum«. Darum die Peristasenkataloge des Paulus (Röm 8; 1. Kor 4; 2. Kor 4; 6; 11; 12). Das apostolische Leben ist ein Leben des apostolischen Leidens. An dieser Stelle ist eine Nebenbemerkung nötig: Weder bekommt, wie es in mancher christlichen Leidensmeditation klingen kann, das Leiden als solches einen positiven Akzent – etwa wegen einer Askese als Selbstzweck oder wegen eines religiös gefärbten Todestriebs *(Freud)* – noch wird hier die Bemühung, Leiden zu vermeiden oder zu verhüten, verworfen. Die Losung des Deutschen Evangelischen Kirchentags in Frankfurt/M. 1975: »In Ängsten – und siehe wir leben« ist nicht unbedenklich. Sie ist einem paulinischen Peristasenkatalog (2. Kor 6, 4.9) entnommen. Losgelöst vom dort beschriebenen apostolischen Leiden, das seine klar angebbare Ursache im apostolischen Dienst hat, gibt eine solche Losung Gelegenheit, über alle möglichen Beängstigungen heutiger Menschen zu reden und für sie das Evangelium als lebenserleichternde Beruhigungshilfe anzubieten, während es doch nötig wäre, nach den gesellschaftlichen Ursachen zu fragen, die diese heute so massenhaft auftretenden Ängste haben, und weiterzufragen nach den Möglichkeiten, diese Ursachen zu beseitigen. Gerade dem, der unter dem Liebesgebot sich am Kampf gegen diese Ursachen beteiligt, stehen dann ähnliche Bedrängnisse bevor, wie sie Paulus hier als Folgen schildert, und *dafür* gilt dann die Zusage Jesu: »Siehe, ich habe es euch zuvor gesagt« (Mt 24,25), die auch auf die Leidensankündigungen der Nachfolgeworte zu beziehen ist (Mk 10, 33f; Joh 15,16–27).

Hier erst – so scheint mir – erfassen wir, was das Wort *Glauben* eigentlich bedeutet: nicht primär aus der *allgemeinen* Situation des Menschen, der nach Lebenserleichterung verlangt, sondern aus der *besonderen* Situation derjenigen Menschen, denen durch besondere Sendung Lebenserschwerung zugemutet wird. So finden wir denn auch das Wort Glauben im Alten Testament an die Situation Israels gebunden und im Neuen Testament an die des Jüngers und an die der Kirche. Freilich ist es nicht auf diese beschränkt, wie im Neuen Testament Gestalten wie der Hauptmann von Capernaum (Mt 8,10: »Solchen Glauben habe ich in Israel nicht gefunden!«) und die syrophönizische Frau (Mt 15,28: »Dein Glaube ist groß«) zeigen. An ihrem Verhalten wird sichtbar, was Glauben ist. Aber das, was Glauben ist, ist primär die Notwendigkeit der Jünger, der Berufenen; ohne ihn können sie keinen Schritt tun. Glauben heißt, wie eben jene beiden Gestalten zeigen: sie setzen ihr Vertrauen auf Jesus wie auf keinen anderen.

Sobald das Wort »Glauben« fällt, werden wir uns immer neu vergegenwärtigen müssen, wie weit entfernt seine biblische Bedeutung von seiner mehrheitlichen Verwendung in der deutschen Alltagssprache ist. Weder meint es ein Vermuten, unsicherer als das Wissen (lat. putare: »Ich glaube, daß es morgen regnen wird«), noch meint es das Bejahen und das Für-wahrhalten von Ideen, Lehrsystemen und Lehrsätzen (»Ich glaube an den Fortschritt, an den Marxismus« usw., »Ich glaube, daß Jesus Gottes Sohn ist«). Das entsprechende neutestamentliche Wort (pisteuein) wird nur selten mit einem daß-Satz verbunden (z. B. Hebr 11,3.6.); das entsprechende alttestamentliche Wort kann gar nicht damit verbunden werden.[3] Das hebräische Stammverbum ämän bedeutet: zuverlässig, treu sein, und in einem davon abgeleiteten Modus (Hiphil: häämin): sich stützen

---

[3] Diese Differenz hat M. Buber in: Zwei Glaubensweisen, 1953, verführt, einen prinzipiellen Unterschied zwischen Glauben im Alten Testament und bei Paulus zu konstruieren – eine sicher nicht haltbare These.

auf . . ., sich verlassen auf . . . Die daraus entstehenden Substantive (ämät und emuna) besagen die Festigkeit dessen, auf
den man sich verlassen kann, seine Treue und Wahrheit, bzw.
die Festigkeit des Sich-auf-ihn-Verlassens, des Vertrauens.
Deshalb muß man fides (lat. Glaube) biblisch bezogen immer
als fiducia (Vertrauen) verstehen.

Dagegen umfaßt pistis im Neuen Testament beide Bedeutun-
gen der hebräischen Substantive: die (objektive) Zuverlässigkeit
und Treue Gottes und das (subjektive) Sich-Verlassen des
Glaubenden auf diese Treue. Sehr schön hat *Luther* in seiner
kurzen Auslegung des Glaubensbekenntnisses von 1520[4] für
das lateinische Wort credere den Fürwahrhaltesatz Credo
Deum esse (Ich glaube, daß Gott ist), aber auch den auf Gottes
Aussagen bezogenen Satz Credo Deo (Ich glaube ihm, Gott)
unterschieden von der Verwendung des Wortes im Apostolischen Glaubensbekenntnis: Credo *in* Deum (Ich glaube an
Gott), das heißt, wie er dann in seiner großartigen, nicht
aufmerksam genug zu lesenden Paraphrase des 1. Glaubensarti-
kels ausführt: Ich verlasse mich unbedingt und uneingeschränkt auf den, der sich mir mit allem, was er ist, mit seiner
ganzen Gottheit und Schöpferkraft, zugesagt hat.

Die einzelnen Beifügungen zum Worte Gott im 1. Artikel
(»den Allmächtigen, Schöpfer Himmels und der Erden«) geben also nicht Lehrsätze an, die ich in einem eigenen Fürwahr-
halteakt bejahe, bevor ich mich auf Gott verlassen kann, sondern sie geben an, wie der, der mich zum bedingungslosen
Vertrauen auffordert, sich selbst charakterisiert, damit mein
Vertrauen nie an eine Grenze kommt.

Entsprechend sind die Beifügungen zu Jesus Christus im
2. Artikel nicht einzelne christologische Dogmen, die für sich
bejaht werden wollen, damit der Glaube vollständig sei. Mit
ihnen wird vielmehr derjenige beschrieben und charakterisiert,

---

[4] M. Luther, Eine kurze Form der Zehn Gebote, des Glaubens und des
Vaterunsers, WA 7, 215f.

in dessen Menschsein sich der ewige Gott uns Zeitlichen, Sterblichen und Schuldigen gegenwärtig macht und sich für uns hingibt; die Beifügungen erzählen die Geschichte, in der das geschehen ist, und die Hoffnung, die sie in uns erwecken will. Auch dafür ist *Luthers* Auslegung des 2. Artikels in seinem Kleinen Katechismus eine herrliche Paraphrasierung. Sie zeigt übrigens, daß die Auswahl von Beifügungen, die die Alte Kirche bei der Abfassung des Apostolicums aus dem evangelischen Bericht dieser Zentralgeschichte vorgenommen hat, keineswegs für alle Zeiten obligatorisch sein muß; es ist durchaus legitim und ein Akt christlicher Freiheit, wenn heutige Formulierungen des christlichen Glaubens, auch für den gottesdienstlichen Gebrauch, mit Hervorhebung anderer neutestamentlicher Angaben den charakterisieren, auf den Christen sich als auf ihren Herrn verlassen.

Besonders deutlich wird der Sinn der Beifügungen beim 3. Artikel: Sie geben lauter Werke des göttlichen Geistes, der zugleich der Geist Jesu Christi ist, an, die wir dem zutrauen und von dem erhoffen und erbitten, auf den wir uns verlassen. Deshalb wäre es z. B. ganz abwegig, das »in« bei Spiritus Sanctus bei ecclesia zu wiederholen: credo in ecclesiam (wie es in der katholischen Ekklesiologie der Neuzeit einige Male vorgeschlagen worden ist); denn wir verlassen uns eben nicht auf die Kirche, sondern auf den Heiligen Geist und trauen ihm zu, daß durch ihn der Herr der Kirche sich zu allen Zeiten eine Kirche sammeln und diese erhalten, vereinigen, erneuern und in die Welt senden wird.

Weil in unserer Alltagssprache »glauben an . . .« ebenfalls die Bedeutung der Bejahung eines daß-Satzes bekommen hat (»Glaubst du an Gott?« = »Hältst du für wahr – oder gar nur: nimmst du an, daß es einen Gott gibt?«), muß bis in jedes Gespräch über biblische und christliche Dinge hinein dieser Sprachgebrauch durch die Erinnerung an das Credo in . . . korrigiert werden. Credo heißt: ich gebe ihm und seinem Wort felsenfesten Kredit.

Wenn ich mich auf eine Person (nicht auf eine stumme Sache, z. B. Brücke, oder auf eine Person wie auf eine stumme Sache) stützen soll, muß vorausgegangen sein eine Handlung der persönlichen Zuwendung zu mir, ein Versprechen, ein *Wort*, in dem sich diese Person mir zusagt. Dieses *Wort* ist es eigentlich, auf das sich mein Vertrauen *stützt*, indem es sich auf die Person *richtet*. Handelt es sich bei diesem Wort zugleich um Auftrag, um Versprechen *und* Befehl (Evangelium *und* Gesetz), dann beantwortet mir das Versprechen diejenigen Fragen, in die die Sendung mich führt:

a) Ist die Sache aussichtsvoll? Gibt es Chancen für den Sieg, trotz aller Niederlagen?

b) Bin ich allein auf mich gestellt? Muß ich mit meinen eigenen Kräften und Mitteln auskommen?

c) Was wird aus mir selbst? Bin ich dem Sendenden nur Mittel zum Zweck? Werde ich auf einem Himmelfahrtskommando verheizt? Komme ich selbst auch mit zum Ziel, oder ist mein Teil nur die Aufopferung für die gute Sache?

d) Was wird aus mir, wenn ich, wie zu erwarten ist, Fehler mache oder gar versage?

e) Was wird aus mir *und* der guten Sache, wenn es so aussieht, als ob der Sendende versagt, sich zurückzieht, unsichtbar, abwesend und untätig bleibt?

Diese fünf Fragen umschreiben die *Anfechtung* des Jüngers. Sie sind bei der Berufung, der Auftragserteilung schon vorhergesehen, und ihretwegen ist der Auftrag von Anfang an mit dem *Versprechen* zu jeder der fünf Fragen verbunden. Der Sendende schickt die Gesendeten in den Kampf nicht ohne vorsorgliche Beantwortung der Fragen, die ihnen dort kommen werden, und sein mitgehendes Wort erinnert sie ständig nicht nur an den Kampfauftrag, sondern auch an das Versprechen, und fordert sie auf, darauf sich zu stützen, damit die ihnen kommenden Zweifelsfragen zu bekämpfen, ja dieses Wort für wahrer und zuverlässiger zu halten als ihre dagegen sprechenden sinnlichen Erfahrungen. Dieses mitgehende Versprechen ist ihre wichtigste Ausrüstung für die Sendung, und nach dieser Ausrüstung greifen jeden Tag – das heißt *Glauben.*

Folgerungen:

a) Glaube ist also kein *Zustand* (»Gläubigkeit«), sondern stets neuer Akt; man hat ihn nicht, sondern man tut ihn, man greift immer neu.

b) Glaube ist nicht eine *Weltanschauung,* die man sich erworben hat und gegen andere Ideologien verteidigt. Ideologien können nützlich sein als Gesamtorientierungen in der Welt; Glaube aber gibt nicht Aufschluß über die Welt, ist nicht Überzeugung von der Wahrheit eines Lehrsystems, sondern Zutrauen zum Sendenden, von Person zu Person. Alle christlichen Lehren sind nicht für sich selbst für wahr zu haltende theoretische Behauptungen, sondern nichts als Beschreibungen des Sendenden und seiner Taten, um zu begründen und zu unterstreichen, wieso man ihm vertrauen kann.

c) Glaube kann nicht durch Introspektion festgestellt werden als in mir vorhanden. Es ist ja gerade das Wegsehen von mir hin auf den anderen, dessen ich dringend bedarf, wenn ich in der Sendung nicht versagen will, gerade kein Hineinsehen in mich selbst. Darum ist richtig der Satz von Paul *Althaus:* »Ich weiß nicht, ob ich glaube, aber ich weiß, an wen ich glaube«[5]. Und richtig der Satz von Karl *Barth:* »Wir können nicht an unseren *Glauben* glauben. Und: wir können auch an unseren Glauben nur *glauben.*«[6]

d) Glaube ist, wie gezeigt, selbst Tat, Griff, das eine gute Werk, in dem alle anderen guten Werke gründen *(Luther).*

---

[5] Den guten Satz habe ich mündlich aus einer Vorlesung von P. Althaus (1930) in Erinnerung, kann ihn aber im Augenblick nicht schriftlich belegen. Vgl. dazu P. Althaus, Theologische Aufsätze, 1929, I, 95 f.: »Der Glaube ist Bewegung *in sich.* Man glaubt, indem man immer wieder Glauben faßt. Man hält Gottes Hand, indem man sie immer wieder ergreift . . . Man lebt in Gott nur so, daß man immer wieder zu ihm flieht.«

[6] K. Barth, Ethik II, 1928/29, ed. D. Braun, Zürich 1978, 29.

Denn wie sollte dem Sendenden eine Ausführung seiner Sendung gefallen können, in dem der Gesendete sich vom Sendenden emanzipiert, die Sache eigenmächtig und in prometheischem Selbstvertrauen in die eigene Hand nimmt? Wenn er meint, die *Hilfe* des Sendenden nicht nötig zu haben, dann wird er bald auch meinen, den *Auftrag* besser zu verstehen als der Sendende; seine Eigenmächtigkeit wird sich auch auf die Deutung des Auftrags beziehen, und er wird ihn nach seinem Gutdünken umfunktionieren. Auch dafür bietet die Kirchengeschichte Belege genug.

e) Glaube ist nicht nur selbst Tat, sondern immer auch verbunden mit unserem übrigen Tun und Verhalten. Wir vollziehen nicht zuerst ein eigenes Tun, genannt Glauben, in unserer Innerlichkeit, und dann machen wir uns auf zu äußerem Tun, zum Tun des Auftrags. Daß nach Luther Glaube das *erste* Werk ist[7], heißt nicht, daß es chronologisch und psychologisch dem anderen Tun vorangehe. Vielmehr: es vollzieht sich in, mit und unter unserem äußeren Tun, unserer Betätigung im Auftrag. *Indem* Petrus auf Jesu Wort zur Unzeit auf die Höhe der See, den unpassenden Ort zum Fischfang, hinausfährt, glaubt er (Lk 5,1–11). *Indem* der Kranke am Teich Bethesda nicht wartet, bis er einen Kraftstrom durch seine Glieder fließen fühlt, sondern ohne sinnliche Erfahrung auf Jesu Wort hin aufsteht, also tut, was er doch nicht kann, glaubt er (Joh 5,1–9). Nicht bevor, sondern *indem* wir Jesu Auftrag immer aufs Neue in Angriff nehmen, greifen wir immer aufs Neue nach Jesu Versprechen. Das ist ausgesprochen in Luthers zusammengehörigen Unterscheidungen:

– Fides sola justificat, sed numquam est sola (Der Glaube allein rechtfertigt, aber er ist niemals allein).

---

[7] M. Luther, Sermon von den guten Werken, 1520, WA 6, 204: »Das erste und höchste, alleredelste gute Werk ist der Glaube in Christum . . . Denn in diesem Werk müssen alle Werke gehen und ihrer Gutheit Einfluß gleichwie ein Lehen von ihm empfangen.«

– Der Glaube ist der Täter, die Liebe ist die Tat.

f) Versprechungen gehen immer auf *Zukunft*. So war Israels Deutung des Gottesnamens, des Tetragramms JHWH: »Der ›Ich werde dabei sein‹ hat mich zu euch gesandt« (2. Mose 3,14). Dieses Vertrauen ist *Hoffnung,* Hoffnung für die hoffnungslosen Schafe mitten unter den Wölfen.[8]

Damit stehen wir bei der Identität von *Glauben und Beten*. Ist der Glaube eine Tat, nämlich der Griff des Gesendeten nach dem Versprechen des Sendenden, dann ist eben dies nichts anderes als *Beten*. Denn es ist ja ein Antworten mit – nur gedachten oder ausgesprochenen – Worten: Ich höre das, – ich will mich darauf verlassen, – ich will auf dein Wort weitermachen und tun, was du sagst.

Ebenso sind jene fünf Fragen *Glaubensfragen,* – dann nämlich, wenn ich sie an den Sendenden richte und durch das Hören und Ergreifen seiner promissio (Verheißung) mir beantworten lasse und daraufhin weitermache. Richte ich sie an andere, um von denen zu erfahren, ob die Sache aussichtsreich sei, ob meine Fähigkeiten und Kräfte ausreichen werden, ob ich selbst dabei umkommen werde, so sind sie keine Glaubensfragen, sondern pure Zweifelsfragen, in denen ich mich von anderen trösten oder deprimieren lasse und bestenfalls auf andere und anderes vertraue, – und dies wird mich sicher für die Sendung nicht tüchtiger, sondern untüchtiger machen. So sind auch *Hiobs* Fragen Glaubensfragen; denn er richtet sie in all seiner anklagenden Heftigkeit an keinen anderen als an diesen seinen Gott und will sie von niemandem anderen beantwortet haben als von diesem seinem Gott. Das gleiche gilt für Jesu Gethsemanefrage und für seinen Verlassenheitsschrei am Kreuz. Nicht Befragen Gottes und Hadern mit Gott ist ungläubig; das Vertrauen kann auch diese Gestalt annehmen, solange es in Fragen und Hadern auf die Verheißung sich beruft und

---

[8] Chr. Gestrich, Homo peccator und homo patiens, ZThK 1975, 253: »Der Glaube ist die Hoffnung der Liebe«.

nach ihrer Einlösung verlangt, wie es oft in den *Psalmen* geschieht.

Damit löst sich die in der Neuzeit in der Theologie verhandelte Problematisierung des *Bittgebets*. Angesichts neuzeitlicher Erkenntnis der Gesetzmäßigkeit des Naturgeschehens und damit des Unglaubwürdigwerdens des traditionellen, unbiblischen *Wunder*begriffs (Wunder als Durchbrechung der Naturgesetze) wurde das Bittgebet problematisch, weil es eben diese Durchbrechung zu verlangen schien. Für ein solches *Eingreifen* Gottes bietet der Naturzusammenhang, neuzeitlich-naturgesetzlich verstanden, keine Lücke, und die modernen Methoden der Naturbewältigung scheinen uns zu ersetzen, was das Bittgebet von Gott erwartet. Auch der Bauer, der um Segen der Ernte betet, verzichtet nicht auf Kunstdünger und moderne wissenschaftliche Agrarmethoden; damit, so scheint es, widerlegt er sein Beten als überflüssiges, mitgeschlepptes Ritual.

Wollte man dennoch am Beten festhalten, so reduzierte man es häufig auf die Anbetung, das reine Lob Gottes, das nichts von ihm will, ihn nur verehrt, und allenfalls noch auf das *Dankgebet,* das für Gottes Gaben und Liebe dankt. Aber das waren Inkonsequenzen, weil der nur erhaben über uns Thronende, wenn er sich nicht um uns kümmert, gleichgültig ist für unser Lob wie für unsere Anbetung und für *uns* darum nicht anbetungswürdig, und weil der Schöpfer, dem wir danken, nicht dankwürdig ist, wenn er uns in unserer Not im Stich läßt, wenn er nicht auch unser Bitten hört. Anbetung, Dankgebet und Bittgebet gehören unlöslich zusammen und haben nur miteinander Sinn.

Sinn hat also Glauben und Beten nur, wenn es sich auf das Versprechen Gottes als eines eingreifenden und eingreifenkönnenden Gottes stützt. Das Eingreifen Gottes wurde nur dadurch problematisiert, daß man es zu sehr mit der Vorstellung von Lücke und Unterbrechung verbindet so, wie wir, wenn wir z. B. einen Säbelhieb abwehren, eine Kausalkette unterbrechen durch eine andere Kausalkette, die wir initiieren.

Aber hier ist zu beachten, daß auch in diesem Fall eines menschlichen Eingreifens nicht eine Lücke im Naturgeschehen ausgenützt oder der Kausalzusammenhang unterbrochen wird; vielmehr bedienen wir uns seiner, und der Kausalzusammenhang ist verwendbar für unseren eingreifenden Willen. So ist hinsichtlich Gottes Eingreifen die Frage nicht, ob und wie wir es uns vorstellen können – jede Vorstellung des Wie muß vielmehr vermieden werden –, sondern ob wir Gott einen Willen zutrauen, ob uns dies zu anthropomorph erscheint: Gott als Wille zu denken. Und hier stehen wir wieder bei der früher schon aufgetauchten Frage: Fragen wir nach Gott in metaphysischer Frageweise, d. h. vom Endlichen her nach dem Unendlichen, vom Bedingten her nach dem Unbedingten, dann erscheinen alle affirmativen Aussagen als zu anthropomorph; über Grenzbegriffe kommen wir nicht hinaus. Fragen wir aber nach Gott von bestimmten Erfahrungen her – und also in unserem Fall von den Erfahrungen Israels und der Jünger her –, dann fragen wir gezielt nach dem, dessen andrängende Wirklichkeit hier erfahren wird als eine die Menschen, auf die sie eindringt, die sie sich »erwählt«, herausfordernde, in Bewegung setzende, verändernde und sendende. Sprechen wir von Gottes Wirklichkeit, wie wir sollen und dürfen, in menschlicher Sprache, dann wird das Wort *Wille* unvermeidlich und unentbehrlich für diese Wirklichkeit, Nicht nur eine Idee, Vision, Utopie ergreift Besitz von uns und zieht uns in das gefährliche Abenteuer, das Bestehende in seiner Unmenschlichkeit, das Alte um des Neuen willen anzugreifen, sondern ein Wille, größer als der unsrige, zieht uns in sein Unternehmen hinein, bringt uns (Joh 1,11f) zur Desertion aus der Front derer, die ihn »nicht aufnahmen«, in die Schar derer, die ihn aufnehmen. Diesem Willen *danken* wir für das Beteiligtwerden am Kampf des neuen, wahren, guten Lebens gegen das Todesleben (absichtlich ein so paradoxes Wort: des in Tod und Töten verliebten Lebens); ihn beten wir an, d. h. ihm singen wir Hymnen der Anbetung als dem uns umgebenden Licht, froh darüber, daß durch sein Wort

uns das Unselbstverständliche versichert, gewiß gemacht wird:
Die letzte Wahrheit ist nicht Tod, sondern Leben und Licht für
uns. Diesem Willen trauen wir Eingreifenwollen und Eingrei-
fenkönnen zu und *bitten* als die Gesendeten darum, weil ohne
dies, auf uns selbst gestellt, wir keinen Augenblick uns auf der
Seite des neuen Lebens halten und ihm nützlich sein können.
»Ohne mich könnt ihr nichts tun« (Joh 15,4). So ist das
Bittgebet – angefangen vom Zentralen: Veni creator spiritus!
bis zu den kleinsten, auch den äußerlichsten Tagesproblemen
– ein selbstverständlicher Lebensmodus der Jünger, eine zu
ihrem Leben gehörige Gestalt ihres ununterbrochenen Gesprächs mit dem, der sie sendet, ihrer oratio continua (1. Thess
5,17), ihres Gebets »ohne Unterlaß«.

Gespräch: Die Kommunikation zwischen Gott und Mensch
ist *menschliche,* d. h. sprachliche, nicht in Engelssprache, also
übermenschlich geschehend, und nicht nur in Krafteinflüssen,
Gefühlen, psychischen Erregungen, also untermenschlich. Die
beiden Partner sind kommunikationsfähig dank des Verspre-
chens, das durch menschliche Boten in menschlichen Worten
zu uns kommt. Die ganze Menschheit hat darauf gehofft; denn
sie hat immer gebetet, in ergreifender Weise, auch in Worten,
die von den Jüngern übernommen werden können. Das ist
nicht, wie schon eingewendet wurde, ein Argument dafür, daß
Beten, weil nicht spezifisch christlich, darum christlich überflüssig sein könnte; auch nicht dafür, daß es nur die mythologi-
sche Form der *Meditation* sei, als des eigentlichen unmytholo-
gischen Kerns des Gebets: Selbst-Besinnung und Selbst-Ver-
senkung in die Tiefe des Ich und ins Universum.[9] Dies sind
alles Versuche, vom Beten etwas zu retten ohne das *Gegenüber,*
in dem es geschieht, weil eben von der metaphysischen Gottes-
frage her kein anredbares Gegenüber sichtbar und hörbar wird.
Das macht Beten heute so unselbstverständlich, für viele

---

9 W. Weischedel, Vom Sinn des Gebets, in: Wirklichkeit und Wirklichkeiten,
1960, 152–157. – W. Bernet, Beten, Stuttgart 1973.

kaum vollziehbar, von unzähligen Fragen umlagert. Wohin spricht einer, der mit Gott spricht? In welches Dunkel hinein verliert sich seine Stimme? Wo ist irgendeine Aussicht, irgend ein Beweis, daß sie gehört und aufgenommen wird? Roger *Garaudy* sagte mir 1971 in einer Diskussion: »Uns Atheisten ist nichts verheißen, wir haben kein Versprechen, keinen Bund . . ., und niemand erwartet uns«[10]. Wir leben verbrüdert mit solchen Atheisten, zusammenarbeitend mit ihnen, wo wir auch sie – woher das auch immer kommen mag – Schritte in der Richtung auf neues Miteinanderleben tun sehen anstelle des alten, tödlichen Gegeneinanderlebens; aber wir sind von dem Wort, das uns täglich erreicht und beruft, eingeladen und ermächtigt, für uns und für sie zu sagen: Uns ist neues Leben verheißen, wir haben große Versprechungen, wir sind in einem Bund, der nach vorwärts drängt, wir werden erwartet.

Literaturhinweise:

Romano *Guardini,* Vorschule des Betens. 1948.
Gerhard *Ebeling,* Vom Gebet. Predigten über das Vaterunser. 1963.
Kornelis Heiko *Miskotte,* Der Weg des Gebets. 1964.
Ernesto *Cardenal,* Zerschneide den Stacheldraht! Südamerikanische Psalmen. 3. Auflage 1968.
Dorothee *Sölle,* Sympathie. Theologisch-politische Traktate. 1978.

---

[10] Zitiert in: M. Peitz, Wenn wir weiterleben wollen, 1972, 208f.

Nachwort

Wer erwartet uns und was erwartet uns? Was uns erwartet, ist heute mit Flammenschrift an den Horizont dieser Epoche geschrieben von ihren apokalyptischen Warnern, von G. R. Taylor und Günter Anders, von Robert Jungk und Wolfgang Harich und all den anderen. Ob »Ende oder Wende«[1] vor uns steht, kann noch keiner wissen, und das Ende scheint wahrscheinlicher, wenn man die unfaßbare Blindheit ermißt, mit der die Machthabenden in Staat, Gesellschaft und Wirtschaft alle Warnungen überhören und angesichts einer einzigartigen Existenzbedrohung der Menschheit und ihrer Naturbasis durch uns Menschen den Kampf um ihre Partikularinteressen, ihre Imperialismen, den Rüstungswahnsinn weitertreiben, wie sie es von jeher getrieben haben, jeden Tag uns dem Untergange nähertreibend.

Wir sind alle hineinverstrickt, die Völker und die einzelnen. Der US-Amerikaner, sofern er nicht zu den Millionen gehört, die dort unter dem Existenzminimum leben, sondern zu denen über dem Existenzminimum, sagt praktisch Ja zu Hunger und Unterernährung von Millionen Kindern in Latein-Amerika, da sein Wohlleben durch die eiserne Klammer ermöglicht ist, in der die Vereinigten Staaten diesen unglücklichen Kontinent gefangen halten. Wir Deutschen sind durch unsere Konzerne und durch unsere Politik an der Ausplünderung und der Verschmutzung der anderen Kontinente genauso beteiligt, und jeder von uns sagt praktisch Ja dazu durch den täglichen Genuß seiner Vorteile vor den durch unsere Schuld Hungernden. Wir alle sagen durch unser Sicherheitsbedürfnis, durch die Wahlstimmen für unsere rüstungsbejahenden Parteien praktisch Ja zur Herstellung, Lagerung, Weiterentwicklung und Drohung

---

[1] Vgl. Erhard Eppler, Ende oder Wende. Von der Machbarkeit des Notwendigen. Stuttgart 1975.

mit Massenvernichtungsmitteln, wie sie die Welt noch nie gesehen hat. Während unsere Bevölkerung durch Terrorakte verirrter Gruppen abgelenkt wird, hängt über uns das Damoklesschwert eines terroristischen Vernichtungspotentials, für das den Staaten kein göttliches Recht und darum auch kein irdisches Recht Erlaubnis und Auftrag gegeben hat. Gegen den Totalitarismus in andern Weltteilen protestierend, leben wir schon im totalitären Zwang der Todesrüstung. Wir sagen zu der gottlosen Produktion des von uns erfundenen, in der Natur nicht vorkommenden Giftes Plutonium – jährlich über 40 000 kg –, das wir der Erdgeschichte für Hunderttausende von Jahren einverleiben, praktisch Ja durch unseren Energieverbrauch, mit dem die Machthabenden dieses Gift rechtfertigen.

Wir sind so verstrickt in die Beteiligung und so ohnmächtig im Widerstand, daß auch diejenigen, die klar sehen, weiterleben können nur durch oftmalige Verdrängung dessen, was sie sehen. In unseren täglichen Sorgen, Freuden und Beschäftigungen nehmen wir die Welt, als sei sie noch die gleiche, die sie immer gewesen ist; dabei ist sie doch die Welt unmittelbar vor dem Abgrund. Wir gleichen alle der pompejanischen Hausfrau auf einer Zeichnung des italienischen Karikaturisten G. Novello, die am Vormittag vor dem Vesuvausbruch ihre Mägde zum gründlichen Abstauben ihrer Nippessachen antreibt. Auch die Kirchen, die in ihrer Bibel doch die Apokalypse des Johannes besitzen, und die zu alledem schweigen oder nur matte, unverbindliche Worte finden, gleichen dieser Hausfrau im täglichen Kirchenbetrieb, und ebenso gleichen ihr die Fachsimpeleien der Theologen. Das alles bewegt sich tief unter dem Niveau der Stunde, steht in keinem Verhältnis zu dem, was die apokalyptische Perspektive des Menschheitsuntergangs von uns verlangt.

Auch in diesem Buche ist kaum bemerkbar, wie sehr es mir gegenwärtig war, etwa wenn vom »Todesleben« die Rede war oder von der Selbstzerstörung der Sünde, der das göttliche Rettungsunternehmen entgegentritt. Spätestens jetzt muß klargestellt werden, daß alles über das Evangelium Gesagte tief in

Frage gestellt wird durch die heutige Menschheitslage, und daß
genau in dieser In-Frage-Stellung die Verheißung des Evangeliums sich erhebt und uns neu auf die Füße stellen und in die
Arbeit für die durch sich selbst bedrohte Menschheit setzen
will. Das Mißverhältnis der scheinbaren Ohnmacht dieser Verheißung gegenüber der riesigen Macht der Vernichtungskräfte
ist das gleiche Mißverhältnis, in dem der Gekreuzigte steht
gegen die Macht derer, für deren politisches Spiel er nur eine
winzige Schachfigur ist. Das gleiche Mißverhältnis auch, in
dem die das Evangelium Hörenden sich zu allen Zeiten gegenüber dem Morden und Vergewaltigen um sie herum befanden,
das sie nicht verhindern konnten. Wurde am Ende von Kap. IV
die Botschaft von der Auferstehung dem »Untergangspessimismus, den uns die heutigen Weltverhältnisse so nahe legen«
entgegengestellt, so nicht im mindesten, um diesen Untergangspessimismus zu bagatellisieren oder ihm Recht und
Grund zu bestreiten. Er ist die realistischste Sicht der Dinge.
Aber eben deshalb ist gegen die Hoffnungslosigkeit, zu der alle
realistischen Analysen dieser Weltstunde Anlaß geben, und
gegen die von ihr ausgehende Lähmung mit geringerem als mit
der Auferstehungsbotschaft nicht mehr auszukommen. Nicht
damit wir über dem drohenden Untergang uns für uns selbst
mit dem Jenseits des ewigen Lebens, das uns nicht verlorenge-
hen kann, trösten und diese Welt ihrem Verhängnis überlassen.
Das wäre ein egoistischer Trost, der außerdem übersähe, daß
dieses Verhängnis von jedem von uns mitverschuldet ist. Es ist
ein legitimer Trost nur dann, wenn er uns jene Lähmung
überwinden hilft zum neuen Kampf um die innergeschichtliche
Rettung dieser Welt, die Gottes geliebte Schöpfung ist. Es ist
ein legitimer Trost, wenn uns das Erbarmen mit jenen, die
täglich zum Opfer der Vernichtungskräfte werden, antreibt,
uns auf die Seite der Opfer zu stellen und aus der Komplizen-
schaft mit den Vernichtungskräften auszutreten.

Wie jeder von uns *in* der Verstrickung *gegen* die Verstrik-
kung sich erheben und anstelle bisheriger Solidarität mit den

Betreibern des Untergangs in die Solidarität mit den Opfern und damit auch mit dem großen Opfer, mit der Mutter Erde, aus der wir leben, tätig eintreten kann, dafür können hier keine allgemeinen Rezepte gegeben werden. In der täglichen Praxis, im Gespräch der Jünger Jesu und der sehenden Zeitgenossen müssen dafür die Wege gesucht werden, und jeder Augenblick Zeit, der uns noch gelassen ist, ist eine Gnadenfrist, die mit allen Kräften ausgenützt werden will. Was hier dargelegt wurde, ist ein Versuch, die Ausrüstung zu beschreiben, die das Evangelium uns für die Praxis dieser Gnadenfrist gibt: Motiv, Kriterien, göttliche Bundesgenossenschaft, Durchhaltekraft, Richtung und Linie – und Hoffnung, wo nichts mehr zu hoffen scheint.

Darum wird die Frage, was uns erwartet, eingeklammert von der Frage, wer uns erwartet: der Gott der Auferstehung, der Leben bringend uns Todeswütige immer wieder fragt: »Warum wollt ihr sterben?« (Hes 33,11; 18,31; Jer 27,13). Der, den wir erwarten, wenn unsere hiesige Zeit zu Ende ist, erwartet uns hier in dieser Zeit, bis zum letzten Augenblick. Darum schließe ich mit der bedeutungsvollen Geschichte, mit der auch Gustav *Heinemann* 1974 seine Amtszeit beschloß:

In der Mitte des vorigen Jahrhunderts tagte in einem Staat des nordamerikanischen Mittelwestens das Parlament dieses Staates. Ein fürchterliches Unwetter, wie es in jener Gegend vorkommt, zog herauf und verdunkelte den Himmel. Es wurde schwarz wie die Nacht, und der Weltuntergang schien nahe. Die Parlamentarier wollten voll Schrecken die Sitzung abbrechen und aus dem Sitzungssaal stürmen. Der Sprecher des Parlaments rief ihnen zu: »Meine Herren! Entweder die Welt geht jetzt noch nicht unter und unser Herr kommt noch nicht – dann ist kein Grund vorhanden, die Sitzung abzubrechen. Oder unser Herr kommt jetzt – dann soll er uns bei der Arbeit finden. Die Sitzung geht weiter!«[2]

---

[2] G. W. Heinemann, Allen Bürgern verpflichtet. 1. Band der Reden und Schriften, Frankfurt/M. 1975, 339f.

Namenregister

Die *kursiv* gesetzten Zahlen weisen auf eine Nennung in einer Fußnote hin.

Althaus, Paul 215
Anders, Günter 222
Andersen, Hans Christian 86
Anselm von Canterbury 75, 89
Aristoteles 19
Athanasius 75
Augustin 18, 137, 141, 158, 163, 176f

Bach, Johann Sebastian 115
Barth, Karl 9, 17, 22, 28ff, 33, 49, 57, 60f, 66, 75, 100, 101f, 115, 150, *153*, 159, 164, 171, 173, 175, 183, 195, 205, 209, 215
Ben-Chorin, Shalom 137
Benn, Gottfried 208
Berkhof, Hendrik *136*
Bloch, Ernst 63, 102, 118
Blumhardt, Christoph 176
Bonhoeffer, Dietrich 22, 33, 164, 208
Brecht, Bert 185
Buber, Martin 72, 91, 122f, 137, 153, *211*
Buddha 14
Bultmann, Rudolf 69, 138

Calvin, Johannes 34
Camara, Helder 180
Cardenal, Ernesto 45
Cocteau, Jean 110
Cohen, Hermann 177

Demokrit 91
Döpfner, Julius 111
Dostojewskij, Feodor 190

Ehrenberg, Hans 116
Engels, Friedrich 111, 185
Erasmus von Rotterdam 158, 171

Feuerbach, Ludwig 22, 36
Fichte, Johann Gottlieb 16, 141
Flusser, David 71, 137
Franz von Assisi 190
Freire, Paolo 43
Freud, Siegmund 210

Garaudy, Roger 221
Gestrich, Christian *217*
Glück, Nelson 166
Goethe, Johann Wolfgang von 112, 160
Gorz, André *42*
Graham, Billy 111

Harich, Wolfgang 222
Harnack, Adolf von 21, 40, 71, 127, *156*
Hebel, Johann Peter 125
Hegel, Georg Friedrich Wilhelm 18, 19, 36, 100, 141
Heinemann, Gustav 203, 225
Herrmann, Wilhelm 138
Hesiod 19, *88*
Homer *88*

Jacobi, Friedrich Heinrich 106
Jaeger, Werner *19*
Jehuda Halevi 136
Jodz, Jakob *124*
Jungk, Robert 222

Kähler, Martin *30*
Käsemann, Ernst 141
Kant, Immanuel 49, 168, 178
Kierkegaard, Sören 18, 73, 112
Koestler, Arthur 131
Konfuzius 178
Kraus, Hans-Joachim *151, 154*

Kreck, Walter *175*
Küng, Hans 176
Künneth, Walter *193*

Lessing, Gotthold Ephraim 132
Lilje, Hanns 111
Lochman, Jan Milič *170*
Luther, Martin 9, 29f, 40, 50f, 60, 62, 65, 67, 75, 85, 92, 100, 110, 134, 138, 141, 149, 158, 160, 163ff, 171, 173, 176, 196f, 199, 212f, 215ff

Marcion 92, 123, 129
Marti, Kurt *43*
Marx, Karl 51, 111, 114, 148, 157f, 168, 169ff, 185, 200f
Miskotte, Kornelis Heiko 90

Niemöller, Martin 160
Nietzsche, Friedrich 101, 125, 207

Otto, Rudolf 93

Pannenberg, Wolfhard 20, 33
Pascal, Blaise 18
Pelagius 158
Pestalozzi, Johann Heinrich *168*
Platon 19, 68

Ragaz, Leonhard *154*
Ranke, Leopold von 70
Ritschl, Albrecht 138
Rosenzweig, Franz 136

Schlatter, Adolf 40f
Schleiermacher, Friedrich Daniel 26, 48, 83, 127
Schoeps, Hans Joachim 136
Scholz, Heinrich *33f*
Schwab, Gustav 164
Schweitzer, Albert 71
Seume, Johann Gottfried 168
Sokrates 68
Spinoza, Benedictus de 143
Strauß, David Friedrich 68

Taylor, G. R. 222
Thieme, Karl *137*
Thomas von Aquino 18
Tillich, Paul 28, 93, 203

Vischer, Eberhard 37

Wedekind, Frank 96
Weischedel, Wilhelm *17*, 18f, *23*, 49, *88*, *220*
Wolf, Ernst *115*

Xenophanes von Kolophon 88, 90
Xenophon 68

Bibelstellenregister

1. Mose

1	95,145
2	95,145,150
4	184
12,1–3	143
21,23	167

2. Mose

3	95
3,14	217

4. Mose

14,21	144

2. Sam

9,1.3.7	167

Esther

2,9.17	167

Hiob   217

Psalm

50,3	91
94,14	135

Jes

43	131
53	74f

Jer

1,5	132
27,13	225

Hes

18,31	225
33,11	225

Dan

9,9	97

Micha

4,3f	193

Sach

3,10	193

Mt

4,17	156

5,8	141
5,13–16	80,152
5,16	204
5,21f	178
7,12	152,178
8,10	211
9,39	165
10,16	178,185
11,27	72
12,36	163
13,33	80,152
15,24	67,125
15,28	211
16,18	72
16,25	152
18,27	165
22,39	177
24,25	118,210

Mk

2,7	97
10,17–22	105
10,33f	210

Luk

1,3f	70
1,68	136
4,13	165
5,1–11	216
10,43	165
12,48	181
15,11–32	137
15,20	165

Joh

1,11f	209,219
1,14	72
1,47	49,136
3,8	119
3,18	72
5,1–9	216
8,31–36	23
8,32	207

Joh

8,36	160
15,4	220
15,16–27	210
17,19	90

Apg

15	135

Röm

1,16	67,136
4,17	97,177
5,5	100
5,6	97
6,1	106
8	210
8,17	168
11,1	135
11,18	137
11,26	121,135
12,1–4	173
12,2	184
12,9–21	152
14,17	192
15,7–13	137

1. Kor

4	210
7,20–24	199
13,12	143,150
13,13	79
15,24ff.	81
15,26	143

2. Kor

4,10	210
5,10	163
5,19–21	78
5,20	77
6	210
6,4.9	210

6,14–18	184
11	210
12	210

Gal

1,15	132
3,28	42f, 80
4,4	65
5,1.13	23
5,25	177

Eph

1,5	132
2,7	173
2,14	123,134
2,20	109

Phil

4,8	183

Kol

3,11	80

1. Thess

1,9	139
5,17	220

2. Thess

3,2	114

2. Tim

2,24ff	199

1. Petr

2,12.15	204

Hebr

4,15	74
11,3.6	211
12,1	59

Offb

21,3	146
21,4	143

Helmut Gollwitzer im Chr. Kaiser Verlag

Aussichten des Christentums

48 Seiten

Die Christen und die Atomwaffen

(Theologische Existenz heute 61) 6. Auflage. Unveränderter Nachdruck
der Auflage von 1957. Mit einem Nachwort des Autors zur 6. Auflage und
einem Neuen Thesenpapier zu »Staatsgewalt und Krieg«. 60 Seiten.

Die Existenz Gottes im Bekenntnis des Glaubens

(Beiträge zur evangelischen Theologie 34)
5. Auflage. 204 Seiten.

Forderungen der Umkehr

Beiträge zur Theologie der Gesellschaft. 240 Seiten.

Frieden 2000

Fragen nach Sicherheit und Glauben (Kaiser Textate 71)
2. Auflage. 132 Seiten.

Das hohe Lied der Liebe

(Kaiser Traktate 29) 5. Auflage. 64 Seiten.

Ich frage nach dem Sinn des Lebens

(Kaiser Traktate 11) 6. Auflage. 80 Seiten.

Helmut Gollwitzer im Chr. Kaiser Verlag

Jesu Tod und Auferstehung

Nach dem Bericht des Lukas. (Kaiser Traktate 44)
6. Auflage. 124 Seiten.

Die kapitalistische Revolution

2. Auflage. 132 Seiten.

Krummes Holz – aufrechter Gang

Zur Frage nach dem Sinn des Lebens. (Kaiser extra)
9. Auflage. 392 Seiten.

Reich Gottes und Sozialismus bei Karl Barth

(Theologische Existenz heute 169) 2. Auflage. 64 Seiten

Wendung zum Leben

Predigten 1970–1980. Mit einem Vorwort des Autors.
(Lese-Zeichen) 267 Seiten.

HELMUT GOLLWITZER/PINCHAS LAPIDE
Ein Flüchtlingskind

Auslegungen zu Lukas 2. (Kaiser Traktate 63)
2. Auflage. 100 Seiten.